2010 年全球经济展望

危机、金融与增长

世界银行　著

中国财政经济出版社

图书在版编目（CIP）数据

2010 年全球经济展望：危机、金融与增长/世界银行著；王辉等译．—北京：中国财政经济出版社，2010.11

书名原文：Global Economic Prospects 2010

ISBN 978 -7 -5095 -2414 -5

Ⅰ.①2… Ⅱ.①世… ②王… Ⅲ.①经济发展 - 世界 - 2010 ②经济预测 - 世界 - 2010 Ⅳ.①F113.4

中国版本图书馆 CIP 数据核字（2010）第 155262 号

中国财政经济出版社出版

URL：http：//www. cfeph. cn
E - mail：cfeph@cfeph. cn

社址：北京海淀区阜成路甲 28 号 邮政编码：100142
发行处电话：88190406 财经书店电话：64033436
涿州市新华印刷有限公司印刷 各地新华书店经销
850 × 1168 毫米 16 开 11.25 印张 400 000 字
2010 年 11 月第 1 版 2010 年 11 月涿州第 1 次印刷
定价：50.00 元
ISBN 978-7-5095-2414-5 / F · 1942
图字：01-2010-6537
（图书出现印装问题，本社负责调换）

目　　录

图

表

专栏

前　　言

今年的《全球经济展望》发布在世界经济的危机关头。2008年秋季的金融危机震动了全球，尽管世界经济正在复苏，但是依然存在许多挑战，未来仍然面临许多不确定因素。

从许多方面来讲，近期的经济报道倍受鼓舞。工业产值和贸易在经历了世界范围内的空前下滑之后，急剧上升，金融市场已经收回了2008年后期和2009年初期的大量损失，发展中国家再次受到了国际投资者的青睐。然而，经济衰退的程度让全球经济大伤元气。尽管许多曾经处于危机中的企业逐渐有了利润，工业产值和贸易水平也再次恢复到了危机前的水平，但是许多国家的失业率达到了两位数，并且还在继续上升。

如果危机相当严重同时仍需要重构全球金融体系，那么经济复苏预计就会相对脆弱。结果，未来经济蓝图的特征可能就是依然存在失业和大量的剩余能力。这给政策制定者带来了真正挑战，他们必须要在不让经济停滞的条件下，削减其不可持续的大量财政赤字。同样，特定的货币刺激政策也要收回，以避免产生新的泡沫。经济复苏的中期强度既取决于所面临的挑战，又取决于私人部门需求增加的程度。如果政策调整过于缓慢，通货膨胀压力和新的泡沫可能就会出现；如果政策调整过于迅速，就可能导致经济复苏的停滞。

无论未来几个月经济复苏的相对强度如何，这次经济衰退的人力成本是比较高的。从全球来讲，每天生活费用为1.25美元或者不足1.25美元的人口数量相对于危机前的水平，预计将会增加6400万人。经济衰退大幅度削减了贫困国家的政府收入。除非援助国帮助这些国家弥补以上差额，不然这些国家的政府当局可能就会被迫削减社会和人道主义援助，而这些恰恰又是这些国家最为需要的。

除了分析危机给发展中国家带来的直接挑战，今年的《全球经济展望》还分析了相对偏紧的金融环境对发展中国家的金融和经济增长的长期影响。尽管高收入国家实施更严格的监管是必要的、应该的，但是将会使得资本不再充裕（全球层面和国内层面），发展中国家的贷款成本将会上升。结果，就像21世纪头5年那样，非常宽松的环境带来了投资的暴涨以及发展中国家经济增长的加速。未来几年，相对较高的资本成本就有可能导致发展中国家经济增长的放缓，从而导致潜在产出的下滑。

各国不应该消极应对。加强国内金融体系、扩大区域合作（包括区域自我保障体系）可能有助于降低国内经济对国际冲击的敏感度，从而部分抵消相对紧缩的国际金融环境带来的长期负面影响。最有可能从以上行动计划中获益的国家就是中等收入国家，因为这些国家已经具备了相当完善的监管和竞争环境以及健全的金融部门。最终，不管是低收入国家，还是中等收入国家，都会加强国内金融监管。随着时间的推移，这些措施将会提高国内金融部门的效率，减少借贷成本——从而足以弥补相对偏紧的国际环境所带来的负面影响。

总体来讲，这是一个非常具有挑战性的时期。经济的深度衰退意味着，尽管经济增长已经恢复，但是未来几年国家和个人仍将感受到危机所带来的阵痛。政策可能有助于缓解危机所造成的糟糕局面。但是，凡事不可一蹴而就，要想获得较高的经济增长率，各国需要努力提高国内生产率，降低国内金融成本。

林毅夫

世界银行高级副行长兼首席经济学家

致　谢

本报告由世界银行发展展望小组的工作人员起草。报告的撰写工作是在 Andrew Burns 的管理和 Hans Timmer 的指导下完成的，主要作者有 Andrew Burns、William Shaw 和 Theo Janse van Rensburg。本报告的撰写是在林毅夫的总体指导下完成的。

第 1 章的主要作者是 Theo Janse van Rensburg，一些人士对本章的写作做出了较大贡献。全球宏观经济趋势小组在 Andrew Burns 的领导下承担了预测工作。预测和地区性评论由 Dilek Aykut、Ivailo Izvorski、Eung Ju Kim、Annette De Kleine、Oana Luca、Israel Osorio – Rodarte、Theo Janse van Rensburg、Elliot（Mick）Riordan、Cristina Savescu 和 Nadia Islam Spivak 在国别工作小组、国别主管人员、地区首席经济学家办公室以及减轻贫困和经济管理局（PREM）主管人员的协调下撰写。短期商品价格的预测由 John Baffes、Betty Dow 和 Shane Streifel 做出，侨汇的预测由 Sanket Mohapatra 做出，发展研究小组的 Shaohua Chen 和 Dominique van der Mensbrugghe 对长期贫困做了预测。

第 2 章的主要作者是 Andrew Burns、William Shaw 和 Nikola Spatafora，同时 Mike Kennedy、Oana Luca 和 Angel Palerm 也对本章的写作做出了贡献。第 3 章由 Andrew Burns 和 William Shaw 撰写，同时 Dilek Aykut、Jean – Pierre Chauffour 和 Mariem Malouche 也对本章的写作做出了贡献。第 2 章和第 3 章都受益于 Augusto Clavijo、Yueqing Jia、Eung Ju Kim、Irina Kogay、Sergio Kurlat、Sabah Mirza 和 Nadia Islam Spivak 所做的专项研究。

与本书相伴而生的在线出版物《全球经济预测（PGE）》由 Cristina Savescu 领导的一个小组撰写，小组成员包括 Cybele Arnaud、Augusto Clavijo、Sarah Crow、Betty Dow、Ernesto McKenzie、Kathy Rollins、Ziming Yang 和余英。这项工作得到了 Gauresh Rajadhyaksha 的技术支持。翻译工作是在 Jorge del Rosario（法文和西班牙文）和李莉（中文）的协调下完成的。与本书相关的一本小册子重点提供了本报告有关商品一节的主要信息，它们由 Kavita Watsa 和 Roula Yazigi 制作。

本报告的编辑是 Marty Gottron，Hazel Macadangdang 负责管理出版过程，发行工作由 Rebecca Ong 和 Merrell Tuck Primdahl 负责。本书的制作是在世界银行出版局 Aziz Gökdemir的协调下完成的，参与协调工作的还有 Stephen McGroarty 和 Andrés Meneses。一些评论人员在概念形成和撰写工作的整个过程中提供了大量的建议和评论，他们是：Shaghil Ahmed、Daniel Benitez、Cesar Calderon、Otaviano Canuto、Kevin Carey、Rodrigo

Chavez、Jeff Chelsky、Mansoor Dailami、Jeff Delmon、Shahrokh Fardoust、Alan Gelb、Jack Glen、Arvind Gupta、Fernando Im、Jacqueline Irving、Ada Karina Izaguirre、Ivailo Izvorski、Prakash Kannan、Auguste Tano Kouame、Robert Kahn、Doreen Kibuka – Musoke、Jean Pierre Lacombe、Atushi Limi、林毅夫、Dominique van der Mensbrugghe、Celestin Monga、Mustapha Nabli、Fernando Navarro、Il Young Park、Maria Soledad Martinez Peria、Zia Qureshi、Hartwig Schafer、Luiz Pereira da Silva、Claudia Paz Sepulveda、Hans Timmer 和 Augusto de la Torre。

缩略语

ASEAN	东南亚国家联盟（简称“东盟”）
BIS	国际清算银行
CDOs	担保债务凭证
CDSs	信贷违约掉期
CPI	消费价格指数
DECPG	世界银行研究局预测部商品研究组
ECB	欧洲中央银行
EMBI	新兴市场债券指数
EMBI +	新兴市场债券指数 +
FDI	外国直接投资
GCC	海湾合作委员会
GDP	国内生产总值
GIDD	全球收入分布动态模型
GNFS	货物和非要素服务
GNI	国民总收入
IBRD	国际复兴开发银行（世界银行）
IDA	国际开发协会（世界银行）
IMF	国际货币基金组织
IPO	首次公开发行股票
Lao PDR	老挝人民民主共和国
LCU	当地货币单位
LIBOR - OIS	伦敦同业拆借利率—隔夜指数掉期利率
M&A	并购
MDG	千年发展目标
MSCI	摩根士丹利综合指数
NIEs	新兴工业经济体
ODA	官方发展援助
OECD	经济合作与发展组织
OPEC	石油输出国组织（亦称“欧佩克”）
PPP	购买力平价
Saar	经季度调整后的年率
T - bill	国库券（美国）
TFP	全要素生产率
UAE	阿拉伯联合酋长国

概　论

世界经济正在走出衰退的泥潭，这场由全球金融泡沫破灭引发的衰退在世界各地同时爆发，其深刻程度史无前例。最初的泡沫和随后的危机所产生的后果波及到各个经济体，无论是否直接参与了促成这个繁荣—萧条周期的风险行为都无一幸免。虽然经济增长率已出现回升，但这场衰退的深刻程度意味着，要重新吸收失业人口和过剩产能尚有待时日。

2010 年的《全球经济展望》审视了这场危机对发展中国家短期和中期的增长前景造成的后果，报告结论认为，这场危机以及危机前若干年监管机构对金融过度的反应可能对金融市场造成了永久性影响，提高了借贷成本，降低了信贷和国际资本流动水平。因此，在未来 5—7 年，随着各经济体针对金融条件收紧做出相应调整，发展中国家的年增长率可能会降低 0.2—0.7 个百分点。从长远来看，发展中国家的潜在产出总体上可能会降低 3.4%—8%。

报告进一步指出，21 世纪前 5 年流动性十分充裕，造成发展中国家的信贷供应扩张，而这种信贷扩张在推动发展中国家在不引发严重通货膨胀的情况下将经济增速提高约 1.5% 方面负有 40% 的责任。

虽然发展中国家恐怕无法扭转国际金融环境的预期收紧，但是降低国内借贷成本，或者提高生产率从而重返遭到危机颠覆的高增长轨道，都存在相当大的空间。

危机最严重的阶段已经过去

危机的短期影响（包括信贷市场冻结、资本流向急剧逆转、股市暴跌以及随后的汇率下跌）基本上都已过去。自 2009 年 3 月以来，高收入国家和新兴经济体国家的股市已挽回了一半左右的损失，而发展中经济体的回弹力度比高收入经济体略高一些。银行间贷款利率回归正常水平，发展中国家的主权利率升水从超过 800 个基点的峰顶回落到 300 个基点左右，股市波动有所减弱（见图 0.1）。此外，流向高收入企业和新兴市场政府债券的资金流已恢复到较为正常的水平，大多数发展中国家的货币已恢复到危机前对美元的汇率。然而，债券市场和银行贷款近期刚刚开始对发展中国家的私营部门借款人重新开放，2009 年对发展中国家的银

图 0.1　金融环境趋稳

从近期最高点到当前水平的变化

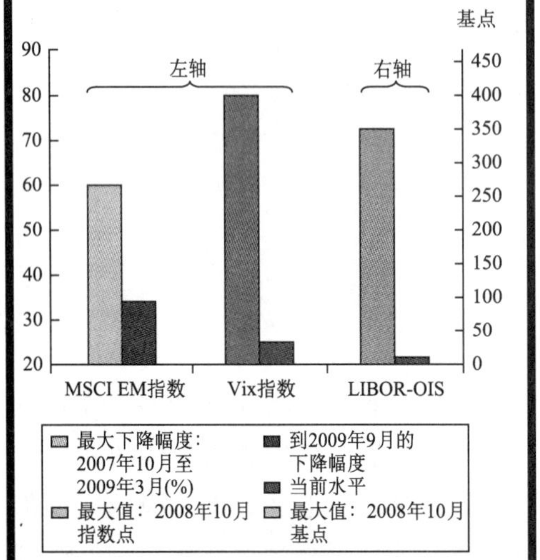

资料来源：JP Morgan and Morgan – Stanley。

图 0.2　高收入国家的经济发展驱动工业生产周期

对全球工业生产增长的贡献(%,saar)

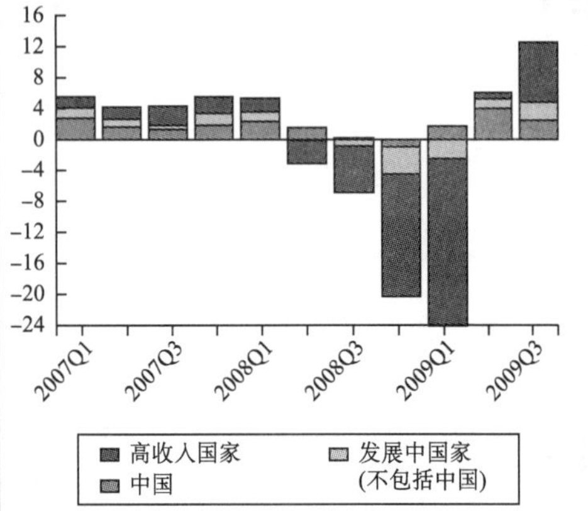

资料来源：世界银行。

团贷款总额仅达到 1230 亿美元，而 2008 年则为 2360 亿美元。

全球实体经济也已开始复苏，2009 年三季度全球层面的工业生产年度增长率超过 12%。复苏在开始阶段集中在发展中国家，而最近随着发达国家去库存化速度的放慢，经济活动迎头赶上潜在需求趋势（见图 0.2），逐渐走向平衡。不过，世界各国的产出水平依然低迷，2009 年 10 月工业生产仍比危机前的峰顶低 5%。

危机初期急剧下滑的贸易也在复苏；2009 年 10 月份发展中国家的出口年度增长率达到 36%，但世界贸易额仍比危机前的水平低 2.8%，比危机前与趋势增长率相一致的水平低 10% 左右。总体来讲，全球经济依然相当萧条，失业率继续攀升，通货紧缩蔓延，大宗商品价格比 2008 年中期水平低 25%—50%。

复苏乏力

总体来讲，在连续下跌两至三个季度之后，全球 GDP 已开始复苏，在 2009 年下半年产出快速增长并预计将持续到 2010 年一季度。然而，随着财政刺激对经济增长的积极影响逐渐减弱，库存周期接近尾声，增长速度会放慢，部分原因是居民和银行业需要重建资产负债表，因而支出不会太高。所以，全球 GDP 增长在 2010 年预计达到 2.7%（继 2009 年出现 2.2% 的空前下跌之后），2011 年预计仅仅能够适度加速至 3.2%（见表 0.1）。

对发展中国家的预测也是微弱复苏。有理由说东亚与太平洋地区的库存周期略为领先，有迹象显示中国的财政刺激措施对增长的影响已在逐渐减弱（该地区的工业生产和进口增速已在放慢）。据估计，2009年四季度几乎所有其他发展中地区的产出都已出现了回升，并将持续到

表 0.1　温和复苏

（实际 GDP 增长率，相对于前年的变动百分比）

地　区	2007	2008	2009e	2010f	2011f
世界	3.9	1.7	-2.2	2.7	3.2
高收入国家	2.6	0.4	-3.3	1.8	2.3
欧元区	2.7	0.5	-3.9	1.0	1.7
日本	2.3	-1.2	-5.4	1.3	1.8
美国	2.1	0.4	-2.5	2.5	2.7
发展中国家	8.1	5.6	1.2	5.2	5.8
东亚和太平洋地区	11.4	8.0	6.8	8.1	8.2
欧洲和中亚	7.1	4.2	-6.2	2.7	3.6
拉丁美洲和加勒比地区	5.5	3.9	-2.6	3.1	3.6
中东和北非	5.9	4.3	2.9	3.7	4.4
南亚	8.5	5.7	5.7	6.9	7.4
撒哈拉以南非洲地区	6.5	5.1	1.1	3.8	4.6
备忘项目					
发展中国家					
不包括转型国家	8.1	5.6	2.5	5.7	6.1
不包括中国和印度	6.2	4.3	-2.2	3.3	3.9

资料来源：世界银行。

注：e = 估计；f = 预测；总增长率使用实际 GDP，以 2005 年不变美元计算。

2010 年初，在 2010 年晚些时候逐渐放慢至较为可持续的速度。欧洲和中亚地区的复苏速度预计最为乏力，一个原因是该地区危机前的需求水平已远远高于其潜在需求，另一个原因是该地区的金融系统受危机的影响较为严重。

综合而言，发展中国家的 GDP 增长预计在 2009 年小幅上升 1.2%（如果将印度和中国除外，则为负 2.2%）之后，2010 年将达到 5.2% 左右，2011 年达到相对较弱的 5.8%。尽管增长率较为强劲，但此次经济衰退达到空前深刻的程度，意味着产能过剩和失业问题将会在 2011 年继续困扰各经济体，而有些行业很可能还会继续收缩。总体来讲，2011 年发展中国家的产出缺口（实际 GDP 与资本和劳动力得到充分利用可能达到的 GDP 之间的差距）仍将高达潜在 GDP 的 4% 左右（见图 0.3）。

图 0.3　发展中国家经济下滑的深度和广度大大超过了以往的经济衰退

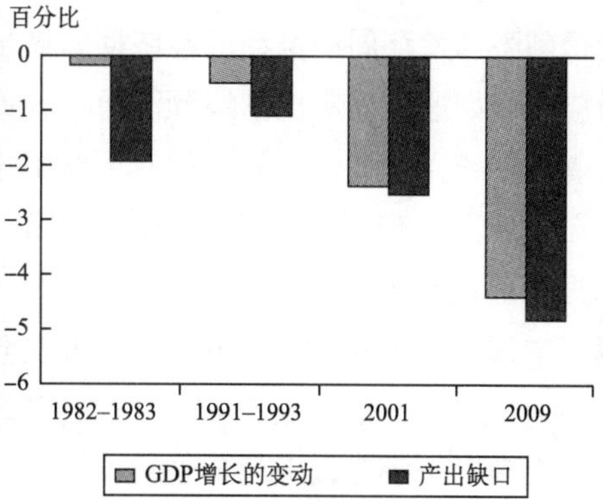

资料来源：世界银行。

注：GDP 增长的变动为发展中国家的经济增长率在危机年份和以往年份相比的变动百分比。产出缺口为危机年份 GDP 与潜在产出的百分比差异。

此次经济衰退的深刻程度以及预期复苏的相对乏力说明，高收入国家和发展中国家以产能大量过剩、失业率高和通货膨胀压力弱为特征的情形还会持续一段时间。据估计，经济增长放缓已经加剧了贫困问题，预计到 2010 年年底全世界每天生活费低于 1.25 美元的贫困人口将会比没有发生危机的情况下增加约 6400 万人；由于危机的影响，2009 年撒哈拉以南非洲地区可能会有 3 万—5 万儿童死于营养不良（Friedman 和 Schady，2009）。此外，增速放缓预期会大幅减少贫困国家的财政收入。符合世界银行国际开发协会软贷款和赠款资格的国家可能需要多达 350 亿—500 亿美元的追加资金，才能勉强维持 2008 年的规划水平，更不用说资助危机所带来的额外需求的必要资源了。

前景依然阴云密布，充满不确定性和逐步撤出刺激措施的挑战

诸多不确定因素继续困扰着发展中国家的短期前景，其中最主要的是私营部门消费和投资需求将会在多大程度上对财政货币刺激和库存周期推动的经济回暖做出反应。假如这种反应比基线预测更弱，或者刺激措施撤出过快，复苏就有可能陷于停滞。虽说出现双谷衰退（即全球增长率再度出现负增长）的可能性不大，但发展中国家的增长率在 2010 年有可能降至 5.1%，2011 年降至 5.4%，有些国家可能出现一个季度以上的负增长。

一个相关但相反的风险就是刺激措施撤出得不够快。在财政政策方面，风险主要是债务增加和对私营部门投资产生不必要的挤出效应。在货币政策方面，风险则是大规模的货币扩张开始产生牵引力，有可能导致全球经济过度膨胀。这有可能再度造成类似于流动性过剩催生泡沫危机的情形，导致全球失衡的重现，迫使我们突然收紧政策——甚至有可能带来二次衰退。的确，在一些中等收入国家，非常宽松的货币环境可能已经在当地房地产和资产市场形成了泡沫。

繁荣期对发展中国家潜力的影响

在某些方面，此次危机以及世界经济目前正在走出的经济衰退与往日的繁荣—萧条周期颇为相似。如同其他许多大危机一样，目前这场危机是以较长一段时间迅速但最终难以为继的信贷扩张，并伴随着金融机构的过度冒险之后经济活动的急剧下滑为特征的。

与此同时，目前这场危机从根本上不同于以往历次危机。从全球角度来看，这场危机是自 1945 年以来最严重、最广泛的经济衰退。据估计，全球 GDP 在 2009 年萎缩了 2.2%（战后危机中全球 GDP 首度出现绝对下降）。预计即使到 2011 年需求仍会比全球经济生产潜能低 5%，这几乎两倍于其严重性仅次于此次危机的 1982—1983 年经济衰退的产出缺口。

此外，与往日的经济衰退相反，在目前这场危机的冲击下，基本上所有发展中国家无一幸免，但除了欧洲和中亚诸国，大多数国家并未出现不可持续的宏观经济失衡现象（见图 0.4），区域通货膨胀率平均为 6% 左右或低于此水平（远远低于 20 世纪 90 年代初大多数地区出现的两位数的通货膨胀率）；大多数区域经常账户余额接近于零或呈现正值；债务与国民总收入的比率适度。审慎的宏观经济政策在危机期间显示出其重要性，失衡最严重的国家产出降幅也最大就是证明（参见第 3 章）。

图 0.4　2007 年发展中国家有关宏观经济稳定性的部分指标

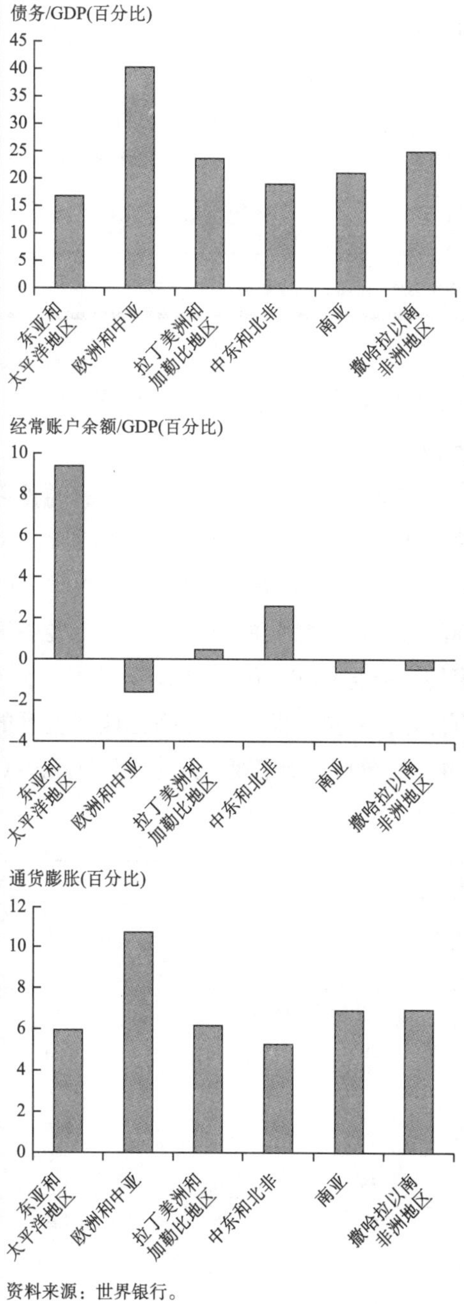

资料来源：世界银行。

此次危机最严重的阶段超过了以往的危机，这对增长、生产率甚至未来的世界经济结构可能都会产生更为长远的严重后果。由于冲击如此之深，还由于受影响的国家如此之多，高失业率将会长期居高不下，技能将会退化，原本经营良好的企业可能会破产，而整体上的经济混乱局面及其相关的经济成本将会持续高企。只要经历危机就可能会对生产率和未来的经济增长轨道产生持久的负面影响。在某些经济体，旷日持久的需求疲软可能会促使整个行业而不仅仅是几家企业从此消失，尤其是那些不景气的部门。同样，复苏不平衡，增长和经济活力集中在某个地区而非另一个地区，有可能会动摇投资轨道，使落后国家显得更加脆弱，而可能为领先地区创造新的比较优势。全球贸易格局可能会出现不可逆转的变化。

这些力量将会如何变化，应当制定哪些对策，这些问题值得深入探讨。不过，研究这场危机对发展中国家造成的所有潜在后果已超出了本报告的范畴。

以下篇幅中描述的针对危机中期后果的对策主要着眼于过去 10 年以及未来 5—10 年预期的金融环境的变化对发展中国家所带来的后果。报告首先着眼于全球金融市场的繁荣对发展中国家的信用状况、投资和增长前景造成了什么影响，着眼于那些有助于解释哪些国家从繁荣中获益最多的要素。然后，报告转向审视监管环境、风险规避情绪和政策环境的变化有可能对发展中国家的金融状况、投资和增长产生哪些影响。

并非所有国家都充分受益于流动性激增

21 世纪头 7 年高收入国家的流动性

激增，为高收入国家和发展中国家营造了有利的金融条件。更加广泛地利用各种金融创新，包括贷款证券化和资产负债表外投资工具等，使银行得以将其贷款组合中重要的一部分甩给资本市场和货币市场。更有效的是，这些创新可以让不受监管的证券来支持贷款组合，就像传统的银行业，却没有资本要求，监管框架也远没有那么严格。这就使得空前大规模地动用股票资本成为可能，随之而来的流动性快速扩张帮助压低了高收入国家和发展中国家的利率、利率升水以及资本成本（见图 0.5）。

结果，发展中国家的国内银行业和国内信贷供应量迅速增加。在全球层面，国际银行业信贷以两倍于名义 GDP 的速度增长，流向低收入和中等收入经济体的资本量飙升。整个私营部门借贷增幅达到 GDP 的 5.5%；国际资本流入与 GDP 的比率上升了大约 5 个百分点；证券市场资本化增幅达到 GDP 的 79%（见表 0.2）。

图 0.5　高收入国家的风险成本在繁荣期急剧下降

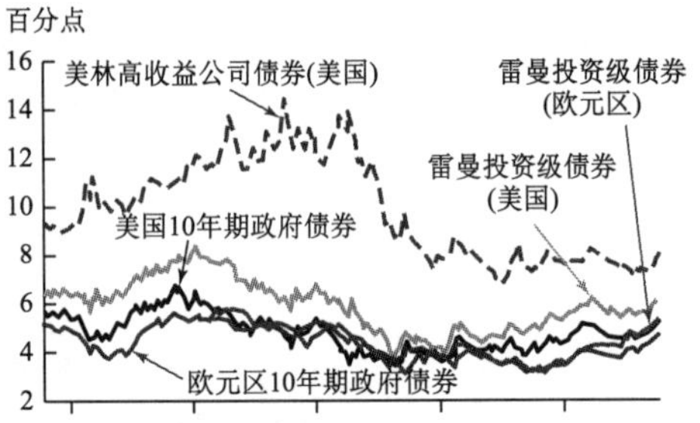

资料来源：Datastream 数据库。

随后的投资热提高了发展中国家的供应潜力

流动性旺盛滋长了发展中国家的投资热，从而推动低收入国家和中等收入国家的供应潜力迅速增长，但对大多数国家的商品货物通货膨胀的影响有限。发展中国家的投资与 GDP 的比率平均上升了 5.5 个百分点，从拉丁美洲与加勒比地区上升的 1.4 个百分点，到南亚上升的 8.1 个百分点。

表 0.2　2000—2007 年融资状况变化的区域分布

地区	2000—2007 年期间的变化				
	资本成本	资本流入	证券市场资本化	存款货币银行的私人信贷	投资
	（基点）	（占 GDP 的百分比）			
发展中国家	-400	5.0	79	5.5	5.5
低收入国家					2.3
中等收入国家					5.6
东亚和太平洋地区	-134	2.0	118	-10.7	5.5
欧洲和中亚	-866	12.0	60	15.7	4.9
拉丁美洲和加勒比地区	-471	2.0	40	2.2	1.4
中东和北非	269	2.0	36	6.2	5.0
南亚	-142	7.0	107	14.8	8.1
撒哈拉以南非洲地区	-685	4.0	59	6.8	3.6

资料来源：世界银行；Beck 和 Demirguc - Kunt（2009）。

注：地区数值为各国的简单平均值，投资率除外，其为加权平均值。

图 0.6　较低的借贷成本推动了发展中国家潜在产出增长率的提高

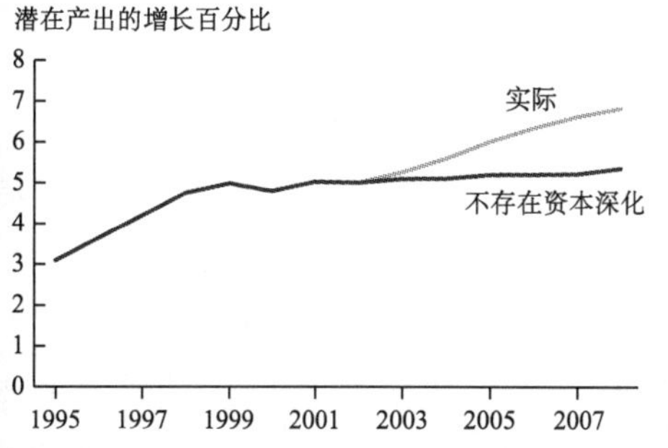

资料来源：世界银行。

结果，在 2000—2007 年期间，发展中国家的资本与产出比率比在投资率维持在 2002 年不变的情况下高出了大约 10 个百分点。这一时期（见图 0.6 和表 0.3）潜在产出（在资本和劳动力得到充分利用情况下的产出水平）增长率提高了 1.5%，其中大约 40% 归功于额外资本带来的资本服务量的增加。包含最新技术的新增资本所占份额上升，推动了这一时期全要素生产率增长的显著提高，从这个方面来说，投资热对发展中国家潜力的实际贡献甚至更高。

欧洲与中亚地区是一个明显的例外。尽管中介服务增幅最大，但大部分额外资源流入了消费领域。结果，该地区的投资与 GDP 的比率仅上升了 4.9%，低于发展中国家整体的平均水平 5.5%。与其他地区截然相反，国内信贷扩张激起了消费热，造成了严重的国内和外部失衡，最终导致宏观经济形势出现不稳。

经济政策对于理解跨国中介差异至关重要

借贷成本降低是推动 1998—2008 年期间发展中国家中介增加的最显著的因素。不过，其他因素对于理解中介水平的跨国差异（以及自 20 世纪 80 年代以来观察到的经济增长）仍然十分重要。按照国内信贷与 GDP 的比率对发展中国家进行排序，前 1/4 与末 1/4 国家的平均中介水平分别为 56% 和 37%，制度的质量和市场的开放程度与这种差异有很大关系。实际上，这一发现说明，如果将撒哈拉以南非洲地区的制度质量提高到相当于在拉丁美洲地区观察到的水平，就能使私营部门的国内信贷存量上升至 GDP 的 12% 左右，使国际融资上升至 GDP 的 2% 左右。

表 0.3　可直接归因于资本深化的潜在产出增长率提高的分解

地区	潜在产出的增长率变化（2003—2007 年与 1995—2003 年）总计	归因于资本深化	归因于资本深化的比例
	（百分点）		（百分比）
发展中国家	1.3	0.8	57
中等收入国家	1.3	0.8	58
低收入国家	1.3	0.5	38
东亚和太平洋地区（不包括中国）	0.1	0.3	221
中国	0.1	0.7	477
欧洲和中亚	2.9	0.9	33
拉丁美洲和加勒比地区	0.3	0.6	178
中东和北非	1.1	0.4	40
南亚	1.5	1.4	93
撒哈拉以南非洲地区	1.4	0.7	48

资料来源：世界银行。

拥有比较开放的经济、完善的制度、有利的投资环境的国家，在投资热期间获得的外资流入增幅也最大。资源富有的国家在吸引外资方面也表现出色，部分原因就是其资源提供了比较保险的担保品，部分弥补了其制度质量的不足。

监管环境良好的国家在将增加的资金转化为投资的增加方面也更为成功，因而增加了长期供应潜力。与大量的投资和经济增长效应相关的是外国直接投资流入和国内信贷创造，而不是股票或产生债务的资金流入。

发展中国家融资匮乏的中期影响

金融危机的短期代价是严重的、令人沮丧的。在许多国家，经济活动的急剧萎缩将危机之前若干年的超高经济增长带来的额外的 GDP 成果一笔勾销。高收入国家由于监管失败引发的危机给发展中国家造成的影响如此之大，可能会招致对金融和贸易自由化的强烈反应，特别是许多在 20 世纪 90 年代和 21 世纪初期建立了较为严格的财政政策体制、改善了监管制度并出台了较为灵活的汇率制度的发展中国家。虽然这些措施有可能防止在繁荣期国内脆弱性的积累，从而避免了一场更为严重的危机，但这些措施也未能使发展中国家完全免受其害。

金融环境收紧即将到来，意味着资金量下降

这场危机的教训和后果很可能重塑未来的金融政策和市场反应。除了导致目前史无前例的全球大衰退，这场危机预计还会大大改变未来 5—10 年的全球金融环境。

这些改变包括：

- 金融市场监管范围收紧和扩大；
- 出台旨在帮助发展中国家防范金融市场波动影响的规则和政策；
- 增加对国内中介的依靠，加大深化区域金融市场的力度；
- 风险规避情绪普遍上升；
- 避免使用某些与金融危机关系最密切的创新性金融工具。

高收入国家准备进行的监管改革预期将会扩大纳入监督的金融机构和活动的范围，提高报告标准，缩小衍生产品及其他创新性金融工具的使用范围，加大对银行间相互依存和跨境活动的关注。这些改变加上风险规避情绪上升以及高收入国家的银行需要进行资本重建，意味着未来流动性将会更加稀缺，资本成本更加高昂。

资金日渐稀缺和昂贵可能产生的影响

国际金融环境在多大程度上影响发展中国家的融资，这远远超出了传统的发展中国家经常账户融资的范畴（见下文）。的确，从总体上来讲，发展中国家是高收入国家的净贷款人。如果结算跨境流动额净值，就会发现 2000—2008 年期间发展中国家将储蓄投资到高收入国家资金额度超过了后者在前者的投资额度。

然而，对于许多资本短缺的国家，外部储蓄仍然是一个重要的投资资金来源。如果把中国和石油出口国排除在外，其余的发展中国家平均起来都是资本净输入国。在 2009 年面临外部融资缺口的 53 个发展中国家中，多数国家的经常账户赤字都超过 GDP 的5%，来自私人来源的债务净流入额约相当于 GDP 的 2.2%（或者说几乎是赤字的一半）——如果将欧洲

表 0.4　私人来源的债务资金流入对拥有经常账户赤字的发展中国家外部融资的贡献（2003—2007 年平均）

	拥有经常账户赤字的国家数	经常账户赤字（占 GDP 的百分比）	私人来源的债务资金净流入（占 GDP 的百分比）
所有国家	53	6.3%	2.2%
低收入国家	16	5.8%	0.8%
中低收入国家	20	6.1%	0.8%
中高收入国家	17	7.1%	5.3%
其中：ECA	8	8.5%	8.1%

资料来源：世界银行。

注：经常账户赤字和债务流入的数据为各国数据的平均值，不包括小岛经济体。

中亚国家拿出则相当于 0.8%（见表 0.4）。对于这些国家来说，外部资金的大量撤出有可能对国内投资和长期潜在产出带来严重后果。

全球层面的资本疲软和成本上升通过影响发展中国家国内金融市场的状况（外部投资和借款成本与回报率的变化、竞争压力上升、技术以及知识转让），也会间接影响到发展中国家的金融状况。

加强监管，同时很多投资银行变身为传统型银行，可能会减少金融服务的供应量，包括发展中国家的资本发行中介（见图 0.7）。在过去 10 年间，美国投资银行参与发展中国家首次公开发行股票（IPO）高达其总额的 86%、交易数的 32%，共同基金及其他投资工具的运作使高收入国家的个人和机构投资者得以把钱投放到发展中市场。虽然发展中国家的竞争对手可以接收这些活动中的一部分，虽然高收入企业几乎肯定会继续参与此项业务，但可能出现的结果是发展中国家的企业获取资金的渠道将会减少。此外，如果

图 0.7　部分新兴股票市场外资的参与

（按股票市场资本化划分的股票资本流入量，百分比）

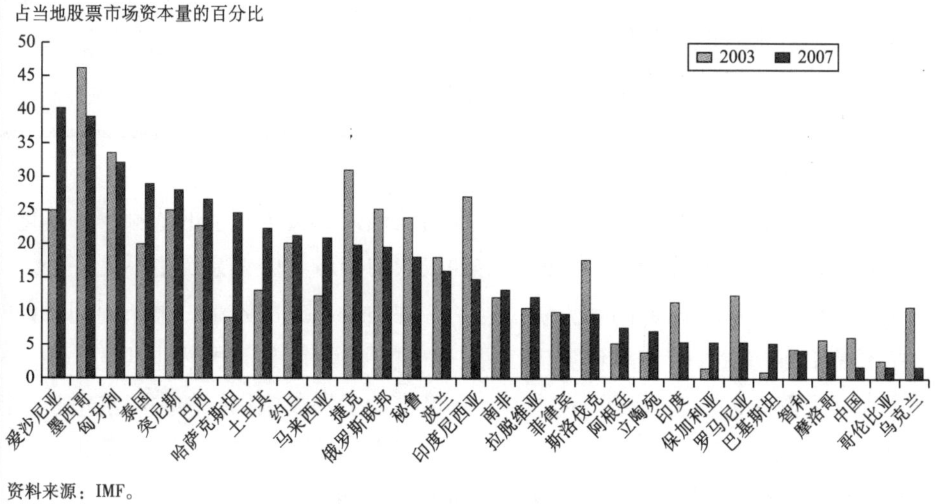

资料来源：IMF。

不甚活跃的外国投资银行又具有这方面的比较优势，善于发现全球市场潜力大的企业和产品，整个生产率就会受到影响。

高收入国家加强监管，而母银行需要积累资本，可能也会阻碍外资银行在发展中国家的参与，这就有可能对后者的发展带来负面影响，特别对于具有良好监管机制的贫困国家。外资银行可以作为引导外国储蓄进入发展中国家的导体，可以通过增加竞争，以较低的成本来推动中介的扩大，这对于欠发达的国家尤其重要。不过，国内制度的质量非常重要。在制度薄弱的情况下，外资银行的参与可能对中介和节约成本毫无作用，甚至产生负面作用，正如一些地区出现的情况：外资银行挑选最佳客户，干脆取代了内资银行。

在风险规避情绪上升和监管更加严厉的情况下，外国直接投资（FDI）受到的制约应少于债务资金流动。不过，母公司将面临资本成本上升，这些有可能削弱它们单个项目的融资能力。因此，发展中国家的外国直接投资流入预计会从近年来达到的 GDP 3.9% 的峰顶降至 GDP 的 2.8%—3.0%。这种下降的实际后果可能会非常严重，原因是在撒哈拉以南非洲地区、欧洲和中亚和拉丁美洲，外国直接投资占投资总额的比例高达20%（图0.8）。

当然，此次危机以及以往的危机也提醒我们，获得外国资本并非完全是一件好事。从历史上来看，发展中国家的私人资本流入，主要是银行和债券借贷等债务流入波动性很大（见图0.9）。由于此类资本流动可能会随时停止，甚至突然转向，严重依赖此类资本流动的国家将十分脆弱。从这个角度来说，如果能够减少发展中国家对波动性很大的资本流动的依赖，一体化程度较低的全球金融体系倒也不无好处。

图 0.8　1995—2008 年 FDI 占发展中国家投资的份额

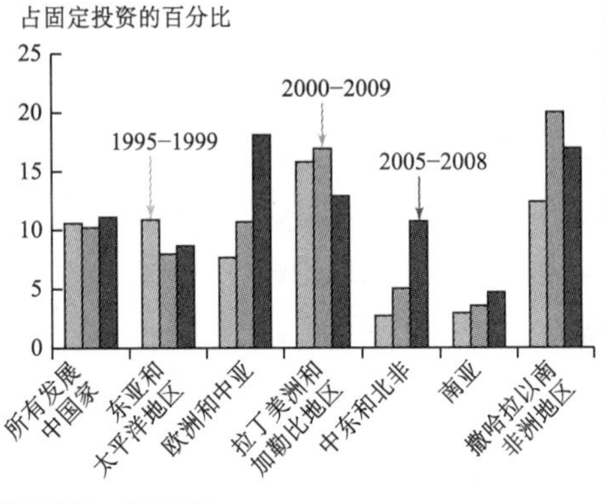

资料来源：世界银行。

图 0.9　急剧波动的外债流量带来了严重的宏观经济挑战

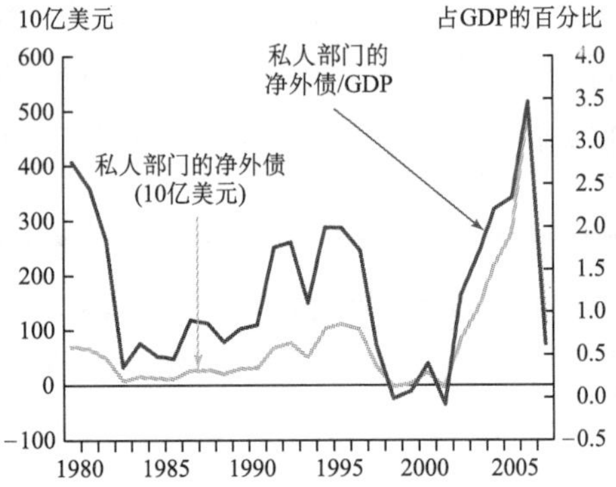

资料来源：世界银行。

的确，从此次繁荣—萧条周期得到的一个主要启示就是，虽然非常宽松的金融环境推动了发展中国家的高经济增长，但这种高增长缺乏可持续性，而危机、产出损失以及随之而来的社会动荡是本质上的，可以说是高增长的必然后果。如果未来改善对金融流动的监管能够成功地减少波动性和繁荣—萧条周期的频率，那么更为稳定和可持续的状况所带来的裨益将会超过资本成本上升和流量减少的代价（见下文）。

各国可以寻求规避全球金融市场的影响……

当然，一个国家在多大程度上经历金融市场的波动及其对实体经济的影响，还取决于国内政策。虽说奉行审慎和开放政策的国家往往能够从繁荣中获益，而在萧条时受害最小，但在此次危机中，许多发展中国家以非常审慎的方式管理繁荣带来的资金流入却无一幸免，其负面影响可能会促使发展中国家当局采取进一步的措施，减少其经济在遭遇它们无法控制的重大环境变化时的脆弱性。

在过去，发展中国家对危机的反应是增加官方储备或采取资本控制，作为缓解外部冲击对国内影响的手段。这种自我保护机制的代价可能很大。根据估计，发展中国家需要拿出GDP的1%来维持近期的储备规模。而且这种储备未必有效。例如，在最近的危机中，发展中国家经历的实体经济下滑幅度与它们在危机爆发时的储备规模之间的关联是有限的。这种关联缺乏并不意味着储备无助于缓解冲击——的确，储备少而经常账户赤字大的国家往往受危机的影响最大。不过，这的确说明超出一定范围之后，增加储备并不能带来对此类国际冲击的额外保护，各国应当认真权衡积累和维持高储备的额外成本。

在以往的危机中采取的另一种策略就是采取资本控制或放慢自由化进程。虽然此类措施有助于减少一个经济体在外债达到一定程度时容易遭受情绪突变的影响的风险，但与此同时也以牺牲资本流入带来的长期裨益（例如技术转让、增加投资、进一步融入全球经济）为代价。此外，资本控制往往是无效的，尤其当其被用于支持严重的汇率失调时。

……加强国内和区域替代方案的作用

面对不太积极的外部融资体系，发展中国家的当局和企业家可以采取措施来推动国内金融中介，代替对外国资本的依赖。鉴于中介对发展的重要性，此种策略可以为已建立起强有力的金融中介框架的中等收入国家带来很大裨益，通过边干边学和规模经济来提升国内金融中介机构的效率。

对于低收入国家，国际体系弱化的长远影响可能更为严重。从短期来说，低收入国家受危机造成的借贷成本提高的直接影响可能比较小——一个原因是这些经济体的中介业务不发达。然而，国际金融体系弱化有可能阻碍对这些国家的经济发展至关重要的投资，特别是由于国内中介体系不发达，有可能使它们无法填补外资银行留下的空白（图0.10）。

这场危机也有可能带来更广泛的区域合作，通过利用规模经济和推动储备统筹来分担风险，从而加强金融服务。这种合作也有助于加强南—南资金流通，这对于保持许多发展中国家的外国直接投资流入可能具有重要意义。不过，发展中国家中的区域金融合作进展缓慢。此外，此类安排对于已有较强的国内金融体系的地区，例如东亚与太平洋地区，可能裨益最大。制度薄弱的贫困国家可以从与较强的区域经济

图 0.10　监管质量指标

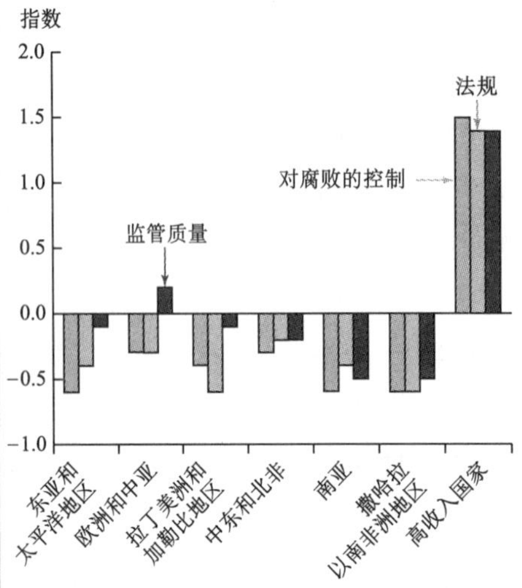

资料来源：世界银行，全球治理指标项目。

体实行一体化中获益，但推进与其他制度薄弱的国家的区域一体化可能毫无裨益。

对发展中国家供应潜力的中期影响

风险规避情绪上升、银行注资的必要性、高收入国家政府提高对借贷的要求以及造成流动性过剩的许多风险管理战略遭受质疑，所有这些因素都有可能增加高收入国家和发展中国家的借贷成本。

在繁荣期间，许多发展中国家投资与经济全面增长，也未造成严重通货膨胀压力或外部失衡，这说明在这些国家，繁荣缓解了资本对经济增长的制约，尽管实践证明这是以一种临时性和不可持续的方式。通过加强必要和合理的监管，希望有助于降低繁荣—萧条周期的频率，为发展中国家提供一个更为稳定的金融环境。不过，借贷成本上升可能意味着发展中国家潜在产出的增长率将出现暂时性下降。金融服务对于一个经济体的顺利运行至关重要，而国内中介的水平（例如，国内银行信贷与 GDP 的比率）与经济发展具有很强的关联性（见图 0.11）。

金融市场的预期变化将会在多大程度上增加发展中国家的借贷成本，取决于多个因素，包括高收入国家的利率水平。目前，在美国联邦储备银行以及其他中央银行采取的超常措施的影响下，美国政府债券的中期（1 年）和长期（10 年）利率分别为 0.4 个百分点和 3.8 个百分点——比繁荣期分别低大约 290 个基点和 60 个基点。同样，发展中国家的风险贴水下降并稳定在接近危机前的水平，或者比繁荣期大约高 150 个基点。如果高收入国家的实际利率回归到危机前的水平，如果这些基准利率和利差的历史关系保持不变，发展中国家的借贷成本可能会比繁荣期的水平上升 110 个基点和 220 个基点。

正如 21 世纪前几年借贷成本下降与投资活动和潜在增长率显著回升有关一样，未来借贷成本上升可能会降低投资

图 0.11　私人信贷与人均收入高度相关

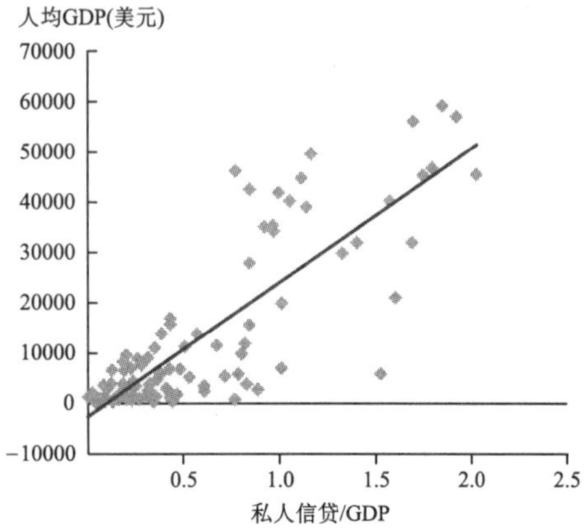

资料来源：《国际金融统计》，世界银行。

率，导致潜在产出低于往日的水平。企业对资本成本上升的预期反应将是减少单位产出的资本投入而增加劳动力和自然资源的投入，因而整个经济中的资本产出率和投资与 GDP 的比率将会下降。在向新的低资本产出率过渡期间，潜在产出的增长率有可能从 2003—2007 年期间 6.2% 的平均水平放慢 0.2—0.7 个百分点（图 0.12）。从长远来看，除非有其他因素抵消（特别是国内政策，见下文），这种替代资本集约型技术的趋势可能会使发展中国家的供应潜力降低 3%—5%，并有可能高达 8%。

图 0.12　较高的借贷成本导致发展中国家 GDP 的持续下滑

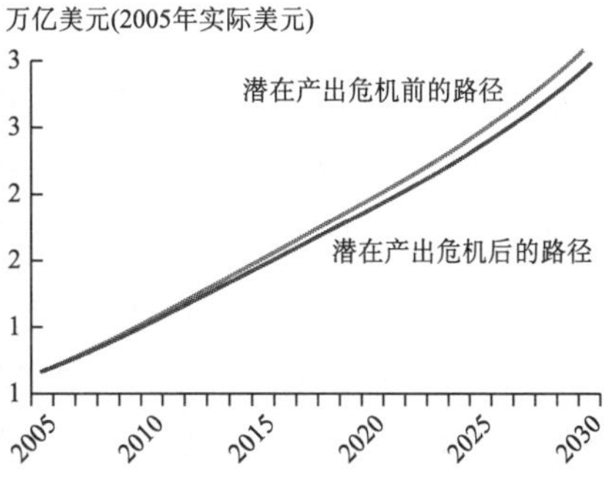

资料来源：世界银行。

发展中国家可以缓解国际环境弱化的影响

虽然发展中国家对于防止全球金融环境恶化几乎无能为力，但它们也不应袖手旁观。缓解全球金融环境收紧大有可为，可以通过加强区域和国内机构，加快长期生产率的增长，从而降低国内中介的成本。

由于腐败、监管机构薄弱、知识产权保护不力、过度限制竞争等原因，造成国内金融业效率低下，可能会使发展中国家的借贷成本超过高收入国家 1000 个基点（如果计入非正规贷款人的高成本就会更多）。

因此，改善金融业管理的政策和制度将会对促进国内金融中介业发展产生重大影响，这种影响可能超过全球风险贴水上升带来的负面影响。模拟实验显示，假如发展中国家继续改进政策和其他基本面，从而使其利差每年平均降低 25 个基点，就能抵消金融危机的长期影响——产生长期潜在产出增加 13% 而且到 2020 年潜在产出增长率提高大约 0.3% 的效果。

加强国内金融中介的努力应着眼于强化制度，而不是歧视外资。特别在监管薄弱或执行能力差的国家，对外资采取不鼓励政策会产生破坏作用，即迫使企业依靠较为昂贵的国内资金来源，从而有可能降低中介业的整体水平。抑制外资还会减少企业获得新技术、专业知识以及与国际市场联系的机会。

结论

繁荣期的国际金融状况是不可持续的，导致了这场极具破坏性和代价高昂的危机，全球经济刚刚开始走出困境。与此同时，这也表明当资本成本较低时，发展中国家有能力在不引起高通货膨胀的情况下保持较高的增长率。

就中期而言，国际资本成本将会超过繁荣期的水平。因此，发展中国家的增长潜力将会继续低于近期达到的高点，这可能会使许多国家颇感沮丧。尽管实行审慎改革以降低国内经济对某些波动性较大的国际资本的敏感度是明智之举，但同时决策者也需要注意金融开放和改善中介可以带来的裨益。

展望未来，想要重建繁荣期那种不稳定且缺乏可持续性的国际环境是没有必要的。不过，发展中国家的国内储蓄就意味着巨大的增长潜力，有待于通过以强化和扶植国内中介为目的的改革来加以释放。虽然这种改革需要时日，在较长时期内才能见成效，但改革可以使发展中国家重新走上被危机颠覆的高增长轨道。

参考文献

Beck, Thorsten, and Asli Demirgüç-Kunt. 2009. "Financial Institutions and Markets across Countries and over Time: Data and Analysis." Policy Research Working Paper 4943. World Bank, Washington, DC.

Friedman, Jed, and Norbert Schady. 2009. "How Many More Infants Are Likely to Die in Africa as a Result of the Global Financial Crisis?" Policy Research Working Paper 5023. World Bank, Washington, DC.

1

发展中经济体展望

金融危机最严重的阶段已经过去，全球经济正在复苏。然而，复苏是脆弱的，有可能随着财政和货币措施对经济增长影响的减弱以及当前投资周期的结束而在2010年下半年减速。事实上，工业生产已经开始出现减速的迹象（尽管是从很高的速度上减慢的）。因此，就业增长也将继续保持疲软，失业率预计将在许多年内保持在很高的水平上。复苏的整体势头和延续的时间将取决于家庭和企业部门今后几个季度的需求增长幅度。虽然基线情景预测表明，全球经济增长将在2009年下降2.2%之后，在2010年增长2.7%，在2011年增长3.2%，但既不能排除2011年增长略微减速的双谷衰退情景，也不能排除复苏势头增强的可能性。

虽然金融市场已经稳定并正在复苏，但仍然非常脆弱。用商业银行相互间收取的利率的利差以及它们支付给中央银行的利率来衡量的业内流动性，从美元市场中前所未有的366个基本点的高峰下降到低于15个基本点——接近其危机前的“正常”水平。在全世界范围内，那些在危机爆发后与美元的比价立即下跌的货币，大部分都恢复到了危机前的水平。流入发展中国家的国际资本已经恢复——在2009年最后几个月快速增加。另外，虽然新兴市场借款人的借款成本最近几个季度以来已经开始稳定，但是仍然很高。

然而，私营部门企业仍然无法进入国际银行市场。另外，“迪拜世界”事件及其波及效应，即希腊和墨西哥信用评级的下降，再次增加了人们对主权债务可持续性的关切，并肯定会对2010年的风险评估、资本流动以及金融市场产生影响。

实体经济也开始复苏了。虽然全球工业生产在2009年10月仍然比前一年的水平低5%，但正在复苏；2009年第三季度，高收入国家和发展中国家的产量都有望超过12%的年增长速度（或按季节调整后的年增长速度）。正如库存的急剧下降推动了工业生产最初的快速下滑那样，库存水平企稳推动了生产的强劲反弹，这个因素有望支持工业生产，即使增长速度已经开始减慢。

虽然贸易也已经开始复苏，但仍然很不景气。最近几个月来，季度增长率已经转为正数，但以美元计算的贸易值仍然比2009年9月的水平下降了17%。虽然商品价格的下降有利于贸易量的增长，但后者仍然比一年前下降了3%。

最显著的增长来自东亚地区的发展中

经济体，这反映了（至少部分地反映了）中国当局至2010年投入的40000亿人民币（或占GDP总额12%）的财政刺激措施（已经投入了大约一半）产生了一定效果。

这些激励措施大部分支持了原材料商品和投资商品的进口。事实上，部分由于重新充盈库存的活动，中国对主要金属的需求支持了商品价格，后者已恢复了早期下降的大约1/3。尽管如此，以美元计算的国际金属价格比2008年7月的价格下降了20%，石油价格下降了44%，食品价格下降了24%，全球石油需求从2007年的每天8700万桶的高峰下降了大约2%。

商品价格的急剧下降和世界范围内存在的大量过剩生产能力，使发展中国家的中度通货膨胀从2008年8月的10%下降到2009年10月的接近1%。

全球不平衡在危机中进一步缩小。这个趋势可能在很大程度上是周期性的，因为它与美国的贸易赤字、中国的贸易余额以及石油价格的大幅度下降有关。不平衡的持续缩小将取决于美国财政和货币激励措施的实施进度以及中国由激励措施推动的基础设施投资对提高国内需求而不是新的出口能力的促进作用。

尽管危机对实体经济的影响很大并且非常严重，但大多数发展中国家的经济活动已经开始复苏，整体增长有望从2009年微弱的1.2%上升到2010年的5.2%和2011年的5.7%（表1.1）。尽管这大大低于发展中国家2003—2008年间取得的平均6.9%的增长速度，但显著高于20世纪90年代取得的平均3.3%的增长业绩。除中国和印度之外，其他发展中国家2010年和2011年的增长率有可能分别为3.3%和3.9%，而它们在2003—2008年间的平均增长率达到了5.4%。欧洲和中亚地区的发展中国家受危机的打击最为严重，复苏速度有可能最慢，其GDP预计在2010年和2011年只能分别增长2.7%和3.0%。

2009年生产活动的急剧下降和预计相对微弱的复苏，意味着发展中经济体仍将有大约3%的富余生产能力[1]；而失业率虽然下降了，但仍将是一个严重问题。另外，危机将对这些国家的贫困和人类痛苦产生了非常现实的影响。2009年，可能已经有另外大约30000—50000名儿童死于危机所导致的营养不良（UNSCN，2009；Friedman 和 Schady，2009）；到2010年年末，可能会有另外9000万人因危机而陷入贫困。

几乎没有任何最贫困的国家能够在不依赖大量其他金融援助的情况下，靠自己的财政能力应对危机所导致的经济动荡。据估计，IDA国家（具有从世界银行的国际开发协会获得软贷款和赠款资格的国家）仅仅为了维持目前的方案水平就将需要另外350亿—500亿美元的资助，更不用说满足这些新的贫困人口的需求的其他资助[2]。更为糟糕的是，经济衰退可能会导致在正好需要资金流入增长之际，援助机构减少援助资金。

未来的前景仍然具有很大的不确定性。即使是上述微弱的复苏，也是不确定的。如果私营部门继续储蓄以恢复其平衡表，那就完全有可能出现以2011年的增长进一步减速为特征的双谷衰退——尤其是随着财政激励措施对增长的影响的逐步

表 1.1　全球经济前景概览

（相对于前年的变动百分比，除利率和石油价格之外）

指　　标	2007 年	2008 年	2009 年[h]	2010 年[i]	2011 年[i]
全球状况					
世界贸易额	7.2	3.0	-14.4	4.3	6.2
消费价格					
七国集团[a,b]	2.0	3.1	-0.2	1.1	1.7
美国	2.9	3.8	-0.5	1.6	2.4
商品价格（美元）					
非能源商品	17.1	21.0	-21.6	5.3	0.7
石油价格（美元/桶）[c]	71.1	97.0	61.8	76.0	76.6
石油价格（变动百分比）	10.6	36.4	-36.3	23.1	1.0
制成品单位出口价值[d]	5.5	6.0	-4.9	1.5	0.8
利率					
$ 伦敦同业拆借利率，6 个月（百分比）	5.2	3.2	1.2	1.8	2.8
€ 欧洲银行间欧元同业拆借利率，6 个月（百分比）	4.3	4.8	1.5	2.2	3.0
实际 GDP 增长[e]					
世界	**3.9**	**1.7**	**-2.2**	**2.7**	**3.2**
备忘项目：世界（按 PPP 加权）[f]	5.0	2.7	-1.0	3.5	4.0
高收入国家	2.6	0.4	-3.3	1.8	2.3
OECD 国家	2.5	0.3	-3.3	1.8	2.3
欧元区	2.7	0.5	-3.9	1.0	1.7
日本	2.3	-1.2	-5.4	1.3	1.8
美国	2.1	0.4	-2.5	2.5	2.7
非 OECD 国家	5.4	2.6	-2.3	2.9	3.9
发展中国家	8.1	5.6	1.2	5.2	5.8
东亚和太平洋地区	11.4	8.0	6.8	8.1	8.2
中国	13.0	9.0	8.4	9.0	9.0
印度尼西亚	6.3	6.1	4.5	5.6	5.8
泰国	4.9	2.6	-2.7	3.5	4.0
欧洲和中亚	7.1	4.2	-6.2	2.7	3.6
俄罗斯	8.1	5.6	-8.7	3.2	3.0
土耳其	4.7	0.9	-5.8	3.3	4.2
波兰	6.7	4.9	1.6	2.2	3.4
拉丁美洲和加勒比地区	5.5	3.9	-2.6	3.1	3.6
巴西	5.7	5.1	0.1	3.6	3.9
墨西哥	3.3	1.4	-7.1	3.5	3.6
阿根廷	8.7	6.8	-2.2	2.3	2.4
中东和北非	5.9	4.3	2.9	3.7	4.4
埃及[g]	7.1	7.2	4.7	5.2	6.0
伊朗[g]	7.8	2.5	1.0	2.2	3.2
阿尔及利亚	3.0	3.0	2.1	3.9	4.0
南亚	8.5	5.7	5.7	6.9	7.4
印度[g]	9.1	6.1	6.0	7.5	8.0
巴基斯坦[g]	5.7	2.0	3.7	3.0	4.0
孟加拉国[g]	6.4	6.2	5.9	5.5	5.8
撒哈拉以南非洲地区	6.5	5.1	1.1	3.8	4.6
南非	5.5	3.7	-1.8	2.0	2.7
尼日利亚	6.3	5.3	4.3	4.8	5.1
肯尼亚	7.1	1.7	2.8	3.7	4.8
备忘项目					
发展中国家					
不包括转型国家	8.1	5.6	2.5	5.7	6.1
不包括中国和印度	6.2	4.3	-2.2	3.3	3.9

资料来源：世界银行。

注：PPP = 购买力平价；h = 估计值；i = 预测值。

a. 加拿大、法国、德国、意大利、日本、英国和美国。

b. 按照当地货币计算，按 2005 年 GDP 进行加权。

c. 迪拜原油、布伦特原油和西德克萨斯中质油的简单平均。

d. 主要经济体制成品出口单位价值指数，以美元计价。

e. 以 2005 年不变美元 GDP 为权重计算的总经济增长率。

f. 以 2005 年购买力平价加权计算。

g. 埃及、伊朗、印度、巴基斯坦和孟加拉国的数据是根据各国的做法按财政年度报告的。这些国家 GDP 的增长率在上表是以日历年度表示的。

	2008年	2009年[h]	2010年[i]	2011年[i]
埃及	6.8	5.7	5.1	5.6
伊朗	2.5	1.0	2.2	3.2
印度	7.3	6.4	7.6	8.0
巴基斯坦	3.8	2.9	3.3	3.5
孟加拉国	6.3	6.1	5.7	5.7

减小。如果高收入国家实施的大量的传统和非传统的货币激励措施开始产生拉动作用，更强劲的复苏也是有可能的。

金融市场的近期进展

在2008 年 9 月雷曼兄弟公司倒闭之后，发达国家和发展中国家的决策者采取了前所未有的措施，这些措施在使市场正常化和恢复发展中国家的资本流入方面发挥了很大作用（有关这些措施的摘要，参见世界银行，2009c）。

危机发生后立即从发展中国家流入美国和欧洲安全港的国际资本已经转向。因此，大量新兴市场相对于美元的汇率已经恢复到危机前的水平，股票市场已经收回了最初的大量损失，发展中国家的资本流入已经开始复苏。

2009 年年末，随着不确定性的减少和避险心理的减弱，发展中国家的总资本流入开始出现增长势头。然而，这可能会受 2009 年年末发生的“迪拜世界”事件和希腊与墨西哥的信用评级下降的影响。按年度来说，发展中国家的总资本流入在 2009 年 11 月末之前的 5 个月内达到了 4350 亿美元，大大超出了当年前半年的 2180 亿美元。尽管当年的全部资本流动仍然比 2008 年的水平低 20%，并大大低于 2007 年的高峰，但最近的投资流动增长导致人们产生了这样的关切，即如果它持续下去的话，可能会使这场危机刚刚开始缩小的发展中国家的股票、货币以及房地产市场中的某些资产泡沫重新膨胀起来。

全球范围内的政策性利率仍然很低，尽管有些中央银行已经开始紧缩（如澳大利亚已经紧缩了 75 个基点）或发出了有意很快开始这样做的信号。在美国，与 2007 年的接近 550 个基点相比，联邦储备委员会的联邦基金利率已经徘徊在 12 个基点左右。与 2008 年的超过 400 个基点相比，欧洲中央银行（ECB）的政策性利率停留在 100 个基点左右。短期市场利率也很低，反映了从货币当局借款的机会成本的下降以及对国际银行系统中对应方信用的信心增强。作为银行调整资本结构和重建国际金融系统信心的政策措施的反映，商业银行相互收取的隔夜贷款利率与中央银行隔夜利率的差，即一种衡量银行间相互信心的通用标准，从危机高峰时前所未有的 365 个基点下降到不足 15 个基点（图 1.1，a 组）。作为这些努力的一部分，中央银行采取了一系列特别措施，其中包括直接向私营企业提供贷款以及对二级抵押市场进行干预。因此，它们的平衡表已经快速上升了。

部分由于这些措施和另外一些措施，2008 年秋天冻结的金融市场已经显著松动了，新兴市场借款人所面临的利差也下降了（图 1.1，b 组），商业借款人能够获得溢价为 359 个基点的资金，主权借款人可以获得溢价大约为 305 个基点的贷款。这些利差虽然高于雷曼公司倒闭前的大约 180 个基点，但仍然大大低于其长期平均值，这是许多发展中国家基本面改善和多年政策改革取得的成果。

随着利差的下降和危机后期立即出现的强烈避险心理的减轻，投资者开始回放某些从发展中国家资本市场撤回的资金。因此，大约从 2009 年 3 月开始，发展中国家的货币相对于美元开始升值

图 1.1　发展中国家金融市场的稳定性部分已经恢复到了危机前的金融状况

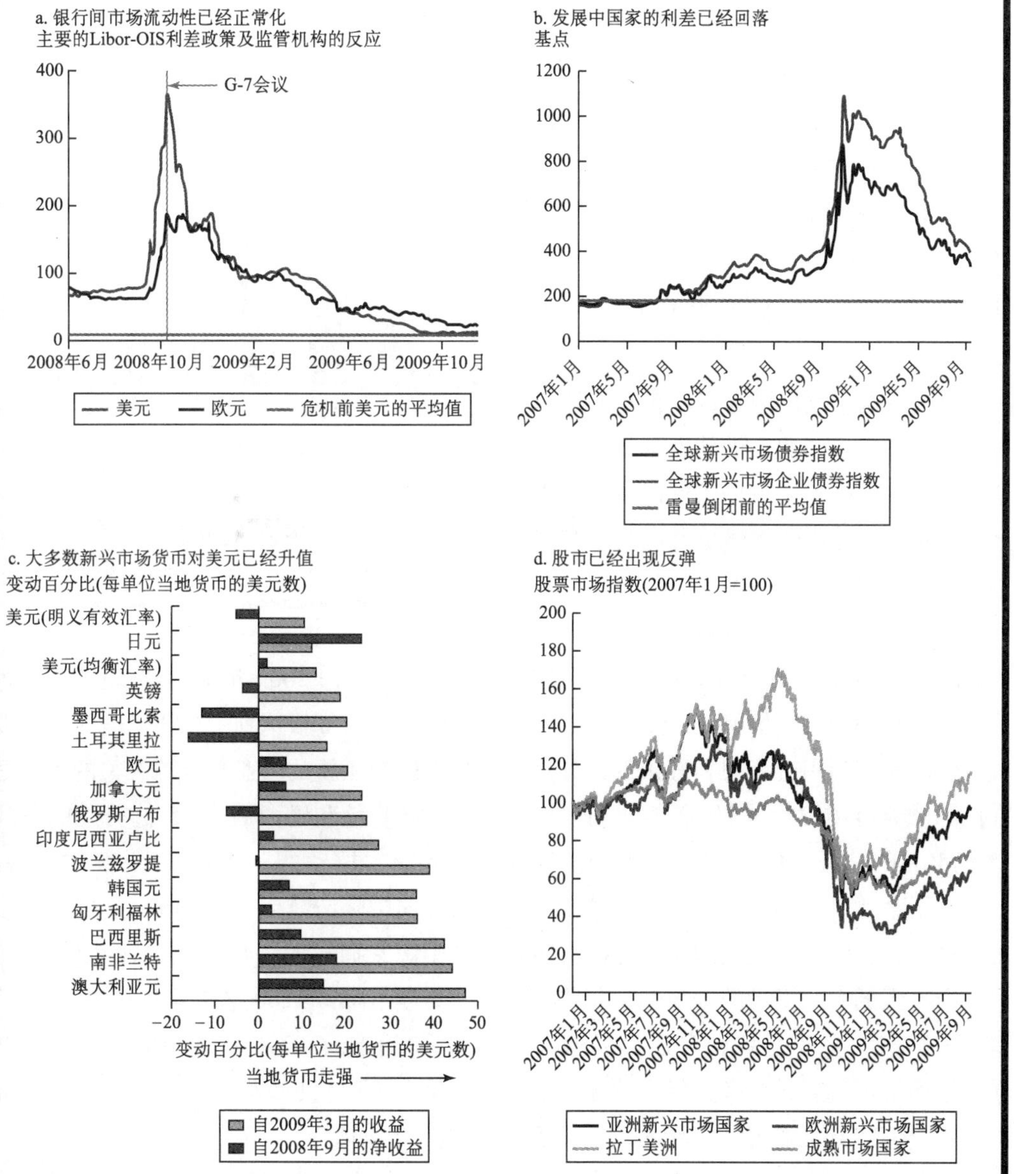

资料来源：Thomson/Datastream 数据库；世界银行。

（图 1.1，c 组），它们的股票市场开始反弹，收回了其最初损失的 1/3 至 1/2（图 1.1，d 组），从而通过恢复危机最初摧毁的财富，重新树立了全球信心。

股票市场活动的复苏支持了新兴经济体中新股票发行，2009 年前 11 个月新股票发行总额达到了 980 亿美元，大大高于 2008 年同期的 660 亿美元。尽管首次公开发行股票（IPO）活动在 2009 年前半年仍然很不景气，但有迹象表明第三季度出现了巨大反弹，原因是中国、巴西以及印度大笔交易的实力，它们总体上大约占当期所有新兴市场经济体交易量的 85%，这个比例在 2007 年结束之前的前 5 年为 65%。这些国家相对良好的基本面看来提高了投资者对这些经济体的偏好。其他发展中国家的总资本流入仍然很不景气，占其 2009 年 GDP 的 0.15%，而在 2007 年结束之前的前 5 年平均为 0.42%（占 GDP 的比重）。

发展中国家利用国际资本市场的能力也复苏了。主权和法人借款人都从增加的全球流动性、改善的市场条件以及发展中经济体相对于先进经济体更好的长期基本面中得到了好处。发展中国家的公司债务发行复苏了，在 2009 年达到了 1090 亿美元，几乎相对于 2008 年同期增长了 450 亿美元。在 2010 年的第一个交易周，土耳其和菲律宾利用持续的利好条件，分别在国际债券市场发行了 20 亿美元和大约 15 亿美元的债务。债务和股权市场的改善反映了金融市场的正常化，在某种未知的程度上，反映了高收入国家很低的实际利率所导致的套利交易的开放性。某些中等收入国家（主要是智利和巴西）吸引了大量的资金流入，后者如果维持在目前的水平上，就有可能带来实际的政策挑战并产生重大的压力。有些国家试图增加干预或实施其他措施，如金融营业税（巴西）——虽然这些措施的效果还不得而知。

与股票和股权市场复苏截然不同的是，随着全球银行的继续合并和去债务化以重建其平衡表，跨国银行贷款仍然很少。2009 年，涉及发展中国家的银团贷款交易为 1230 亿美元，低于 2008 年的 2590 亿美元。2009 年 12 月出现了令人惊异的增长，贷款达到了 270 亿美元，主要是由巴布亚新几内亚与能源有关的 100 亿美元的贷款和巴西政府 65 亿美元的贸易融资贷款拉动的（图 1.2）。整体来说，银行向国际清算银行（BIS）报告的在发展中国家拥有的外部债权，在 2009 年第一季度下降了 1260 亿美元和在 2008 年第四季度下降了 2790 亿美元之后，在 2009 年第二季度只微弱增长了 100 亿美元（经汇率调整）。

图 1.2　2008 年和 2009 年的地区银团贷款

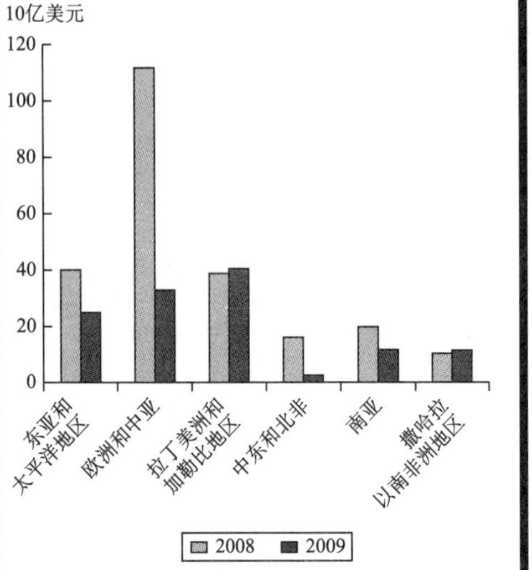

资料来源：世界银行，全球银行与金融机构分析库。

银行贷款在短期内复苏的可能性很小（第 3 章讨论了较长期的前景），尤其是在像欧洲和中亚那样存在大量不良贷款以及大规模的国内调整措施有可能抑制国内贷款的需求和供给的地区。同时，流入自然资源富裕国家的贷款有可能保持强劲的势头。

与生成债务的资本流动不同的是，外

图 1.3　流入发展中国家的外国直接投资

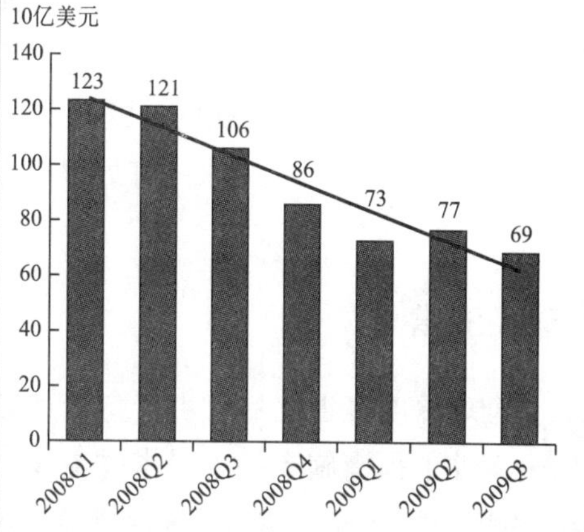

资料来源：世界银行。

注：国家包括巴西、保加利亚、智利、中国（不包括一些部门）、克罗地亚、埃及、印度、印度尼西亚、约旦、哈萨克斯坦、马来西亚、墨西哥、巴基斯坦、菲律宾、波兰、罗马尼亚、俄罗斯、南非、泰国、土耳其、乌克兰和委内瑞拉。

国直接投资（FDI）还没有出现反弹迹象。FDI 一般是最稳定的国际资本，但自 2008 年第一季度以来，这种流入下降了 40%，在 2009 年第三季度为 690 亿美元（图 1.3）。尽管这种流入预计在当年最后一个季度会复苏，但全部发展中国家的总流入有可能为 3850 亿美元，仅仅是 2008 年流入额的 30%。虽然与资源有关的投资在 2008 年后期的短暂停滞之后于 2009 年复苏，但引领近年来增长的银行部门投资仍然非常有限。

迪拜世界控股公司最近做出的让债权人给予 6 个月的债务偿还宽限期的决定以及评级机构降低希腊和墨西哥的信用评级等事件，提醒人们危机的震波仍然存在。全球市场在很大程度上没有受到这些情况的影响，新兴市场的资本流入最近几个月增加了。迄今为止，这些增加的资本流入只部分地抵消了危机后大量减少的资本流入，没有重新产生增大泡沫的条件。然而，如果这些流入持续下去或加强的话，资产泡沫可能会开始增大，使国家面临外部资金第二次突然中断的风险。

发展中国家融资需求的前景和影响

整体来说，发展中国家 2009 年的净资本流入估计下降了 7950 亿美元（相对于其 2007 年的高水平），大约为 70%。即使复苏在望，但 2010 年的流入预计也只能达到 5170 亿美元，占 GDP 的 3.2%。较低收入国家受这种下降的影响最大，因为它们原本已经很低的总私人资本流入份额（2007 年为 2.6%）有可能在 2010 年降至接近零的水平。尽管它们的绝对值很小，但这些低收入国家的资本流入在其国民收入和投资中占有很大的比重，这种损失肯定将严重影响这些国家满足其短期至中期内融资需求的能力（见第 3 章）。

在资本流入急剧下降的同时，发展中国家的实际融资需求并没有发生显著变化。根据 2010 年的经常账户赤字预测，随着私人外国债务的到期，发展中国家 2010 年的全部外部融资需求预计将达到 1.1 万亿美元的幅度，低于 2009 年的 1.2 万亿美元[3]。2010 年，外部融资需求最大的国家是欧洲和中亚以及拉丁美洲和加勒比地区的国家，它们的融资需求预计将分别达到 4470 亿美元和 2800 亿美元（图 1.4）。尽管总数很小，但撒哈拉以南非洲地区的融资需求也很大，占 GDP 的 12%。

这些预测加上对具体国家私营部门可

图 1.4　2010 年地区外部融资需求占 GDP 的份额

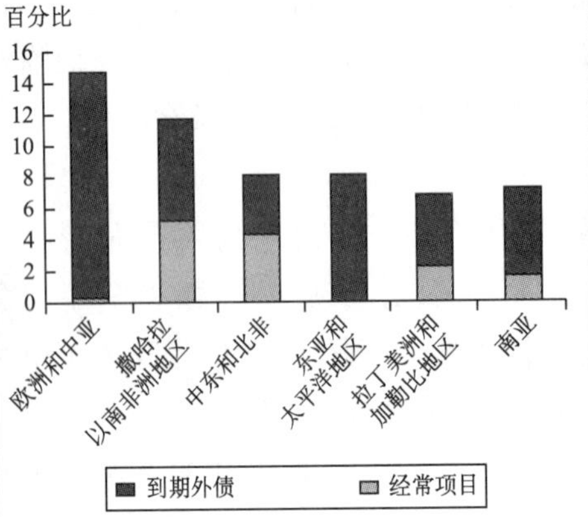

资料来源：世界银行。

注：该图以融资缺口的形式给出了外部融资需求占 GDP 的份额。

能获得的融资额的估计表明，发展中国家 2010 年可能面临总额高达 3150 亿美元的融资缺口。

为了弥补这一缺口，那些实际融资需求超过私人资本流入的国家，不得不在 2009 年采取了减少国内需求和汇率贬值的方法，以通过减少进口来削减贸易赤字，或使用其他资源，例如减少国际储备或利用官方援助（或同时使用这两种方法）。整体上来说，发展中国家在危机的初期阶段消耗了它们大约 3620 亿美元的国际储备；同时，许多国家增加了从国际货币基金会（IMF）、世界银行以及各种地区性、双边性开发机构的借款。目前还没有官方资金流动增长的总体数字，但世界银行（国际复兴开发银行，或称 IBRD，以及 IDA）本身就将自己的贷款承诺增加了大约 128 亿美元，而 IMF 则在 2009 年 10 月之前做出了提供 700 亿美元的新承诺。

IMF 的贷款资源翻了三番，达到 7500 亿美元，其中包括一笔 2830 亿美元的新的特别提款权（SDR）。然而，由于 SDR 是根据各国配额分配的，这项措施给最贫困的发展中国家带来的好处很小。

全球经济增长

在全球深度衰退之后，由于广泛的政策性干预措施支持了需求并减少了金融市场中的不确定性和系统性风险，经济增长已经转为正数。然而，复苏可能会非常缓慢，因为金融市场仍然非常脆弱，激励措施必须在不久的将来收回，资产泡沫破灭的国家中的家庭不得不在应对高失业率的同时重新进行储蓄。尽管全球增长有可能在 2010 年重返正数，但复苏的速度将非常缓慢并受到不确定性的影响。全球产量在 2009 年下降了估计的 2.2% 之后，预计将在 2010 和 2011 年分别增长 2.7% 和 3.2%（如果使用购买力平价加权的话，则分别是 -1.0%、3.5% 和 4.0%）。

拖累增长的主要是高收入国家，其经济有可能在 2009 年下降了 3.3%。与其他高收入国家相比，日本受到了全球危机更为严重的打击，增长下滑的幅度最大（-5.4%）。美国与非经济合作与发展组织（OECD）成员国中的高收入国家，2010 年的增长率有可能分别达到 2.5% 和 2.9%。

由于投资方案的削减、耐用消费品需求的减少以及广泛减少库存的努力，全球经济危机所导致的大幅度减速首先影响了发展中国家。出口需求、商品价格和资本流动的下降恶化和延长了经济的减速。整体来讲，发展中国家2009年的增长将从2008年的5.6%下降到估计的1.2%。

在发展中地区，欧洲和中亚地区的经济体受危机的打击最为严重，其GDP下降了6.1%（俄罗斯的增长下降了8.7%）。主要原因是石油价格的下跌（俄罗斯）和在避险心理严重的环境中资助大量经常账户赤字的困难。

在中国的大规模刺激方案和印度灵巧的宏观经济管理的支持下，东亚和太平洋地区（尤其是中国）以及南亚地区（尤其是印度）的增长展示了韧性。2008—2009年间，东亚和太平洋地区的增长估计仅下降了1.2个百分点，达到6.8%；南亚地区的增长稳定地保持在5.7%。中国的GDP增长率估计将从2008年的9%下降到2009年的8.4%，但有可能在预测期间的剩余阶段恢复到9%。

这种情况也反映在全球工业生产上，后者在全球金融危机发生之后急剧下降。2009年2月，世界工业生产以27%的年速度下降，但到4月/5月初，生产开始复苏（图1.5），最初是由中国在实施了5750亿美元（在5个季度内）的财政刺激方案之后的经济增长加速带动的。中国的进口需求增长很快传播到其他国家，使新兴国家（除中国之外）和高收入国家的的工业生产分别在2009年3月和2009年5月转为正数。随着刺激措施和重建库存的效益的逐步减弱，工业生产增长速度开始减慢。这个减速是向较低的增长速度（更符合现实的需求模式）过渡的信号，还是双谷衰退的开始，将在很大程度上取决于消费者和企业需求今后几个月的增长幅度（见下文有关风险的讨论部分）。

图1.5　工业生产的增长

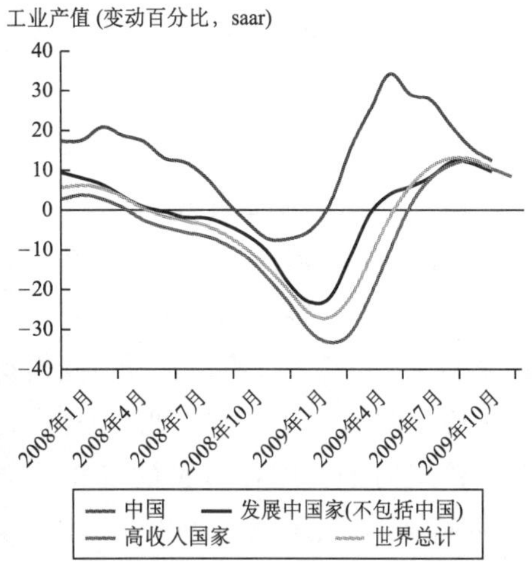

资料来源：世界银行基于Thomson Datastream的数据计算。

对高收入国家的展望

高收入国家2009年的产出估计将下降3.3%，这是其GDP总额自1960年以来的第一次下降。高收入国家的工业生产和贸易流动尤其不景气，前者在美国、英国、德国以及日本急剧下跌了20%以上。

目前已经开始出现明显的经济增长反弹。最初的转变是由发展中国家的投资反弹推动的（尤其是中国和新工业化的东亚经济体），并传播到高收入的资本—设备—出口国，例如德国和日本。随着推动国内需求和进口的刺激措施开始收到成效，以及库存周期的转变支持了生产的增长，高收入国家目前已经开始增加它们为世界产出和贸易增长所作的贡献。

在大规模刺激方案的支持下，日本、德国以及法国都在 2009 年第二季度开始增长，美国的 GDP 在第三季度增长了 2%。最近公布的数字还表明，日本的产量持续增长，第三季度的增长率分别达到 1.3%（经季度调整后的年率）。

高收入国家的增长反弹预计将在今后几个月内保持相对强劲的势头，但随着刺激措施和重建空虚的库存的活动停止推动增长，应该将在 2010 年期间失去活力。在深度萧条时期，库存增长的变化使年增长率降低了 2.4%（2009 年第一季度）（图 1.6）。在美国和新工业化经济体中，库存周期有可能是推动经济复苏的一个非常重要的因素，因为这些经济体在危机最严重的阶段大量减少了库存。在欧洲，虽然较慢的库存积累拖累了经济增长，但库存继续增加，尽管速度很慢。因此，欧洲的库存周期有可能更浅表、更短暂。

图 1.6　G－3 国家储量变化对 G－3 国家 GDP 增长的贡献

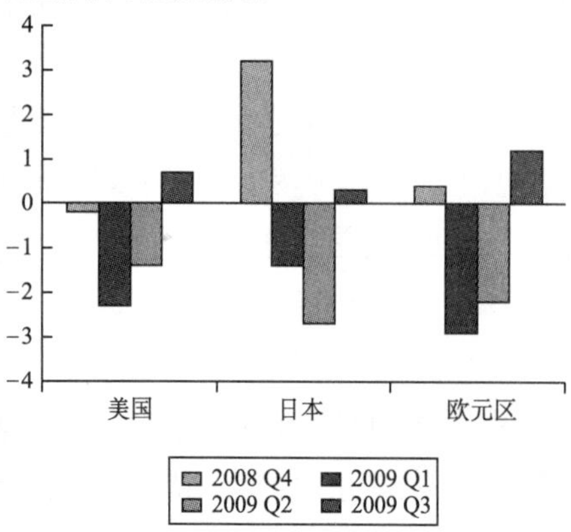

资料来源：世界银行。

在美国，虽然增长在下半年复苏了，但 2009 年全年的 GDP 预计下降了 2.5%。在库存周期、住房部门下滑的触底以及财政和货币政策的支持下，复苏有可能持续到 2010 年。然而，随着这些力量的减弱和银行部门平衡表的合并以及大量负面财富效应给国内需求带来的压力，复苏的速度可能会在 2010 年减慢。整体来说，2010 年的增长预计将达到 2.5%，并在 2011 年稳定在相对较低的 2.7% 的水平上。

根据国际货币基金组织（IMF）的估计，即使全球银行划减的资产在 2009 年第一季度达到 1.3 万亿美元，可能仍然需要再划减大约 1.5 万亿美元，因为美国国内的银行只承认了预期划减的大约 60%。

在高收入的欧洲，GDP 有可能在 2009 年下降 3.9%，在 2010 年微弱增长 1.0%。财政政策和货币政策对国内需求的支持以及改善的全球需求有可能支持该地区的增长。然而，欧元区的银行目前的平衡表问题有可能继续阻碍融资条件的改善。迄今为止，政府的拯救方案对商业银行来说几乎没有起到什么作用，政府目前还没有修改这些拯救计划。因此，贷款限制有可能继续拖累资本支出。根据 2009 年 ECB《金融稳定评论》，主要欧洲银行迄今只有 2/3 的潜在损失有拨备或被划减，它们仍然拥有大约 1870 亿欧元的潜在损失。

从更广泛的角度来说，德国的转变对欧元区的发展具有关键意义。德国经济在 2009 年第三季度达到年增长率 2.9%，主要是由法人投资和建筑活动推动的，而私人消费则下降了。展望未来，外国对制造业商品订货的强劲复苏表明，净出口将支持增长。另外，不断增长的公共资本支出将支持2009年下半年和大部分2010年的活动。然而，不断提高的失业率将拖累私人消费。

在法国，第三季度的产出受益于出口的增长，虽然私人支出仍然停滞，固定资产投资继续下降。总体来说，法国受到的金融危机的影响小于其他富裕国家，因为它既不提供大量的国际信贷，也不依赖借款，在私人需求突然骤减时，法国政府采取了行动。虽然英国的衰退比大多数人最初所预计的更为深刻，但GDP的增长有望在第四季度复苏，从而结束GDP连续6个季度的下降。

日本第三季度的经济增长被修订为1.3%（经季度调整后的年率）。取得这一复苏成果的主要原因是国内和国外刺激经济的努力。税收激励措施以及购买绿色产品的奖励性方案，鼓励了日本的消费者转向低排放汽车和节能的家庭用品。与此同时，出口量受益于国外对日本产品的需求的增加，例如美国对汽车和相关产品的需求和中国对电子产品的需求。

在今后几个季度，增长预计将受益于国内和国际市场中的库存快速变现的终结和刺激方案的持续支持。2010/2011年后期，随着刺激方案效果的减弱以及主要贸易伙伴预计的持续的微弱复苏，经济增长可能会受到新的压力。

对发展中经济体的展望

大多数发展中国家没有直接参与促成金融危机的风险行为，大多数地区的银行系统的次贷敞口都很有限。尽管如此，几乎所有国家的经济活动都受到了严重影响。截至2009年第一季度，31个发展中国家（可以获得国民账户季度数据的国家）中，有25个国家报告了负增长（图1.7）。

发展中国家的国内需求尤其受到了固定资产投资增长急剧下降的严重影响，后者从2007年的13.4%下降到2008年的8.5%和2009年估计的1.3%。国内和国外需求的下降给工业生产带来了压力。截至2009年第一季度末，工业生产从一年前的水平上下降了12.9%，发展中国家出口商品的总额和价值分别下降了30.2%和17.6%，在繁荣年代支撑许多国家经济增长的商品价格也急剧下降。另外，高收入国家资本流动的冻结和上涨的借款成本产生了一个6900亿美元的巨大融资缺口。为了弥补这一缺口，它们不得不通过减少进口，解雇工人，以及在某些情况下，大量注入像IMF、世界银行和各种地区性发展银行等官方机构提供的外国资本。

图1.7　2009年第一季度GDP增长结果的分布

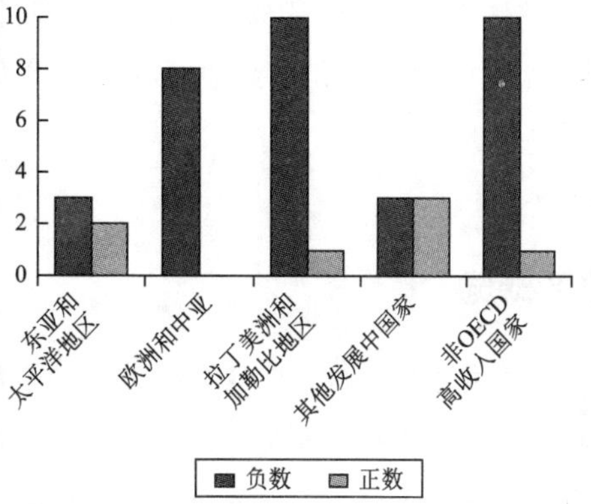

资料来源：世界银行。

因此，发展中国家的 GDP 增长急剧下降了，全年仅增长 1.2%。发展中的欧洲和中亚地区受到了最为严重的打击，因为在国际信贷与外国直接投资（FDI）支持下的消费繁荣，使该地区在危机开始时就积累了大量的经常账户赤字。那里的 GDP 估计在 2009 年下降了 6.1%。除了这些国家以及通过大量财政和货币刺激方案避免了动荡中最严重影响的印度和中国之外，其他发展中国家 2009 年的 GDP 估计下降了 2.2%，大大低于这些国家步入危机时的 3% 的趋势增长率。虽然发展中国家的整体增长保持了正数，但它所引起的减速和混乱非常残酷。失业率正在上升，由于经济增长减速，到 2010 年年底，可能会有另外 9000 万人仍然生活在贫困线以下（每天不到 1 美元），可能会有另外 30000—50000 名儿童在 2009 年死于营养不良（Friedman 和 Schady，2009）。

发展中国家的前景是，在 2010 年出现相对强劲的复苏，整体增长 5.7%，如果不包括中国、印度以及欧洲和中亚地区的话，仅为 3.3%。产量应该在 2011 年进一步增长，但只是微弱的增长，发展中国家整体上将增长 5.7%，如果不包括中国、印度以及欧洲和中亚地区的话，将增长 4.1%。

地区概览

有关发展中地区前景更详细的描述（其中包括国别预测），可以在本报告在线版（http：//www.worldbank.org/globaloutlook）的地区展望部分获取。

东亚和太平洋地区

东亚经济受危机的负面影响小于其他地区，尽管作为一个重要的耐用品和资本品生产地区，该地区的贸易和生产在 2008 年 9 月和 2009 年 3 月之间急剧下降。

高收入国家的经济危机产生的直接影响非常有限。尽管股票市场急剧、快速地下跌，但该地区的金融系统中只有相对很少的有毒资产，其整体韧性在 20 世纪 90 年代东亚金融危机发生后进行的银行业改革中提高了。

2008 年年底，地区性工业生产以 9% 的年增长速度下降，但在中国政府实施的 4 万亿元人民币（占 GDP 的 12%）的财政刺激方案和宽松货币政策的影响下，工业生产在 2009 年年初开始复苏。地区性出口下降得更快，2009 年第一季度比上年同期下降了 50%。此后，出口量开始复苏，在第三季度增长了 18%。从 2009 年 3 月开始，地区贸易伙伴开始从中国与其财政刺激措施有关的进口增长中得到了好处（图 1.8），最近几个月总出口量一直以 10% 的年速度增长。

整体来说，GDP 较好地抵御了全球衰退，在 2009 年增长了 6.8%。如果不包括中国，增长下降的速度会更快。这些国家的 GDP 估计增长了 1.3%，低于 2008 年的 4.8%。地区范围内的财政和货币刺激措施加上外部需求的疲软，增加了国内需求对整体增长的贡献。

展望未来，国际金融市场的稳定和资本流入的重新开始，伴随着强劲的库存周期，尤其在该地区新兴工业化的经济体中，有可能将 2010 年的增长率推高到

图 1.8　中国的刺激计划带来进口需求的回升

经季节调整后的出口额(美元), 年度变动百分比

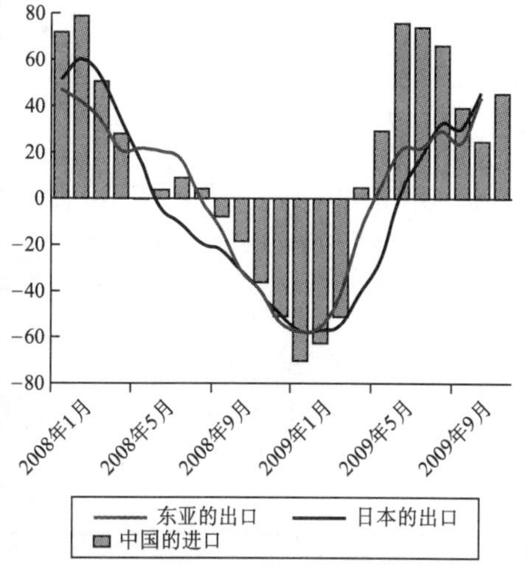

资料来源：Haver Analytics 和世界银行。

8.1%，在带动这场复苏的中国，增长率有可能达到9%。制造业持续的产能过剩和世界贸易微弱的增长（从历史角度来看）将制约2011年的GDP增长，使其不会超过8.2%。

欧洲和中亚

发展中的欧洲和中亚地区原本存在的脆弱性，其中包括大量的经常账户赤字、过度依赖外国资本来资助国内消费以及某些国家大量的财政赤字，使该地区在危机发生后，随着国际态度的转变，将面临特别剧烈的调整。

面对外部融资条件的急剧紧缩，当局通过国内宏观调控举措和来自IMF、世界银行以及欧盟的大量官方融资补充了外汇资产，支持了预算计划，抵御了当地货币面临的下行压力。

虽然采取了这些措施，但该地区仍然是所有发展中地区中受危机打击最为严重的地区。整个地区的GDP估计下降了6.1%。在俄罗斯，第三季度的缺口估计比一年前下降了10%，因为商品价格（尤其是石油）下跌和资本流动的突然逆转导致了收入和投资的大幅度下降。工业活动目前已经复苏，在2009年10月底前结束的3个月中，年度环比增长了5.4%，但仍然比一年前的水平整整低10.9%。在波兰，在抵御能力相对较强的国内需求以及近期的所得税下调和提高退休收益的支持下，工业生产活力较强，GDP增长保持了正数。土耳其的生产虽然在2009年9月比上一年下降了8.6%，但也有较强的抵御能力，并且正在复苏。在波罗的海国家，工业生产下降了15%—20%。在其他较小的国家，如亚美尼亚、吉尔吉斯共和国以及塔吉克斯坦，俄罗斯经济减速的深度影响了它们的汇款收入。2009年上半年，它们以美元计算的汇款价值下降了15%－33%。

考虑到国内需求水平所面临的大幅度的必要调整以及广泛的融资困难，该地区预计将保持微弱的复苏。由于危机的深度，不良贷款的数量大幅度增加，并有可能在一定时期内持续增加。这些不良资产以及提高的利率和微弱的国际资本流动，有可能拖累投资的增长（图1.9）。整体来说，该地区的复苏预计是微弱的，2010年和2011年的GDP可能仅分别增长2.7%和3.4%。另外，由于显著的弱点和进一步改善平衡表的必要性，该地区仍将面临严重的下行风险，其中包括发生次级地区性金融危机或双谷衰退的可能性。

拉丁美洲和加勒比地区

由于良好的宏观经济基本面，拉丁美

图 1.9 欧洲和中亚大部分地区不良贷款上升

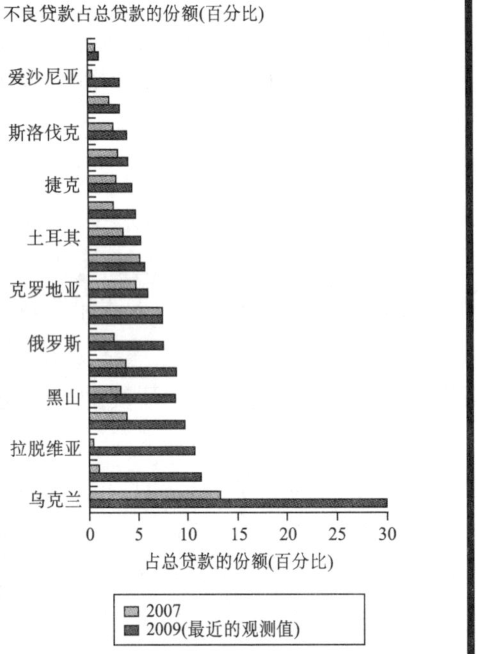

资料来源：IMF，《全球金融稳定报告》，2009年10月和世界银行。

图 1.10 在拉丁美洲，随着投资者信心的恢复，EMBI 剥离利差回落

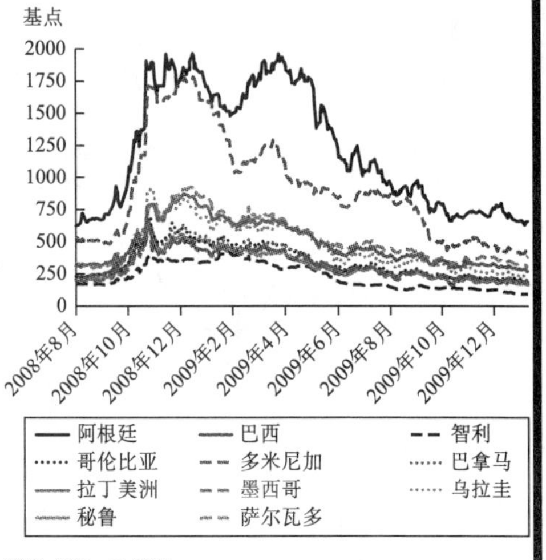

资料来源：JP 摩根。

注：利差衡量的是相对于美国国库券的风险溢价。剥离利差是衡量相对利差比较好的指标，因为在计算剥离利差时，抵押现金流的价值（如果可以）就会从债券中剥离出来。

洲和加勒比地区比以前更好地经受了这次危机的考验。事实上，随着投资者信心的回升，该地区的风险利差下降到了危机前的水平（图 1.10）。但正如其他地区一样，该地区的工业生产和国际贸易额在全球需求急剧萎缩时快速下降。到2009年10月，工业生产比2008年8月下降了5.3%，最近几个月正以9.8%的年增长速度复苏。同样，该地区的出口额在危机发生后的头几个月下降了25%，目前才刚刚开始复苏。食品价格下降的结果是出口价值更大幅度的下降，因此推动了该地区中许多国家收入的下降。

尽管如此，该地区的汇率却一直比较稳定。事实上，该地区所有国家相对于美元的汇率都已经恢复到了危机前的水平。股权市场也在恢复，地区主权债务利差下降了。部分由于这个原因，该地区的许多国家成功地进入了国际资本市场。

然而，部分由于仍然很高的利差，资本流入的增加给某些国家的实际有效汇率造成了上行压力。在巴西，政府对外国资产流入征收了2%的金融交易税，但这一行动可能不能阻止资本流入或实际汇率的上升。由于美元走低、食品价格上涨以及大量的资本流入，有些经济体可能会面临实际货币升值的风险，从而在外部需求复苏仍然很微弱的时候，失去外部竞争力。

在该地区内部，墨西哥的经济萎缩最为严重。在2009年第二季度和第三季度，墨西哥的 GDP 的季度增长率分别比上一年下降了 9.7% 和 6.3%。经济活动下滑的深度反映了墨西哥与美国经济密切联系以及它在危机所严重影响到的部门（建筑、汽车制造以及电气）的专业化程度。另外，AH1N1 流感病毒的爆发估计使航空运输量下降了 80% 或更多，导致 GDP 下降了 0.7 个百分点。

在危机发生后的头两个季度，巴西的 GDP 与上一年相比下降了 0.2%，但在 2009 年第二季度和第三季度出现了反弹。强有力的财政政策方案，其中包括对汽车部门的支持和库存周期的逆转，推动了巴西的工业生产，后者的年增长率在 2009 年 10 月达到了强劲的 22.2%。同时，政策利率的下调和利差的下降推动了促进国内需求的私人信贷的复苏。

在阿根廷，GDP 的年增长率在 2009 年第二季度和第三季度分别增长了 0.5% 和 0.2%。与政策有关的不确定性，其中包括出口限制，促使工业生产和贸易急剧下降了 17.3%。另外，导致农业产量下降的严重干旱也影响了经济复苏的速度。

该地区的产量有可能继续增长到 2010 年。巴西的年度工业生产增长率已经达到 22.2%，墨西哥建筑业的萎缩已经开始减弱。这应该能够得到以下方面的进一步支持，即正在实施的财政刺激方案、强有力的货币支持政策的滞后效应、库存周期的转变和贸易条件的改善。然而，在中美洲地区许多高度依赖移民工人汇款的小国，产量复苏有可能落后于整体水平。因此，尽管该地区的 GDP 预计将在 2010 年增长 3.1%，但 2011 年预计可以增长 3.6%。

该地区所面临的重要挑战包括：在不削弱复苏的前提下逐步结束货币和财政刺激措施，以财政可持续的措施为失业者提供足够的救济，以及在国际贸易和投资方面保持开放的态度。

中东和北非

中东和北非地区的发展中国家在不同程度上受到了危机的负面影响。在危机刚爆发时，高收入的海湾合作委员会（GCC）经济体的股票市场以及发展中地区的若干股票交易所急剧下跌——下跌幅度超过了新兴市场的平均值。由于迪拜的金融状况和在推动外国直接投资流入发展中地区中起到重要作用的阿拉伯联合酋长国的不确定性，这些市场的复苏徘徊不定。

发展中经济体的 GDP 增长速度估计将从 2008 年的 4.3% 下降到 2009 年的 2.9%。虽然基础设施发展规划的投资一直很高，但发展中的石油出口国的经济增长速度实际下降了一半，从 2008 年的 2.9% 下降到 2009 年的 1.6%，主要原因是为了支持石油输出国组织（OPEC）石油生产价格底线而进行的产量削减（图 1.11）。

多元化经济体当年的经济增长比上一年几乎下降了 2 个百分点，从 2008 年强劲的 6.6%（在埃及超过 7% 的增长推动下）下降到 4.7%。主要出口市场的实际崩溃（主要是欧元区）导致了某些国家的商品出口的急剧下降，例如埃及、约旦、摩洛哥和突尼斯。同时，该地区 2009 年的汇款下降了 6.3%，旅游业收入下降了 5%——这两者都是这些国家支持家庭消费和就业创造的重要的外国

图 1.11　2009 年油价和产量的下跌使得石油收入大幅度减少

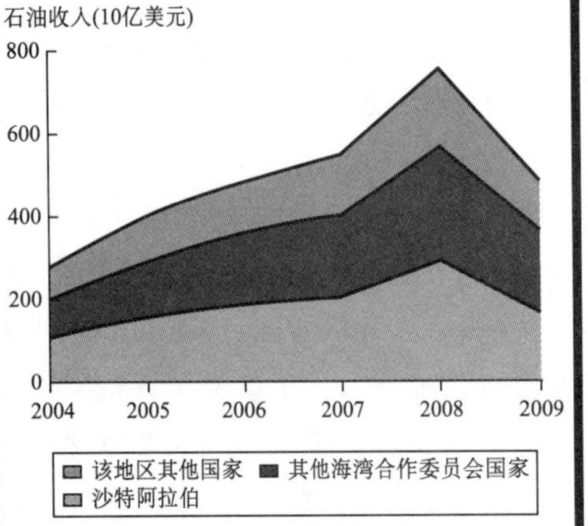

资料来源：世界银行和国际能源署。

注：收入为中东和北非地区石油出口国的收入。

收入来源。

展望未来，经济复苏将取决于全球对石油和天然气的需求，这种需求在预测期的后期到来之前可能不会恢复。总体来说，该地区的发展中国家的增长预计将会微弱上升，在 2010 年达到 3.7%，并在下一年更有力地复苏。然而，2011 年 4.4% 的 GDP 增长率仍将低于 2000 年代早期所达到的 5% 的增长率水平。

迪拜世界控股公司（迪拜政府实体）最近遇到的困难表明，该地区的制度并不是完全没有受到全球金融危机的影响。由于前几年非常高的投资水平和资产泡沫（埃及和摩洛哥的资产价格上涨尤其迅速），该地区可能出现人们还没有意识到的新的大规模金融损失。一旦这种情况成为现实，就可能影响市场信心、金融条件以及该地区的就业和投资，殃及中期的经济增长前景。

南亚

南亚看起来已经逃脱了危机最为严重的影响。该地区 2009 年的 GDP 估计将增长 5.7%，与 2008 年相比没有变化。GDP 增长减速主要反映了投资和私营部门需求的下降，公共部门支出的增加仅部分地抵消了这些影响。有些国家（马尔代夫、巴基斯坦和斯里兰卡）在资助大量的经常账户赤字方面面临严重挑战。

虽然商品和服务出口下降了 5%，但进口需求更大幅度（6.9%）的下降（部分由于投资需求的减少）以及食品和石油价格的下跌，应该能够改善 2009 年的贸易和经常账户收支（图 1.12）。流入该地区的汇款，大约相当于 GDP 的 4.7%，估计也下降了 1.8%，从而使家庭收入和外汇收入大幅度下降。

在危机爆发的初期，该地区出现了大量的资本外流，尤其在巴基斯坦和斯里兰卡，主要是由对不断增加的国内和国外不平衡的关切推动的。好转的投资态度，尤其在相对强劲的增长转机（印度）、目前正在实施的或新的 IMF 稳定方案（巴基

图 1.12　油价下跌和内需下降后，南亚的外部头寸得以改善

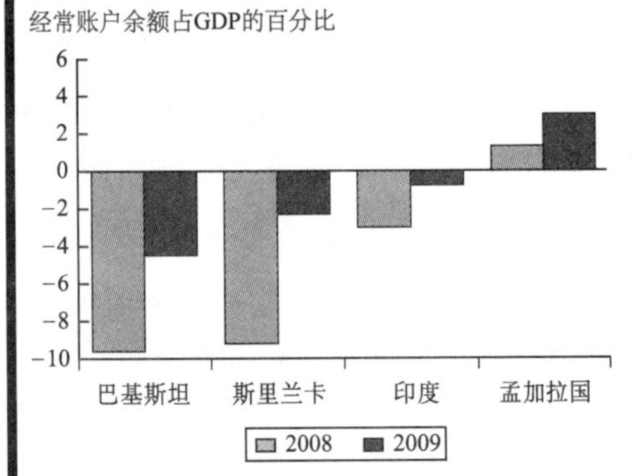

资料来源：世界银行。

斯坦和斯里兰卡）以及政治稳定的改善（斯里兰卡数十年之久的内战的结束）的推动下，该地区的资本流入在 2009 年第三季度重新恢复。部分由于这个原因，汇率和当地股票市场随着国内和国外投资者避险心理的减弱而恢复上升。

该地区的复苏预计不如其他地区那么显著，部分反映了这里相对较低的衰退程度。与 2009 年 5.7% 的增长速度相比，该地区 2010 年和 2011 年的经济增长预计将分别反弹到 6.9% 和 7.4%。

撒哈拉以南非洲地区

在撒哈拉以南非洲地区，全球贸易的下跌速度已经显著减慢，2009 年的增长速度从前 5 年的平均超过 5% 下降到 1.1%。最初，由于全球资本流入的逆转，像南非那样金融市场与全球金融市场一体化程度较高的国家受到全球危机的打击最为严重。后来，随着贸易的衰退，危机的影响扩展到石油出口国（如安哥拉和尼日利亚）和商品出口国（如博茨瓦纳和赞比亚）。旅游收入的减少、汇款的下降以及官方发展援助水平的降低，也对该地区造成了负面影响。整体来讲，该地区的 GDP 估计增长了 4 个百分点，国民总收入（一种包括贸易条件效应的衡量标准）在 2008—2009 年间下降了 3.7 个百分点。

南非经历了连续 3 个季度的负增长，年产量在 2009 年第二季度下降了 2.8%。但南非的增长在第三季度反弹为正数，增长了 0.9%，同时肯尼亚的 GDP 在 2009 年第二季度增长了 5.8%（saar）以上，表明复苏已经开始（图 1.13）。在尼日利亚，经济增长得到了农业部门以及天然气和石油部门相对强劲的绩效的推动。但由于大量不良资产的存在，金融部门可能在短期内拖累尼日利亚的经济增长。

图 1.13　GDP 季度数据表明撒哈拉以南非洲地区产出企稳

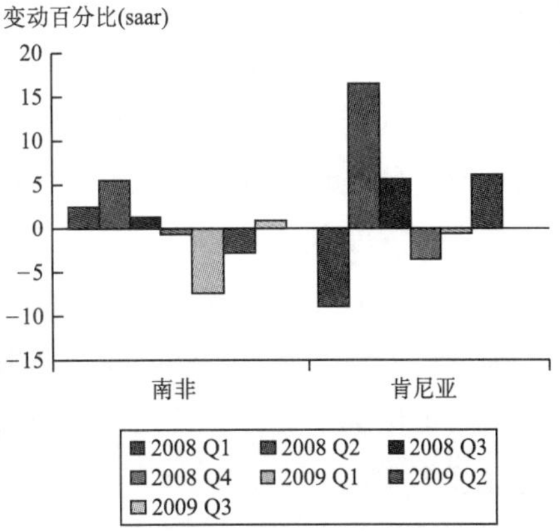

资料来源：Haver Analytics。

与衰退相伴随的石油价格的大幅度下降，减少了该地区石油出口国的经常账户余额（在安哥拉、刚果民主共和国、加蓬以及尼日利亚等国家，下降幅度超过了 GDP 的 10%）。

经济复苏预计将会是微弱的，2010 年和 2011 年的 GDP 可能将分别增长 3.8% 和 4.6%。然而，前景充满了不确定性，复苏的强度将在很大程度上取决于主要出口市场的增长绩效。那里的增长复苏将转变为外部需求的增长，同时将触发外国直接投资的复苏。依赖劳工汇款的国家的收入预计将继续疲软，主要原因是美国和欧盟持续的高失业率。

商品市场

21 世纪头 10 年中期，发展中国家持续的增长以及相伴随的具体供应方因素，导致石油部门的过剩生产能力降低到令人不安的水平，多种粮食库存下降，多种贸易金属库存下降到有限的水平（参见世界银行（2009b）对有关商品繁荣与泡沫破裂的深入讨论）。这些基本面因素还得到了与全球流动性大量增加有关的金融投资的支持（见第 2 章），后者很可能恶化了商品价格所导致的供应紧张局势的影响。因此，在 2003—2008 年间，实际非能源商品价格翻了一番，同时实际能源价格上涨了 170%。

图 1.14　实际商品价格指数

以2000年不变价格并且经货币波动和通货膨胀差异调整后的贸易加权指数(2000年1月=100)

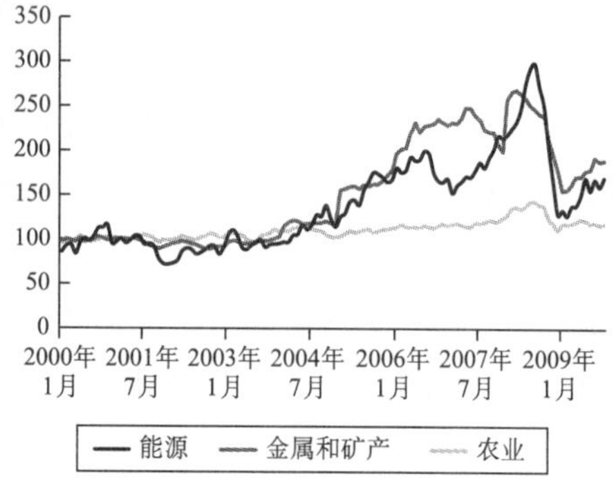

注：金属不包括黄金和贵金属。
资料来源：世界银行。

尽管商品价格在金融危机最为严重的阶段到来之前就开始下降了，但与危机本身有关的金融紧缩和危机所引起的经济活动的大量减少，导致了全球商品需求的急剧下降。在 2008 年 7 月至 2009 年 2 月之间，能源的美元价格下跌了 2/3，金属的美元价格从以前的高峰下跌了 50% 以上。农产品的美元价格下跌了 30% 以上，油脂和油料下跌了 42%。

能源和金属商品的美元价格在 2009 年 3 月开始复苏，基本符合全球经济复苏的情况，各种金融部门变量处于良好状态。价格上涨部分地反映了美元的贬值，至此几乎扭转了世界上其他地区的资本立即逃入美国时所导致的全部升值。事实上，国际商品的实际当地货币价格（一种纠正货币波动和通货膨胀差异的标准）大大低于美元价格（图 1.14）。例如，尽管用美元衡量的能源价格 2009 年 2—10 月之间上涨了 57%，但以同期贸易加权的实际当地货币衡量的价格只上涨了 33%。

原油

世界石油需求在 2000—2007 年间平均每年增长了 1.7%，但在 2008 年最后一个季度和 2009 年第一个季度期间下降了近 3%，原因是经济活动的减少以及为了应对高涨的石油价格而采取的节约措施和使用其他替代能源资源的做法。2005 年第四季度，OECD 国家的石油需求开始下降（当石油价格飞涨到超过每桶 50 美元时），目前已经下降了 4 年多的时间，预计 2010 年仅有小幅度的增长或无增长。2009 年第一季度，非 OECD 国家的需求也下降了，但从那以后就开始增长，预计将在 2010 年恢复其趋势增长率。

为了应对全球需求的下降，OPEC 将其日产量减少到近 400 万桶，以期将价格保持在每桶 75 美元的水平上。因此，OPEC 的富余生产能力（一种衡量全球石油市场宽松度的标准）上升到每日 650 万桶左右，相当于近 5 年的需求增长，大约与 2003 年石油价格为每桶 20 美元的水平相同（图 1.15）。另外，已开采的石油和石油产品的库存仍然很大，由于需求疲软和某些陆地储存设施的饱和，目前在海面上的船只中储存了大约 1.5 亿桶。

图 1.15　欧佩克的过剩产能

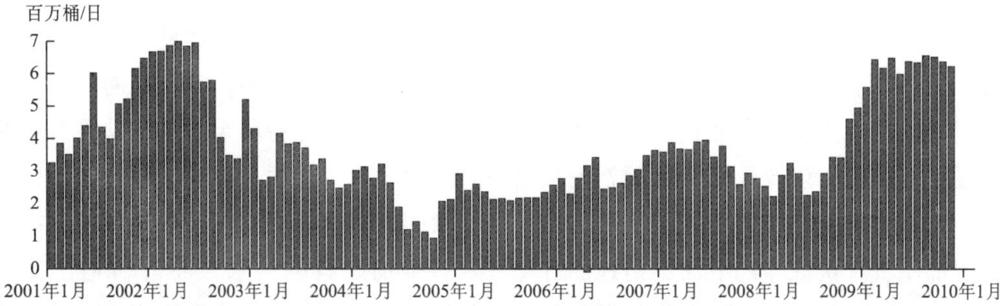

资料来源：国际能源署和世界银行的计算。

虽然中期内的供应非常充分，但较长期的前景则并不那么明朗。过去数十年来，非 OPEC 的供应量（除了俄罗斯之外，后者的产量在 2000 年代早期增长很快）基本上是停滞的，因为巴西、加拿大和西非增加的产量被美国和北海大幅度的减产抵消了。虽然大幅度上涨的价格推动了投资的增长，但新开发的产量增长速度很慢，部分原因是 2007—2008 年间因设备和熟练工人短缺而造成的高成本以及大量项目的推迟。另外，大约 3/4 的已知储藏都被国有石油公司控制了（被 OPEC 或其他机构），这使得大型国际石油公司不得不转向成本更高的开发性投资（如油砂和深水），因此增加了它们的成本和项目投产所需要的先期时间。

考虑到现有的大量库存以及今后几年预计的石油需求的微弱增长，实际石油价格预计不会大幅度上升。然而，该部门仍将对需求和供应变化保持敏感，全球供应的大幅度下降可能会导致价格再次急剧上涨，即使是暂时的。

除非长期内发现了新的重大储藏，OPEC 的定价权将继续加强。然而，替代性能源资源，例如煤炭、天然气、核电以及各种可再生能源，最终将有可能防止实际石油价格无止境上涨。产业估计表明，在目前的实际石油价格水平上，需求和供应应该能够在可预见的未来保持平衡。

金属（不包括黄金和贵金属）

全球衰退引起了金属需求的急剧下降。2009 年上半年，全球铝和铜（从量上来说最主要的金属）的消费量分别下降了 19% 和 11%。中国公司和政府储备部门重新充盈库存的活动（中国是世界上最大的金属消费国）推动了上半年强劲的需求增长，但在下半年，重建库存的活动减弱了，而工业化国家还没有出现类似的重建库存的活动。因此，2009 年铝和铜的全球需求估计将从 2007 年的高峰分别下降 11% 和 9%；如果不包括中国的话，这两种金属的全球需求都将下降 20% 以上。

从供应方面来讲，在这个周期下行的初期，矿山和冶炼厂大幅度削减了产量。另外，项目取消、废料市场紧缩以及众多的罢工（例如，在加拿大和南非）促进了市场的紧缩。今后两年，金属价格预计将随着全球复苏的进展和金属需求的增加而继续微弱上升。然而，价格预计不会大幅度上涨，部分原因是价格已经大幅度上涨了，但主要原因是许多部门大量的闲置生产能力可以在当前的价格水平上重新运作并产生利润。一旦需求增长返回正常轨道和闲置生产能力得到利用，面对发展中国家强劲的增长，该产业将重新面临增加足够生产能力的挑战，部分原因是新矿会变得更加昂贵（例如，地下而不是地面开采），并往往位于政治地理位置非常困难的地区。该产业还将面临矿石等级下降、环境和土地整治问题以及水、能源和劳动力压力。然而，在预测期内，金属价格预计不会达到这个 10 年初期的名义高峰。

农产品

尽管农产品价格已经从 2008 年 6 月的高峰下降了 22%，但仍然几乎是其 21 世纪初期的低谷的两倍。农业价格最近的下降（相对于以前的高峰）反映了石油价格（一项重要的成本因素）的下降和主要农产品库存的增长，其中包括大米、玉米和小麦（图 1.16），这是大丰收和主要农产品种植区域扩大所导致的结果。

图 1.16　全球主要农产品市场粮食储量与使用量的比率（不包括中国）

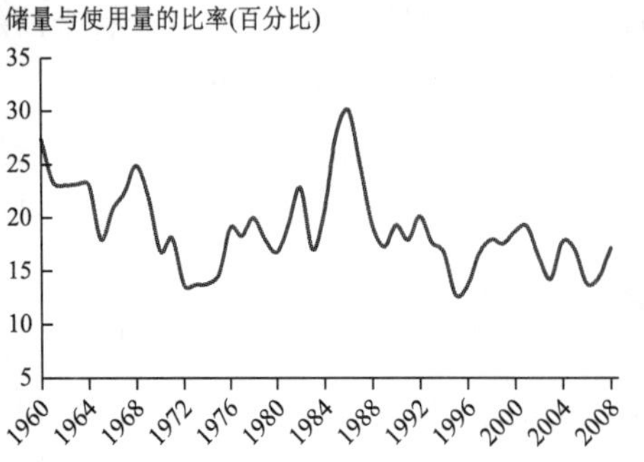

资料来源：世界银行根据美国农业部的数据计算。

如果不出现不可预见的生产问题，农业市场有可能保持充分的供应。因此，2009 年农产品价格预计将比 2008 年低 13.8%。在中长期内，农产品的实际价格预计将总体上保持稳定。这反映了两个对立的力量。一方面，能源和农产品价格之间较强有力的联系（较高的生产成本加上对生物燃料的需求）将对价格产生上行压力；另一方面，全要素生产力的持续增长（在农业中比在制造业中更为强劲）将对生产成本产生制约。

对短期内的食品安全关切减弱了，大多数国家减少或取消了 2008 年商品价格高涨时实施的出口禁令和其他出口限制。然而，上涨的食品价格所带来的贫困挑战仍然存在。在较长的时期内，全球层面的生产率增长应该能够保证长期的食品供应。然而，许多贫困国家的农业绩效没有与人口增长保持同步。因此，进一步依靠进口食品满足基本需求的风险还会增加。例如，在 1980—2004 年间，撒哈拉以南非洲地区的人均农业 GDP 的年均增长速度不到 1%，而在东亚地区则超过了 3%。

展望

从中期来讲，实际商品价格预计保持相对稳定，总而言之，或多或少存在一些上行或下行的风险（图 1.17）。近期价格上升表明了美元的弱势地位以及全球经济活动下滑所产生的过度反应。长期来讲，人们或许会关注非工业商品相对于过去可能变得更加顺周期。如果金融投资者在商品市场上的影响加大，其活动的顺周期性可能就会加大受影响市场的波动性。同样，作为一种替代燃料，农产品的使用可

图 1.17　实际商品价格

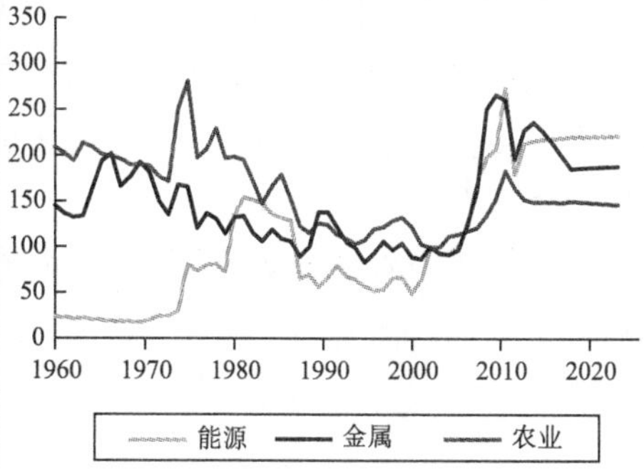

资料来源：世界银行。

注：制造业单位价值平减指数为来自 G-5（法国、德国、日本、英国和美国）工业制成品出口的单位价值指数，以美元计价，以各国向发展中国家的出口额为权重。

能会对食品价格产生一种周期性影响，而先前则是不存在的。

图 1.18　低收入国家、中等收入国家和高收入国家的通货膨胀

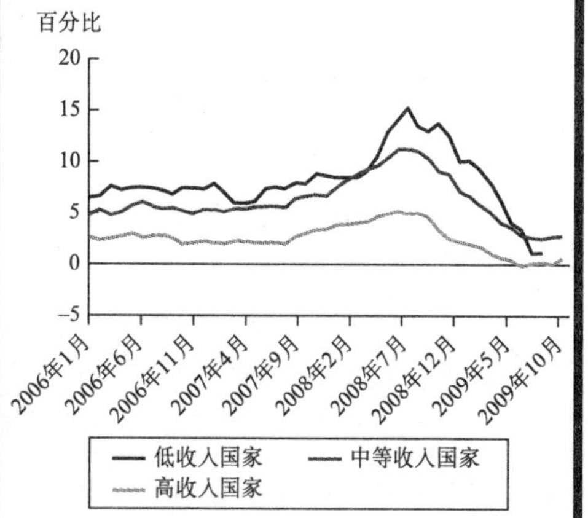

资料来源：世界银行。

图 1.19　高收入国家的核心通货膨胀

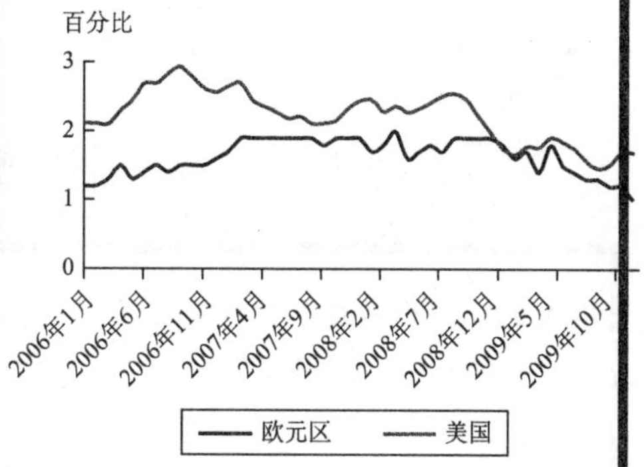

资料来源：世界银行。

通货膨胀

正如食品和燃料价格的大幅度上涨导致高收入和发展中国家在2008年都经历了见诸报端的快速上升的通货膨胀一样，2009年商品价格的下降和全球经济前所未有的减速导致了见诸报端的通货膨胀的大幅度下降（图1.18）。高收入国家在2008年中期上升到了5.2%的高峰的消费者价格通货膨胀率的年度中间值，在7月份转为负数，但在2009年6月又升到0.6%。发展中国家的通货膨胀率的中间值已经从2008年中期的12.4%的高峰下降到仅仅2.6%的水平。在高收入国家，虽然见诸报端的通货膨胀率下降了，但核心通货膨胀率仍然相对稳定（图1.19）。只有日本的核心通货膨胀率下降到了零以下。由于大宗商品价格的通货膨胀目前已经传播到整个系统，见诸报端的通货膨胀率预计有可能在今后几个月内开始向核心通货膨胀率的方向发展。美国和七国集团国家2010年见诸报端的通货膨胀率预计平均分别为1.6%和1.1%。

中等收入和低收入国家的通货膨胀发生了显著变化。低收入国家的通货膨胀率中间值在2008年中期达到15.4%的高峰，但到2009年10月大幅度下降到1.2%，

图 1.20 低收入国家的食品价格

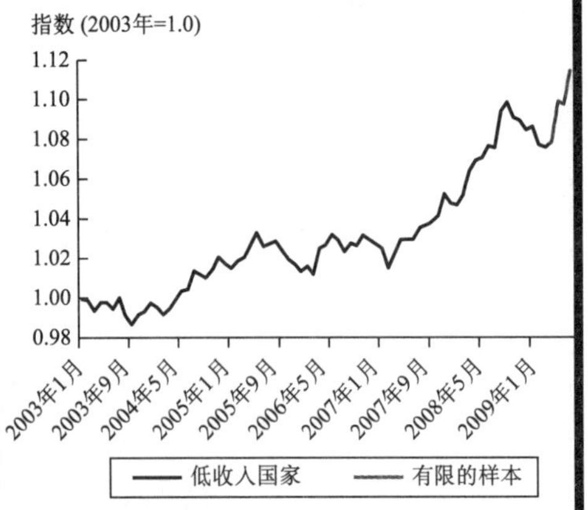

资料来源：世界银行根据国际劳工组织的数据计算。

低于食品和燃料价格上涨之前所观察到的水平。然而，2009 年 5 月，在有数据的 2/3 发展中国家中，食品价格通货膨胀率下降的速度低于整体价格的通货膨胀率（图 1.20）。

因此，到 2009 年 5 月底，与 2003 年 1 月相比，发展中国家食品价格的上涨速度比非食品价格大约高 8%。这表明这些国家的贫困人口从国际食品价格下降中得到的好处可能不如较富裕国家中的贫困人口，在商品价格上涨期间陷入极度贫困的 1.3 亿贫困人口（世界银行，2009）中，很多人可能也没有像预期的那样因国际食品价格下降而脱离贫困。

世界贸易

一般来讲，全球贸易遵循了一种与工业生产广泛相似然而更为明显的模式，只不过下降的幅度更大，复苏在某种程度上有些滞后。以美元计算的世界贸易额在 2008 年 8 月至其达到最低点的 2009 年 3 月期间，下降了 31%（图 1.21）。如果在等式中不考虑商品价格下降和汇率动荡的情况的话，贸易额的下降就不那么明

图 1.21 世界贸易正在复苏

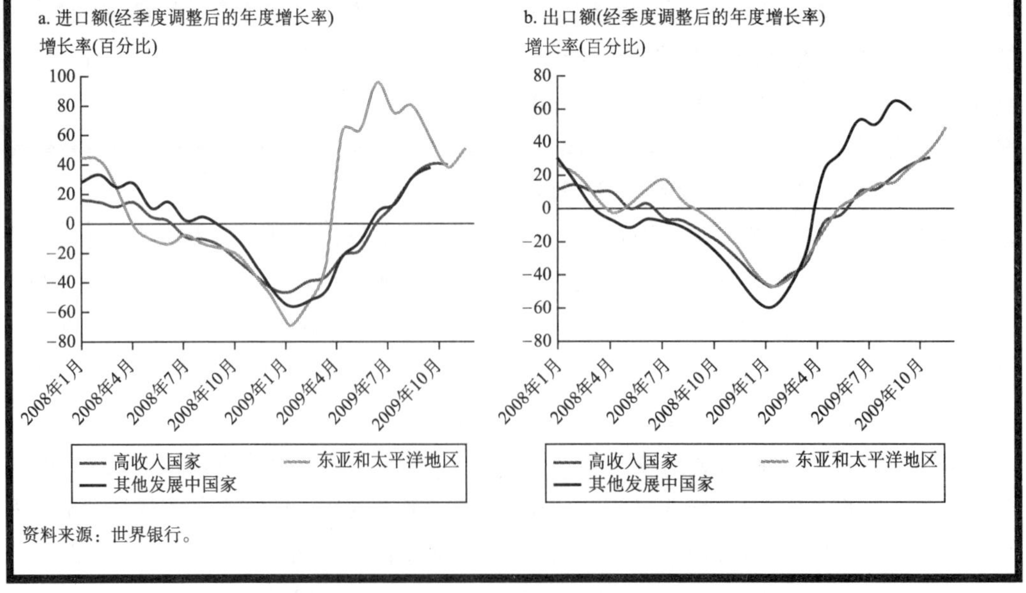

资料来源：世界银行。

显了。尽管如此，到2009年3月，全球贸易额下降了21%。虽然全球贸易从低谷中复苏了，但到2009年10月，它仍然比危机前的水平低2.8%。

贸易反弹的滞后似乎并不完全是薄弱的贸易融资的反映（尽管它无疑发挥了某些作用），而是仍然低迷的投资活动的反映（投资商品一般贸易量很大）。全球投资估计在2009年下降了9.7%，即使在2010年，投资也仅能增长4.9%。

高收入国家进口量最初下降的幅度相对较大，部分反映了在雷曼兄弟公司倒闭之前就已经开始的增长减速。在危机发生之后，减速变得更快和更广泛，全球进口量在2009年第一季度比上一年下降了40%。在低谷时期，高收入国家的进口从其2008年8月的水平上下降了24%；发展中国家的进口几乎下降了25%。

亚洲国家的贸易下降幅度没有那么大，部分原因是中国的财政刺激方案。中国的大多数贸易伙伴都从中国进口的反弹中得到了好处。到第三季度，大多数国家的进口需求都增强了。在国内需求减少所导致的一段低迷之后，美国的进口在2009年10月份快速增长了29%（saar），德国的进口增长了27%，日本的进口11月份增长了31%。

总体来说，服务贸易比商品贸易的韧性更强，部分原因是服务贸易更多地以个人消费而不是投资支出为目的。旅游业是一个例外——这种支出一般是奢侈品，因此波动性更强。根据世界旅游组织的报告，与2008年相比，2009年前6个月的游客到达量下降了7%（图1.22）。从地区上来说，中东欧国家的旅游业下降的幅度最大（11%），而非洲的游客达到量则微弱上升了。墨西哥受到了尤其严重的打击，游客到达量在第二季度下降了19%（年度环比），当时该国发生的AH1N1流感和全世界范围内个人避免传染的努力放大了全球衰退的效应。最近，全球游客到达量似乎有所回升，7月份仅比一年前下降了4%。虽然有通过特别减税措施支持旅游业、放松签证限制以及投资计划等广泛的努力，但世界旅游组织预计，2009年全球游客数量将下降4%－6%。

图1.22 世界旅游人数

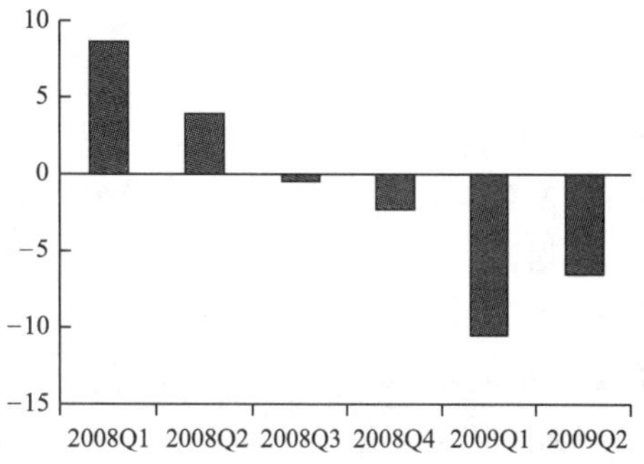

资料来源：世界旅游组织。

整体来说，世界商品贸易量估计在2009年下降了17.6%，商品和服务下降了大约14.4%。由于预计的微弱的复苏和基础效应，2010年的贸易预计仅能增长4.3%，2011年增长6.2%。因此，即使在复苏两年之后，商品和服务贸易总额预计仍然将比2008年的高峰低5%。

汇款是发展中国家另一项重要的外部货币来源，在有些国家占GDP的比重高达20%。汇款比商品贸易的资本流入更加稳定，但在2009年也估计下降了6.1%（见专栏1.1）。

专栏1.1 汇款的前景

官方记录的流入发展中国家的汇款在2008年达到了3380亿美元的高峰，比2007年增长了16.7%，尽管有些汇款渠道在2008年最后一个季度减慢了流入速度。根据若干中央银行发布的月度和季度数据以及世界银行的全球经济展望，流入发展中国家的汇款估计将在2009年减少6.1%，并在2010年恢复增长。美国就业市场的疲软导致流入拉丁美洲的有记录的汇款的大幅度下降，尤其在牙买加和墨西哥，那里2010年以来的汇款额已经分别下降了16%和13%。不同的是，在一些南亚国家，例如孟加拉和巴基斯坦，2009年的汇款仍然呈正增长，2010年以来的汇款额已经分别增长了16%和27%。巴基斯坦当局通过正式渠道增加流入的措施，从某种程度上推动了汇款的增长，其中包括为汇款服务商提供营销支出补贴（见巴基斯坦汇款举措）；另外，有些移民回国时带回了他们积累的储蓄[a]。

然而，在所有地区，汇款流动预计将低于2008年的水平，欧洲和中亚地区的流动有可能恶化得最为严重（-15%），而南亚的汇款流入预计将微弱下降2%以上。尽管发生了全球经济危机，但流入南亚的汇款在2008年经历了快速增长，然而目前看来汇款流入有可能减速，成为对全球经济疲软做出的滞后反应。东亚和撒哈拉以南非洲地区也面临着同样的风险。与此形成对比的是，2009年流入拉丁美洲和加勒比地区以及中东和北非地区的汇款低于预计的水平。然而，它们似乎已经触底，有可能在2010年和2011年开始复苏。

总体来讲，移民和汇款流动有可能在2010年和2011年复苏，但复苏的程度可能是很微弱的，汇款甚至有可能在2011年也不能达到2008年的水平。在所有发展中地区，汇款流动有可能面临3个不利的风险：无就业的经济复苏、更严厉的移民控制以及不可预见的汇率变化。虽然有这些风险，但汇款有可能比私人资本流动更富有韧性，并成为许多发展中国家外部融资中一项更为重要的来源。政策响应可以包括促进移民和汇款的便利化，以使这些流动对移民流出国和接受国来说都更便宜、更安全和更有效益[b]。

a. http：//www. pri. gov. pk/。

b. Ratha（2009）。

缩小全球外部支出的不平衡

从总量上来讲，危机促进了全球不平衡的减少，原因是贸易额的整体下降（在进口和出口处于一定百分比的平衡状态下，贸易的减少将减少全球差额）、石油价格下跌以及中国和美国之间贸易差额的减少。整体来说，全球经常账户余额的绝对值（全部盈余的总和加上全部赤字的绝对值）估计从2008年占世界GDP的5.9%的高峰下降到了2009年的大约3.9%。由于全球产量中持续的较大缺口和缺乏强大的过度需求的压力（尤其在高收入国家）——这应该能够抑制石油价格——不平衡的缩小总体上来说预计会非常稳定，2011年的差额可能将微弱上升到仅占GDP的4.1%左右（图1.23）。

美国经常账户赤字的下降反映了被高涨的石油价格所掩盖的、事先已经开始的非石油贸易余额的继续缩小。它还反映了随着住房泡沫的财富效应不再支持消费者的大量需求之后，家庭储蓄率快速上升。最近美国贸易赤字的小幅度增长主要反映了较高的石油价格，因为公共部门赤字仅仅部分地抵消了消费者储蓄的增长。中

图 1.23　全球失衡缓解

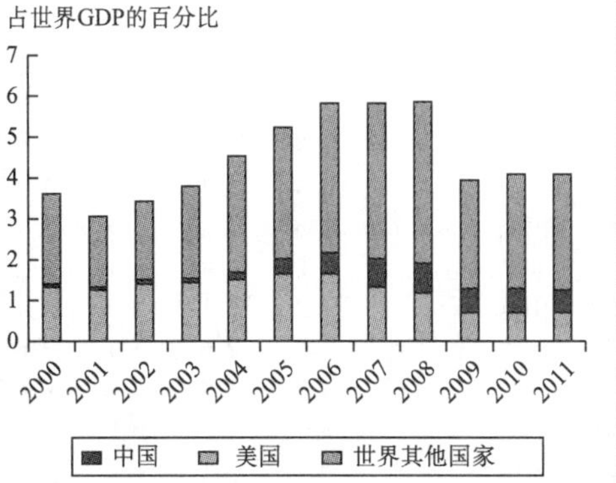

资料来源：世界银行。

国大量减少的盈余与全球贸易下降和中国的巨额财政刺激方案有着更直接的关系，后者在全球出口需求下降时推动了进口（图 1.24）。

这些贸易余额是否会持续地缩小，在很大程度上取决于这两个国家的财政和货币刺激方案退出的方法。在美国，如果家庭储蓄率随着复苏的稳定而开始下降，而公共支出不被消减的话，贸易赤字有可能再次上升。尽管美国的经济增长仍然处于复苏的早期阶段，但 2009 年第三季度维持了最近出现的经常账户的改善，尽管经常账户赤字从占 GDP 的 2.8% 微弱地上升到 3%，但这在很大程度上与石油进口成本上涨有关。

图 1.24　美国—中国失衡状况明显缓解

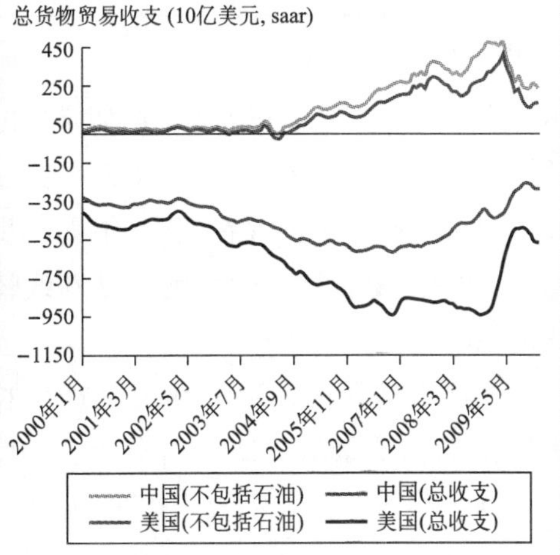

资料来源：世界银行。

在中国，政府刺激国内需求的努力能否取得成功，将决定其贸易盈余是否会随着世界贸易的复苏而开始增长。迄今为止，大多数刺激经济增长的资金都流入了新的基础设施投资领域。如果像某些人所担心的那样，这样做只不过是提高了经济的出口竞争力而没有增加国内支出，那么随着全球贸易的复苏，中国将会重新出现贸易盈余。虽然增加汇率的灵活性可以提高国内市场对中国生产者的吸引力，但是这样做不可能消除中国增加贸易盈余的倾向，除非伴随着旨在减少家庭和企业储蓄率的结构调整。

在基线预测中，全球不平衡预计将在中期内进一步略微下降。中国的经常账户盈余占 GDP 的百分比预计将从 2009 年估计的 5.6% 下降到 2011 年的 4%，而美国的经常账户赤字占 GDP 的百分比预计将从 2009 年估计的 2.9% 微弱增长到 2011 年的 3.1%。总体来说，以经常账户余额的绝对值占世界 GDP 的百分比来衡量的全球不平衡的幅度，预计将从 2008 年的 5.9% 的高峰下降到 2011 年的 4.5%。

不确定的前景

正如上面所强调的那样，目前已经开始的经济复苏有可能会持续几个月的时间，从而支持相对快速的增长。然而，2010 年下半年的前景面临大量的不确定性。财政刺激方案对增长的影响不断减弱、库存周期逐步结束、私营部门信心增强的程度及其维持增长的不确定性以及发展中国家和发达国家的银行再次失灵的可能性，都是可能导致 2010 年下半年以及 2011 年明显减速的因素，即导致双谷衰退的潜在因素。

从上行方面来说，如果私营部门的信心确实能够恢复，那么就有这样一种风险，即已经实施的大量传统的、非传统的货币刺激措施将开始发挥作用，因此有可能再次吹大某些最近才刚刚破灭的泡沫。事实上，有些人（Roubini，2009）已经认为，高收入国家非常宽松的货币政策产生了套利交易机会，以不可持续的方式支持了发展中国家资本流入的复苏，后者最终将重新产生最初导致危机的那种全球不平衡。

后文讨论了一些此类问题，展示了一些模拟设计，以说明当这些存在于基线情景中的压力在今后几个月发挥或大或小的作用时，可能产生的不同后果。这些可能出现的情景不是为了量化最差或最佳情景的结果，而是为了描述在充满不确定性的今天，可能出现的结果的合理范围。

表 1.2　前景依然不确定

实际 GDP 增长率

地区	2008	2009	2010	2011
基准情形				
世界	1.7	2.2	2.7	3.2
高收入国家	0.4	3.3	1.8	2.3
发展中国家	5.6	1.2	5.2	5.7
东亚和太平洋地区	8.0	6.8	8.1	8.2
欧洲和中亚	4.2	6.1	2.7	3.4
拉丁美洲和加勒比地区	3.9	2.6	3.1	3.6
中东和北非	4.3	2.9	3.7	4.4
南亚	5.7	5.7	6.9	7.4
撒哈拉以南非洲地区	5.1	1.1	3.8	4.6
经济衰退加深情形				
世界	1.7	2.2	2.5	2.7
高收入国家	0.5	3.2	1.6	1.8
发展中国家	5.6	1.2	5.1	5.4
东亚和太平洋地区	8.0	6.8	7.9	7.5
欧洲和中亚	4.3	6.2	2.6	3.2
拉丁美洲和加勒比地区	3.9	2.6	3.0	3.2
中东和北非	4.3	2.8	3.7	4.4
南亚	5.7	5.7	6.9	7.3
撒哈拉以南非洲地区	4.8	0.9	3.8	4.4
经济增长增强情形				
世界	1.7	2.2	3.1	3.4
高收入国家	0.5	3.2	2.2	2.4
发展中国家	5.6	1.2	5.8	6.3
东亚和太平洋地区	8.0	6.8	9.0	8.8
欧洲和中亚	4.3	6.2	3.1	4.0
拉丁美洲和加勒比地区	3.9	2.6	3.6	4.2
中东和北非	4.3	2.8	3.6	4.2
南亚	5.7	5.7	7.4	7.6
撒哈拉以南非洲地区	4.8	0.9	4.0	5.1

资料来源：世界银行。

更深度的经济增长衰退

表 1.2 给出了两种情景的结果。第一种情景根据这样的假定描述了 GDP 的增长前景，即隐含在基线情景中的全球金融市场逐步改善的速度没有预计的那么快，并被政府逐步撤回已经实施的财政和货币刺激方案恶化。在这种情景中，货币和财政政策的轻度紧缩以及银行部门正在进行的结构调整将导致投资增长低于基线情景。表中的第二组是根据这样的假定做出的模拟，即 2009 年的结构赤字增长在 2010 年缩小 10%[4]，并在 2011 年进一步缩小 20%，投资复苏的力度仅是基线情景的 80%。

在这个情景中，2010 年的全球增长大约比基线情景低 0.2 个百分点，2011 年低 0.5 个百分点。高收入国家 2010 年和 2011 年的增长将分别下降 0.2 个百分点和 0.5 个百分点。这远远超过了预计的发展中国家 0.1 个百分点和 0.4 个百分点的下降，主要原因是高收入国家的财政刺激方案比发展中国家大得多。事实上，许多发展中国家的金融制约因素阻碍了任何实际的反周期的支出增长。

在这种情景中，全球不平衡的缩小主要是由于高收入国家消费者需求的下降、通货膨胀率的下降、失业和巨大的产出缺口，而这又成为了更突出的问题。

私营部门更有力的反应

私营部门对经济复苏的反应是影响预测前景的重要的不确定因素之一。在基线情景中，崩溃带来的负面财富效应加上在繁荣时期的负债，预计将在今后几年内影响消费者的需求。另外，被削弱的银行部门可能无力支持一般在严重的衰退之后出现的那种投资复苏。

然而，在高收入国家采取了像目前这样宽松的货币政策的情况下，家庭储蓄率很可能性以超过基线的速度下降。同样，投资可能对较低的利率做出更有力的反应，并提高信心[5]。

表 1.3 的第三组数据展示了根据这样的假定得出的模拟结果，即美国的储蓄率从目前占家庭收入 3.4% 的水平上，下降到大约占家庭收入 2.7% 的水平——接近其 21 世纪初的平均水平；另外，高收入欧洲国家的储蓄率以大约相同的速度下降。

在这种情景中，全球经济中消费和投资更强劲的增长将使高收入国家的增长提高 0.4 个百分点，使发展中国家的增长提高 0.8 个百分点。因此，全球贸易 2011 年的增长速度将比基线提高近 0.2 个百分点，产出缺口将缩小大约 0.6 个百分点。美国储蓄的下降将使其经常账户赤字占 GDP 的比重上升大约 0.2%。

危机对最贫困人口的影响

金融危机对在 2015 年实现千年发展目标（MDG）产生了负面影响。世界银行的估计表明，相对于没有危机的情景，2009 年将有 5700 万人因危机而陷入贫困，2010 年将有大约 7600 万人因危机而陷入贫困[6]。虽然这些数字令人忧虑，但由于发展中国家相对快速的反弹、本章第一部分中所描述的它们的中期前景以及 1990 年以来大多数地区取得的显著进展，很可能能够在全球层面实现减轻贫困的千年发展目标。

根据目前的预测，发展中国家将有 15% 的人口（表 1.3）每天靠 1.25 美元或低于 1.25 美元生存（衡量贫困的标准），明显低于 20.8% 的目标比例（占 1990 年人数指标的一半）。这就说明将有 9.2 亿人生活在国际贫困线以下，正好是 1990 年估计的贫困人口的大约 50%。但各地区之间仍存在很大的差异。东亚和太平洋地区将会大大超过这个地区目标，主要是由于中国（该地区迄今为止人口最多的国家）在减轻贫困方面取得的重大成就。撒哈拉以南非洲地区预计将不能实现这个目标（高 9 个百分点），欧洲和中亚地区也将不能实现这个目标。非洲地区的不良绩效主要反映了 20 世纪 90 年代微弱的经济增长，预计将有必要完成从计划经济向市场经济的转轨。这两个地区预计都将在 2005—2015 年间在减轻贫困方面取得重大进展。

根据更广泛的每天 2 美元的定义，预

表 1.3　各地区发展中国家的贫困状况（部分年份）

地区或国家	1990	2005	2015[f]	2020[f]
每天生活费低于 1.25 美元的人口比例（百分比）				
东亚和太平洋地区	54.7	16.8	5.9	4.0
中国	60.2	15.9	5.1	4.0
欧洲和中亚	2.0	3.7	1.7	1.2
拉丁美洲和加勒比地区	11.3	8.2	5.0	4.3
中东和北非	4.3	3.6	1.8	1.5
南亚	51.7	40.3	22.8	19.4
印度	51.3	41.6	23.6	20.3
撒哈拉以南非洲地区	57.6	50.9	38.0	32.8
总计	41.7	25.2	15.0	12.8
每天生活费低于 2 美元的人口比例（百分比）				
东亚和太平洋地区	79.8	38.7	19.4	14.3
中国	84.6	36.3	16.0	12.0
欧洲和中亚	6.9	8.9	5.0	4.1
拉丁美洲和加勒比地区	19.7	16.6	11.1	9.7
中东和北非	19.7	16.9	8.3	6.6
南亚	82.7	73.9	57.0	51.0
印度	82.6	75.6	58.3	51.9
撒哈拉以南非洲地区	76.2	73.0	59.6	55.4
总计	63.2	47.0	33.7	29.8
每天生活费低于 1.25 美元的人口数量（百万）				
东亚和太平洋地区	873	317	120	83
中国	683	208	70	56
欧洲和中亚	9	16	7	5
拉丁美洲和加勒比地区	50	45	30	27
中东和北非	10	11	6	6
南亚	579	595	388	352
印度	435	456	295	268
撒哈拉以南非洲地区	296	387	366	352
总计	1817	1371	918	826
每天生活费低于 2 美元的人口数量（百万）				
东亚和太平洋地区	1274	730	394	299
中国	961	473	220	16
欧洲和中亚	32	39	22	18
拉丁美洲和加勒比地区	86	91	67	62
中东和北非	44	52	30	26
南亚	926	1091	973	926
印度	702	828	728	686
撒哈拉以南非洲地区	391	555	574	595
总计	2754	2557	2060	1926

资料来源：世界银行。

f：预测值。

计的减贫进展情况将更不令人满意，贫困人口数量将下降到仍然很高的水平，即占全部发展中国家人口的1/3，超过了 1990 年 50% 的水平，大约有 20 亿人每天靠 2 美元或不到 2 美元生存。

像以往每年那样，新的贫困预测包括两方面的变化——新的和更近期的家庭调查和新的人均收入增长预测。除了最近的调查方法的进步之外，它们还反映了不是用中位收入（消费）变化来衡量的现有的收入分配的变化。自从 2008 年的报告以来，新的贫困预测覆盖了 31 个新的家庭调查。在将这些新的调查与去年的增长预测相结合之后，得出了总人数指标下降了 0.5 个百分点的结果，即从 15.5% 下降到了 15.0%（图 1.25）。最大的变化来自中国，使用新的调查之后，预计 2015 年的人数指标下降了大约 2 个百分点。由于同样的原因，撒哈拉以南非洲地区有了 0.3 个百分点的微弱上升。与 2008 年相比，新的经济预测对总体水平没有净影响，但略微提高了撒哈拉以南非洲地区和东亚与太平洋地区的人数指标[7]。

2015 年正在到来，看得更远一些并评估发展中国家今后 10 年的需求是有益的。2010 年作出的 2020 年的预测表明，如果使用每天靠 1.25 美元或低于这个数字生存的人数指标，发展中国家就将有 8.26 亿人和 12.8% 的贫困人口，如果使用每天靠 2 美元生存的人数指标，就将有大约 20 亿贫困人口。即使有另外 5 年的时间，撒哈拉以南非洲地区也仍然不能实现减轻贫困的千年发展目标。

对发展中国家的政策影响

虽然金融危机已经过去，全球经济复苏看起来已经开始，但决策者和国际金融机构所面临的许多挑战依然存在。其中最大的挑战就是怎样结束在避免

图 1.25 《2009 年全球经济展望》和《2010 年全球经济展望》对贫困预测的比较

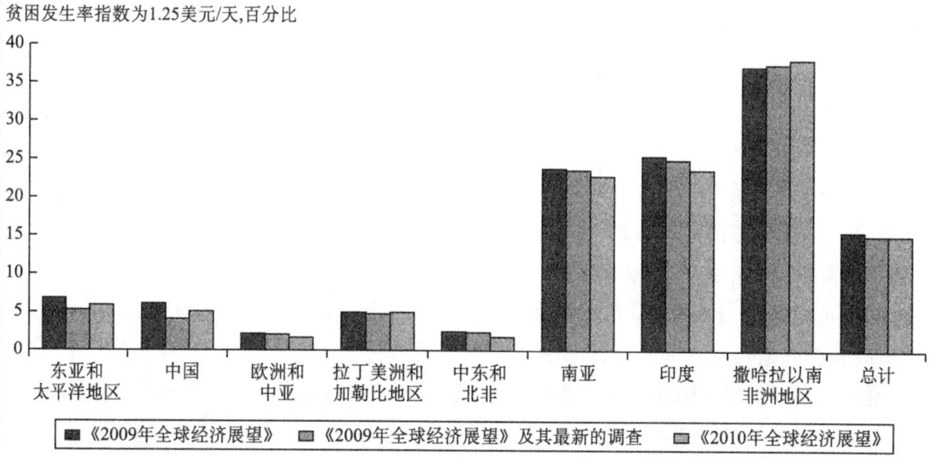

资料来源：世界银行。

更严重的衰退中发挥了如此重大作用的财政和货币刺激方案。

确定财政和货币政策紧缩的时间表以避免扼杀复苏是一项明确的考虑。但也应该明确地考虑到这样一种风险，即高收入国家特别宽松的货币和财政环境可能会给发展中国家带来危险。高收入国家已经很低的利率推动了套利交易，后者可能进一步威胁发展中国家稳定的资本流入，即可能产生新的资产泡沫以及未来发生危机的可能性。对发展中国家来说，控制资本流入的复苏是一个重大挑战。避免新的资产泡沫可能需要增加汇率的灵活性。然而，如果资本流动是持久的并被有效地引入生产性投资的话，它们将成为发展中国家的幸事（见第 2 章的分析）。然而，如果它们超过了国家可以吸收的数量或被突然中断，那就将会带来很高的成本。

考虑到中期内有可能出现的低增长以及与此有关的实体面的调整（见第 2 章和第 3 章），政府政策应该把重点放在促进生产率提高的增长战略上。尤其对低收入国家来说，这种战略可能涉及同时解决现有的结构性问题，例如制度质量、管理改革以及开放性，即推动生产率加速增长的所有关键因素。如果这些措施能够成功地增加产量和政府收入，有关的支出将比传统的支出更具有可持续性。有足够财政能力的国家可以采取目标措施，以减轻（基础设施）瓶颈。在明智的人力资源和物质资本投资的基础上，这类措施可以通过更有效地利用比较优势和促进新的比较优势的产生，使国家能够在全球复苏到来时更好地利用复苏机遇。

注　释

1. 潜在产量是在全要素生产力（即劳动力、资本以及技术）得到充分利用的情况下，与生产水平相当的产量水平。

2. IDA 国家的总收入（占 GDP 的比重）估计（IMF，2009）从 2000—2008 年间平均占 GDP 的 26.2% 下降到 2009 年的 21.9%。这 4.3%（占 GDP 的比重）的收入下降相当于近

350亿美元。如果把2009年的收入与前一年的收入（当时的总收入相当于GDP的28.1%）相比，减少的收入相当于近500亿美元。

3. 外部融资需求和缺口预测是根据世界银行（2009a）建立的方法做出的，评估了能够满足发展中国家外部融资需求的私人资本流动的幅度，前者的定义是经常账户赤字和定期的私人债务的本金偿还。私人短期债务预计将在2010年进一步下降，而中期债务和长期债务则将微弱上升。

4. 根据Horton、Kumar和Mauro（2009），20国集团的财政刺激方案被看作是自行衡量的财政赤字的变化。对其他发展中国家来说，它是作为结构赤字变化来估算的（在这些国家，结构支出占GDP的百分比上升了）——使用了IMF对一般政府支出和收入的估计。

5. 21世纪初期，发展中国家的投资增长是GDP的大约1.6倍，但在增长阶段，弹性有时候达到了2。在基线情景中，这种投资——GDP弹性大致符合本十年初期的趋势，即在大多数国家大约为GDP增长率的1.4倍。使用增长阶段中这个历史上较大的弹性2表明，投资可能在2010—2011年间达到平均10.9%的增速，而不是基线情景中的7.8%。

6. 这些计算结果更新了Ravallion（2009）和世界银行（2009c）的计算结果，符合新的调查数据和本报告修订的经济增长预测。

7. 我们还没有将这种变化分解到经济增长预测本身的变化中以及新的调查中出现的贫困的增长弹性的变化中。

参考文献

Agriculture, U.S. Department of. 2009. "Production, Supply and Distribution" [online], available at http://www.fas.usda.gov/psdonline/ [Accessed: December 9, 2009].

Chen, S., and M. Ravallion. "The Impact of the Global Financial Crisis on the World's Poorest." Vox: Research-based policy analysis and commentary from leading economists [Accessed: December 9, 2009], www.voxeu.org/index.php?q=node/3520.

ECB (European Central Bank). 2009a. "What Triggers Prolonged Inflation Regimes? A Historical Analysis," by Isabel Vansteenkiste. *Working Paper Series.*

______. 2009b. December 2009 *Financial Stability Review*. Frankfurt, Germany. http://www.ecb.europa.eu.

Friedman, Jed, and Norbert Schady. 2009. "How Many More Infants Are Likely to Die in Africa as a Result of the Global Financial Crisis?" Policy Research Working Paper 5023, World Bank, Washington, DC.

Horton, Mark, Manmohan Kumar, and Paolo Mauro. 2009. "The State of Public Finances: A Cross-Country Fiscal Monitor." IMF Staff Position Note SPN/09/25, International Monetary Fund, Washington, DC.

IMF (International Monetary Fund). 2009. *World Economic Outlook*. Washington, DC.

International Energy Agency. 2009. *Oil Market Report*. Paris.

Ratha, Dilip. 2009. "Dollars without Borders: Can the Global Flow of Remittances Survive the Crisis?" *Foreign Affairs*, October 16. http://www.foreignaffairs.com/articles/65448/dilip-ratha/dollars-without-borders.

Ratha, Dillip, Sanket Mohapatra, and Ani Silwal. 2009. "Migration and Remittance Trends 2009: A Better-Than-Expected Outcome So Far, But Significant Risks Ahead." In *Migration and Development Brief*. World Bank, Washington, DC.

Ravallion, Martin. 2009. "The Crisis and the World's Poorest." *Development Outreach*, World Bank, Washington, DC. December.

Roubini, Nouriel. 2009. "Mother of All Carry Trades Faces an Inevitable Bust." *The Financial Times*, November 1.

UNSCN (United Nations Standing Committee on Nutrition). 2009. "Global Recession Increases Malnutrition for the Most Vulnerable People in Developing Countries. Pregnant Women and Children Are Hardest Hit." In *Nutrition Impacts of the Global Food and Financial Crises*. Geneva.

World Bank. 2009a. *Global Development Finance 2009*. Washington, DC: World Bank.

______. 2009b. *Global Economic Prospects: Commodities at the Crossroads*. Washington, DC.

______. 2009c. "Protecting Progress: The Challenge Facing Low-Income Countries in the Global Recession," Background paper prepared for the G-20 Leaders' Meeting, Pittsburgh, PA, Sept 24–25, 2009. http://siteresources.worldbank.org/NEWS/Resources/WorldBankG20PaperonLICs-Sept2009.pdf.

World Bureau of Metal Statistics. *World Metal Statistics Yearbook*. London.

2

全球资金膨胀对发展中国家的影响

21世纪最初的7年是发展中国家的好年头。正如20世纪90年代空前的增长那样，进入21世纪后，这些国家GDP增长的步幅更快了，与此同时，经济的波动大大低于前几个迅速增长的时期（IMF，2007）。就在诸如中国和印度这样较大的经济体以快速的增长率引人瞩目的同时，那些过去增长速度并不很快的较小的发展中国家在这一时期的增长也加快了。

有点让人吃惊而且与人们普遍的观念相悖的是，这种井喷式的增长出现在外部对发展中国家的需求并不旺盛的时期。在2003—2007年这一繁荣时期，高收入国家的增长率实际上比过去的13年要低。而且，高收入国家对进口的需求每年仅增长5.6%，大大低于过去13年的增幅。发展中国家出口的加速，大半来自它们在高收入国家进口份额中所占比例的扩张以及南—南贸易的迅速增长。

但是，金融环境对这些国家却非常有利。利率和利率升水非常低（例如，二级市场上发展中国家主权债的平均买卖差价从2003年1月的约700个基点下降到2007年中期的约200个基点），而且全球信用扩张的速度比名义GDP增长快两倍[1]。一系列金融创新，包括贷款证券化以及表外工具的发展，使银行得以通过资本市场和货币市场为其贷款组合筹措大部分资金，并以前所未有的方式推动股票市场。部分由于这一原因，发展中国家可获得的融资量——包括国内的和国际的——迅速扩张，这些国家沉浸在持续的投资膨胀之中。

到了2008年秋，随着雷曼兄弟的破产和接踵而来的金融危机，投资膨胀走到了崩溃的边缘（见第1章）。尽管为不确定性所笼罩，但危机的长期后果将影响深远。全球产出的急剧下降可能导致全球生产格局永久性的、长时期的调整。企业和地区的专业分工如果不进行更为渐进式的调整，就可能会中止或者消失。全球贸易格局也可能会不可避免地改变，一些地区和国家相对于另一些地区和国家而言衰退得更厉害，这可能改变未来全球增长的格局。高收入国家金融部门暂时的疲弱可能会给发展中国家的金融部门带来机会，使它们得以成长壮大，而这样的机会在其他情况下是不可能出现的。尽管这些可能的后果每一个都值得深入探讨，但是应对危机给发展中国家带来的所有可能的后果超出了本书研究的范围。

本章和下一章的分析，更关注于发展中国家在过去 10 年以及可预测的未来 5—10 年中，在金融、投资和供给潜力方面，金融环境最近和预期可能发生的变化所带来的影响。选择以此为出发点，部分原因是，与公众的观念相反，实际外部因素不可能在投资膨胀中发挥重大作用。选择危机的资金方面作为关注点，更为重要的是由于在导致危机的诸因素中，资金扮演了重要角色，而且由于相对于危机后世界上其他重要因素而言，金融部门可能发生的管制变革以及基于市场的变化，在某种程度上是肯定的。

在这种大背景下，本章研究了金融危机前全球流动性扩张与发展中国家经济增长提高之间的关系。研究工作以审视信贷膨胀及其对风险定价和借贷成本的影响作为切入点。接下来，本章描述全球信用扩张如何助推了发展中国家国内信贷供应和国际资本流动的迅速扩张；对有助于决定哪些国家能从流动性过剩中获得最大利益的各种因素进行研究；探讨流动性扩张要达到什么程度，不同的国家才能将这种更具流动性的状况转化为不断增长的投资。本章最后得出了一些基于模型的测算，用以衡量投资膨胀对发展中国家经济增长和潜在产出的影响。所有这些论述和结论，都是对第 3 章作的前期铺垫，而第 3 章重点分析未来金融管制的加强、危机厌恶情绪的增长以及利率和利率升水的上涨要达到什么程度，发展中国家的投资和潜在的增长才会受到抑制，并分析发展中国家为消除这些影响所应实施的政策。

第 2 章讨论所提供的主要信息是：

- 2003—2007 年这一时期，尽管高收入国家的 GDP 和进口增速相对来讲较为低迷，但发展中国家的增长速度加速提升。这一时期，发达国家 GDP 增长率相对于 20 世纪 90 年代平均降低了 0.2 个百分点，而进口需求的增速也下降了 0.4 个百分点。
- 2003—2007 年借贷成本的降低，与流入发展中国家的资本流量增加近 70% 以及这些国家国内金融中介增加 80% 息息相关。
- 尽管驱使发展中国家金融中介发生变化的最显而易见的因素是较低的借贷成本和全球流动性总体上的扩张，但各国间金融中介发展水平差异仍然较大。对此最好的解释是，诸如监管框架的质量以及经营环境、通货膨胀率和政府债务水平等基础性要素的不同。
- 制度上的国别差异以及市场开放度方面表现最好与最差的 25% 的国家，其国内金融中介发展水平的跨国差异分别为 56% 和 37%，而国际资本流量的跨国差异分别为 1/3 和 1/5。
- 具有良好监管环境的国家，在将增加的资金转化为投资增长和 GDP 增长方面做得更加成功。在投资率位居前 25% 和居后 25% 的发展中国家中，其 11.5% 的 GDP 差异中，1/4 以上反映在制度质量的差异上。

- 金融开放度高以及国内金融中介体系发展健全的国家，投资率也比较高。居于发展中国家前25%和后25%的国家，投资与GDP的比率大约有3个百分点的差异，这与外国资本流量的差异有关。至于国内金融中介，同样的数字仅占GDP的2%以下。
- 这些结果说明，如果撒哈拉以南非洲国家能够将其制度改善到与拉丁美洲国家相当的水平，其金融中介的总体状况就会大大提升。对私营部门的国内信贷可能会提高相当于GDP的15%之多，而国际资本流量的提升幅度可能会相当于GDP的2.5%。
- 金融形式方面的差异对投资具有不同的影响。
- 债券流量对中等收入国家的投资具有较大影响。
- 主要流入欧洲和中亚的银行贷款，与经常项目赤字和消费需求的较大增长有关。
- 在一些地区，外国直接投资（FDI）为其总投资提供了高达20%的资金，比起较富裕的国家，低收入国家趋于更加依赖这种形式的融资。
- 总体上来看，2003—2007年，发展中国家1.4个百分点的潜在产出增长率中，有一半以上应直接归咎于这一时期我们所观察到的资本深化，即使在较高的投资没有对生产力的提高起到作用这一保守的假设下。
- 在投资膨胀时期，投资和增长的扩张并没有给许多发展中国家带来较大的通货膨胀压力或者导致它们对外收支的失衡。这种状况表明，在这些国家，投资的膨胀减缓了可能在过去一直掣肘着经济增长的资本限制。这反过来也意味着，如果未来还能获得充足的资金（无论国内的还是国外的），发展中国家在长期内还可能达到一样强劲的增长率。当然还有这样的预测，即欧洲和中亚地区值得注意，这些地区信贷膨胀尤为严重，已造成了宏观经济的不稳定。

金融创新、高收益资金以及流动性膨胀

2008年金融危机之前的流动性膨胀广泛而深入地植根于诸多因素中。像其他几次膨胀与崩溃一样，这次从膨胀走到崩溃，受到了增长的信贷和投资的推动，而信贷和投资的迅速增长最终证实是难以为继的，接踵而来的崩溃激发了GDP的骤然收缩（专栏2.1）。

来自国际清算银行（BIS）的数据表明，2002—2007年，国际银行的信贷与名义GDP的增速相比，扩张了大约两倍，比前几个10年的扩张速度快两倍以上（图2.1）。在主要的工业国，长期利率比通货膨胀率仅仅高1.5—2个百分点（表2.1），而20世纪90年代后5年全球信贷扩张之时，美国的这个数据约为3.5个百分点。

专栏 2.1　本次膨胀—崩溃周期与其他主要周期的比较

本次膨胀—崩溃周期与前几次金融危机的膨胀—崩溃周期相比，具有许多相同的特征：一个较长的信贷迅速扩张并最终难以为继的时期，同时与之相伴的是金融机构过度承担风险，随之而来的是经济活动迅速减少。然而，这次危机与前几次危机相比较，仍存在 3 个不同的方面。

第一，这次危机是 1945 年以来最为严重、影响范围最广的一次。2009 年，全球 GDP 估计下降了 2.2%（战后时期惟一的一次全球 GDP 的绝对下降），而且预计未来几年，潜在产出依然会处于较低的水平，估计发展中国家的产出缺口将达到相当于 GDP 的 4.8% 的峰值——几乎比上一次最严重的衰退时期（1982—1983 年）的产出缺口大 50%。

第二，对于大多数发展中国家来讲，这是一次发端于高收入国家的危机。而且，除了欧洲和中亚许多国家之外，危机并不是发生在严重的对内和对外失衡形成时，国内大多数部门也没有直接参与从事那些促成危机发展的不可持续的经济活动。

专栏图 2.1.1　1970 年以来，全球危机中的 GDP 增长与产出缺口

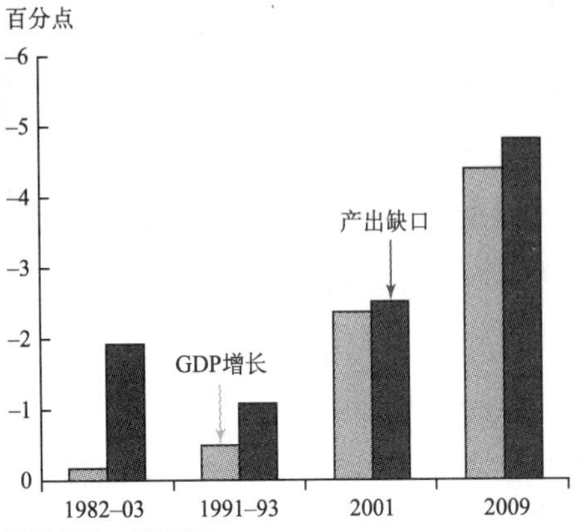

资料来源：世界银行。

注：GDP 增长指与过去年份比较，危机年份中 GDP 增长的百分点的变化。产出缺口指危机年份中 GDP 与潜在产出之间的百分点差异。

专栏图 2.1.2　发展中国家 2007 年宏观经济稳定性指标

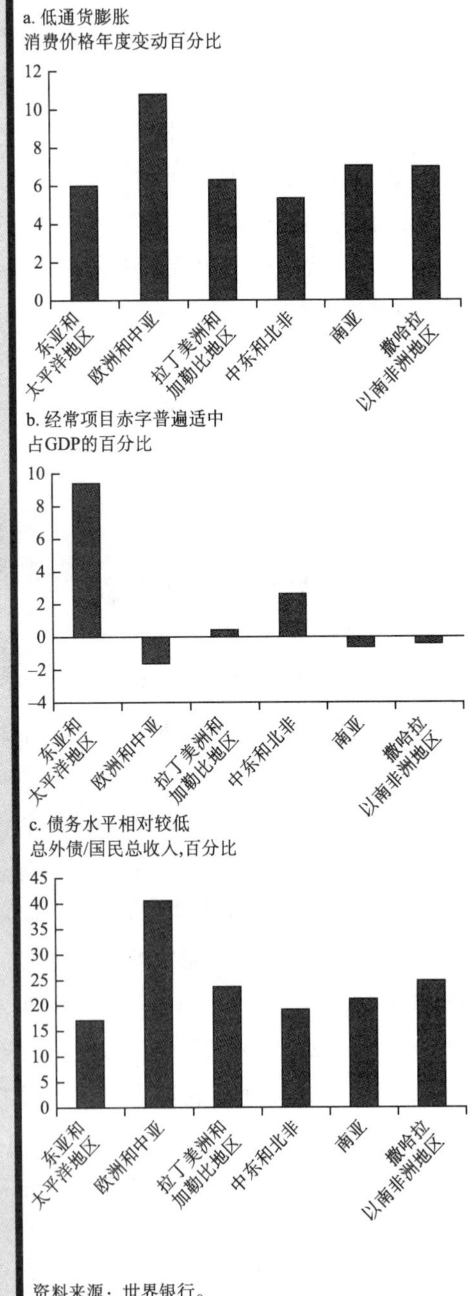

资料来源：世界银行。

前几次由高收入国家的变化引起的全球性的或大规模的危机，一般只限于对原先就存在脆弱性的发展中国家产生重大影响。1979—1980 年美国实行紧缩的货币政策，推动实际利率的上升，引致全球的衰退，这次衰退对私人债务水平过高的发展中国家造成重创。20 世纪 90 年代中期日元相对于美元的贬值，大大削弱了那些货币与美元挂钩的东亚经济体的竞争力，这可能是爆发 1997 年危机的诱因。与此相反，当前这次危机实际上使每一个发展中国家都遭受到了严重打击，虽然除欧洲和中亚之外，大多数国家并没有表现出宏观经济收支的不可持续性（专栏图 2.1.2）。在大多数国家，地区的通货膨胀率平均为 6% 左右或更低（大大低于 20 世纪 90 年代初大多数地区两位数的水平）；大多数地区的经常项目余额接近于零，或者是较高的正数；而债务与国民总收入的比率也较为适中。但是，政策的质量仍然影响着危机带来的影响——失衡最严重的国家受害尤为严重（见第 3 章）。

第三，与前几次衰退相比，这次危机遭受打击的国家更多，这一因素使得单个国家的复苏变得更为复杂，因为几乎没有快速增长的外部市场，所以出口主导型的复苏战略也无可施展。

图 2.1　21 世纪初以来，信贷扩张的增长速度达到 GDP 名义增长速度的两倍多

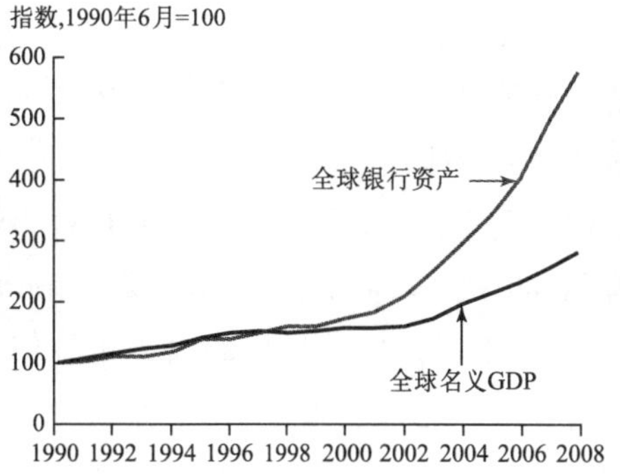

资料来源：国际清算银行；世界银行。

信贷膨胀的主要原因是一个值得考虑的问题——这一问题在任何时候都不可能迅速解决。竞相提出而未必是相互矛盾的解释中，有这样一些说法：

储蓄过度。这个论点（在众多著述中，见 Bernanke，2005）认为，东亚相对于投资而言的较高储蓄率使得全球利率处于低位，给高收入国家投资和消费的迅速增长火上浇油。

表 2.1　工业国 2002 年 1 月至 2007 年 6 月的利率和通货膨胀率（百分比）

	消费者价格通货膨胀率	平均长期利率
欧元区	2.2	4.1
日本	-0.1	1.4
美国	3.0	4.4

资料来源：OECD。

注：消费者价格通货膨胀率以时期内平均年度百分比变化表示，平均长期利率用百分比表示。

宽松的货币政策实施了很长的时间。美国、日本和欧洲长期执行期内的非常宽松的货币环境，导致全球信贷史无前例的扩张（BIS，2006）。

规章制度监管过于宽松。工业国普遍而言对投机的规章管制障碍的减少和过度依赖于金融部门的自律，助长了金融机构过度涉险的行为，并且未能遏制这种行为（Crotty，2009）。

金融创新。在这种宽松的既定环境下，对新金融创新工具的使用迅速扩张，这些创新工具增加了涉险程度，帮助金融部门规避尚存的监管障碍（Calvo，2009）。

最后，与公众的想法相左，发达国家

非同寻常的强大需求，并不是支撑发展中国家经济增长或出口加速的主要因素。的确，在 2003—2007 年这个流动性膨胀的时期，实际上是高收入国家 GDP 与进口增长相对较慢的时期。与 1990—2003 年间平均 2.5% 的增长率相比，发达国家这一时期的平均 GDP 增长率仅为 2.3%（图 2.2）。而且，尽管它们围绕贸易问题曾放出多少豪言壮语，但它们在流动性膨胀时期曾达到平均 5.6% 的进口需求增幅，实际上却不如 1990—2003 年的增长速度那么快了。在 1990—2003 年，这个增幅曾达到年均 6.0%。这一时期发展中国家出口的优秀业绩反映出 3 个主要因素：发展中国家供给能力的迅速增长、它们在高收入国家进口中所占的份额的增长以及南—南贸易的迅速扩张。

图 2.2　高收入国家 GDP 和贸易的增长不能用来解释发展中国家经济活动的加速

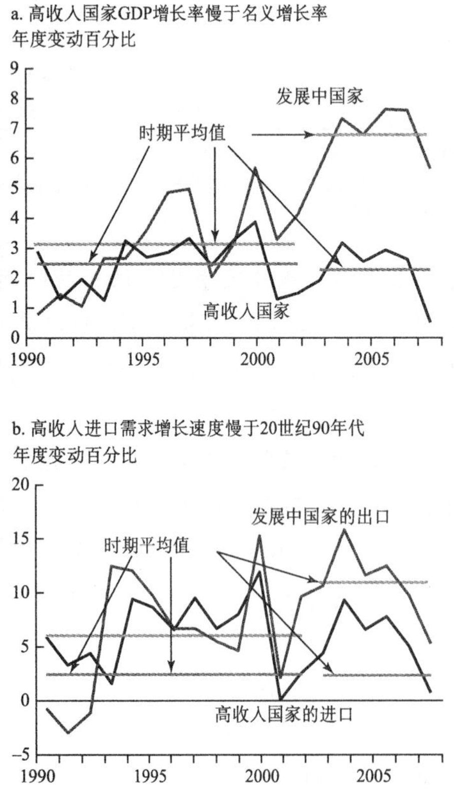

资料来源：世界银行。

信贷创造的新渠道

无论长期信贷膨胀的基本原因是什么，一些新的金融工具带来的贷款能力的增加（专栏 2.2）给投资者造成了一种感觉，即信贷迅速扩张所带来的风险已经降低了，而这种感觉最终证实是错误的。这种对安全性的错觉是导致利率和利差降低的原因之一，从而加剧了信贷的扩张。

对许多金融创新工具使用的扩张，推动了所谓“影子银行系统”的成长——该系统由没能获准开展存款保险或中央银行再贴现业务，以及不受与银行同样审慎监管的机构组成（Farhi 和 Cintra，2009）。不过，这些机构却以与传统银行信贷创造过程相近似的方式，积极地出售和营销着能撬动居民储蓄的金融工具。此类机构包括投资银行、对冲基金、投资基金、私人股本基金、专项投资工具（包括银行开展的表外业务）、养老基金以及保险公司。这些实体的准银行业务活动实际上受到了评级机构的支持。通过为这些实体所出售的结构性产品评级，评级机构的收入明显地增加了。

与更加传统的商业银行系统的表内交易相比较，衡量影子银行系统对金融膨胀的贡献率存在一定难度。其主要原因是它们所面临的综合性报告要求和监管很少。影子银行系统在金融膨胀中起到的重要

专栏 2.2 当前系统性的重大金融创新

证券并不是当前的创新工具，但在流动性膨胀时期，对它的使用却如火中天。这是指由一个债务工具总库支持的新证券的发行。通过这种机制，一个流动性相对较差的未来现金流（例如有固定偿还期限的一笔标准的贷款）可以转换为一种可在市场上进行交换的证券。

信贷违约掉期（CDSs）是一种协议安排，在这种安排下，买家向卖家作一系列的支付，如果基础债券或贷款发生倒账，卖家反过来就有义务对买家作出补偿。实际上，这种工具为倒账提供了保险——尽管针对这类掉期和保险的规制环境存在很大差异。对贷款违约掉期工具的更广泛使用还通过使投机者更容易得到不为其所有的证券中的头寸，增加了套利的机会（Guttmann，2009）。

*利率和货币掉期*是一种能使投资者有效地改变与一笔贷款或一项资产有关的支付计划的工具。例如，利率掉期通常涉及一种契约安排，即通过交易一方一个固定系列的支付，换取接受基于一个浮动利率的第二个系列的支付。其他掉期交易涉及用一种货币的支付义务与另一种货币的支付义务相交换。在面临利率或者汇率的不确定变化时，这些交易手段通常用来保护一项资产组合，或者用来利用这些变化进行投机。

债务抵押债券（CDOs）是有抵押品担保的证券，抵押品可以是一个债券组合、银行贷款或者其他债务（如信用卡债务）。对投资者证券总库的偿还一般根据某种优先顺序做安排。例如，较高级别的 CDO 票据首先可以得到偿还；其他档次的证券投资者可以得到较高的收益，但只有在资金宽裕的情况下才能得到偿还。这种结构使得对清偿差异上的风险与收益进行利弊权衡成为可能：更具投机性的投资者可以购买优先级别上较低档次的证券，而比较厌恶风险的投资者可以购买高级别档次的证券。

其他信贷衍生产品。美国金融市场已经出现了几种更新奇的证券化债务交易方法。例如，与债务挂钩的票据与一个嵌入式的信贷违约掉期一起出售，在这里，如果发生了投机事件，发债人不会被要求偿还债务（从而基本上消除了第三方担保的必要性）。在涉及到证券化和贷款的交易方面，投机性金融公司一直有所创造。

作用，透过其在美国国内抵押贷款总量（由房利美和房地美发布）和资产支持的证券中所占份额的上升可见一斑。1995 年，此类证券总计相当于美国金融部门持有的信贷资产的 16%，或者相当于 GDP 的 30%。截止到 2007 年，这类证券的价值增加到 5 倍以上，达到相当于信贷资产的 23% 和 GDP 63% 的水平——几乎与商业银行资产总额相等（图 2.3）。

信贷扩张还反映在衍生掉期交易异乎寻常的增长上，2002—2008 年，其名义上的价值翻了 4 倍（图 2.3），相当于美国 GDP 的 25 倍多（图 2.4）。衍生市场理论总值涉及到可观的双倍计算（由于存在场外交易，交易方的净风险敞口非常小）；而且，与这些交易有关的实际资金流量一般只占名义价值很小的百分比。不过，名义价值给人的感觉是，这种工具在中介的经济活动中，已变得非常普遍而且影响深远。名义价值还给人这样的感觉，即这些工具代表着系统的脆弱性，尤其在危机急性发作阶段，此时交易双方履行其承诺的能力成了问题，而且对衍生合约偿付的违约事例也比比皆是。

图 2.3　2002—2008 年衍生交易的名义价值

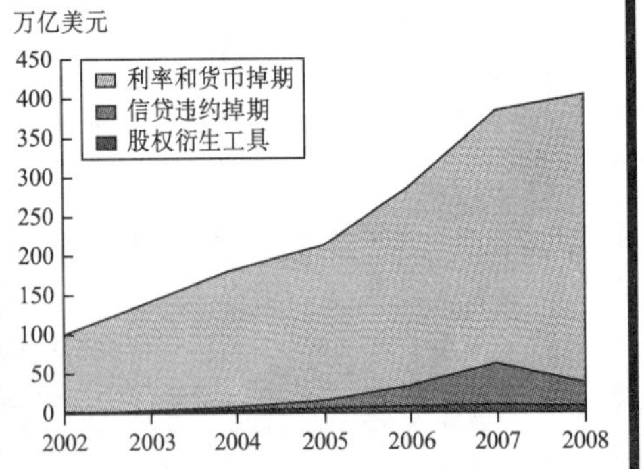

资料来源：国际掉期与衍生工具协会。

影子银行系统扩张的后果是可获得的信贷总量大幅度增加及其成本的下降。影子银行有效地履行着与银行同样的功能，通过用短期债务为长期资产融资（例如通过在商务票据市场筹措资金），使资产增加到相当于其股权的若干倍。与银行贷款相比较，它们所使用的工具（如抵押担保债务，见专栏 2.2）能感受到贷款风险扩散所带来的好处。此类银行能够在投资者中有效地区分出大宗的、风险较高的投资，从而增加了此类项目的可行性。而且，投资者能够轻易地把其资产组合多样化，从而能够承担高风险、高回报的项目。

但是，对这些工具的规制或者较宽松，或者根本没有，而且由于与贷款相关的长期风险被其他人所掌控，可能诱使银行将贷款标准降得低于其在其他情况下可能要求的水平。到头来，所有权被集中于那些具有系统重要性的银行手中。银行被迫处于持有大量的——通常是低质量、高收益档次的资产的境地。此外，那些依赖于二级市场来买卖贷款的银行倾向于提高它们的杠杆率（Duffie，2007），这种杠杆率是导致系统性风险增加到使此类证券化贷款的买方缺乏足够的信息来精确地评估所涉风险的地步的原因之一[2]。此类工具中的某些工具极端复杂，且缺乏标准化的交易，使得买方和卖方都很难对其做出评价，并加剧了在金融危机的状况下债务重新谈判的困难。根据过去情况的分析，显然这种工具通过不透明的方式，将金融系统中的相互依赖性成倍地放大，滋生着较大的未来系统性风险。

总的来说，世界范围内影子银行系统的发展以及证券化手段和衍生产品的扩张性使用（见专栏 2.2），是造成发展中国家流动性膨胀时期信贷扩张的原因之一。若干因素是发展中国家越来越多地使用这类工具的根本原因。这类工具在高收入国家的扩张性使用使得更多的投资者通晓它们的益处，而致力于发展证券化衍生合约（例如国际证券交易商协会为信贷违约掉期确立的标准文书）有助于降低其成本，

图 2.4　1995—2008 年商业银行和证券化资产在美国金融部门持有的总贷款中所占的份额

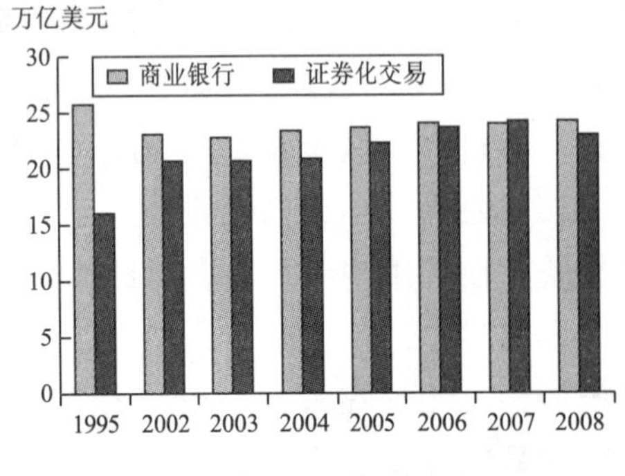

资料来源：美国基金数据流，联邦储备账户。
注：证券化交易包括由美国政府组建的企业（主要是房利美和房地美）所发行的按揭池以及资产支持的证券。

并提高它们在衍生交易中的置信度。这类工具在现货市场的发展，还鼓励着为套期保值的目的而更多地使用衍生产品。此外，本币债券规模的扩大和到期日的展期，也为创建发展中国家的利率衍生产品以及为这类产品定价提供了便利（Saxena 和 Villar，2008）。

这些产品的扩大使用有助于分散风险，提高投资者投资的多样性，增加发展中国家投资者的总数，从而增加发展中国家的资本流量。例如，银行因此而有能力扩大面向发展中国家借款人——哪怕是高风险借款人——的贷款，并通过信贷违约掉期（世界银行，2007），通过将贷款汇总并把它们卖给高收入国家的投资者，将风险转移到资本市场上。在 2003—2008 年间，信贷违约掉期息差被 40 个发展中国家广为引用，此外还有一些国家私下就此进行了谈判但未予广泛报道[3]。证券化和衍生产品的激增为养老基金和保险公司提供了机会，这些基金和保险公司在它们能够做的投资类别方面受到规章制度的限制，而证券化和衍生产品使它们得以通过购买更高评级档次的证券化贷款，从而间接地在发展中国家的贷款中占有一席之地。

将发展中国家的贷款向非银行投资者转售，或者称为银行自有的表外交易工具，通过取代银行的储备，并使它们得以向发展中国家提供新的额外贷款，从而也为信贷总额的扩张做出了贡献。而且，衍生产品可获得性的增加，通过向投资者提供一种机制来为项目所涉及的短期外汇风险套期保值，也对外国直接投资供给的膨胀起到了推动作用，在那些针对国内市场而生产的国家尤为如此（Griffith - Jpones 和 Lespe，2002）。

并不是所有与发展中国家的工具有关的衍生交易都能增加发展中国家资本的可获得性。例如，综合债务抵押债券就主要是一种便于针对发展中国家的收益率进行投机的工具。投资者购买一笔综合债务抵押债券，其回报是与分布于巴西政府发行的债券中的信贷违约掉期的变化相联系的。由于此类合成债务抵押债券不涉及现有银行贷款的重新打包，它们不会减少银行对发展中国家债务的敞口风险，因而它们无力增加放贷。的确，一些观察家认为，通过为投机提供便利，这些工具增加了发展中国家金融市场的波动性[4]。

流动性膨胀时期发展中国家的金融

高收入国家流动性的扩张、金融创新以及其后风险定价的下降，使发展中国家的金融发生了深刻的变化。净资本流入增加到 5 倍，外国债务利差从 2000 年的 656 个基本点下降到 2007 年年末的 168 个基本点。同等重要的是，国内信贷相当于 GDP 的份额平均增加了 5 个百分点，而且在几个地区增幅尤其大，同时，国内利率广泛下降。与这些发展趋势相伴而来的是，在发展中国家股票市场上交易的股票市值空前地增加了 3 倍。

金融中介作用的提高增加了企业进行生产性投资所需资金的供应量，从而为资本积累和潜在产出的扩张做出了贡献。而且，新投资的注入使得采用更新的技术成为可能，促进了发展中国家在技术进步方面的总体加速，而这些又受到许多国家进行的宏观经济和制度改革的支持[5]。最后，增长本身的加速还可能激发金融市场进一步深化（见专栏2.3关于金融中介与经济增长之间积极的互动关系的论述）。

诚然，全球流动性的迅速增加能够促进经济的增长，但在某些情况下，它也会导致宏观经济的不稳定。资金易于获得可能会导致过度消费和经常项目赤字的不可持续，新兴的欧洲和中亚许多国家的情况就是如此。更一般的情况是，对于发展中国家的借款人来说，国际资金一般具有强烈的顺周期的特性。制度（包括产权保护制度）脆弱以及较低的收入水平使得它们平均而言信誉比较欠缺。结果是，当全球和国内状况较好时，中等收入的借款人（以及那些有机会进入市场的低收入借款人）还有可能见到滚滚而来的资金流入，而当前景恶化时，资金流动的逆转会尤其快。

从历史上看，资金尤其是外债和组合型股本流量这种“走走停停”，加剧了许多发展中国家投资的膨胀，并使它们遭受沉痛打击。但是，不稳定的根源并不都是来自国外。在许多情况下，国际资本流动较大的变动要归因于国内投资者的行为[6]。在东亚金融危机中，作为导致货币大幅贬值和宏观经济不稳定的原因之一的大量资本外逃，就是国内投资者为寻求更佳的价值储存手段，弃本币金融工具不用而青睐

专栏2.3　金融中介与经济发展

一些实证研究发现，金融中介的规模及其有效性对经济增长有着因果影响：对金融发展的一些测算数据发现，在不同类别的国家中，金融的发展与其后一个时期的经济增长之间是相互关联的（King和Levine，1993；发达国家的情况见Levine和Zervos，1998）。从不同类别国家，包括发达国家以及发展中国家的数据中发现，金融市场深化与生产率也有关联（Nourzad，2002）。金融的发展还与贫困减少有关（Jalilian和Kirkpatrick 2002；Beck、Demirguc-Kunt和Levine，2007）。而且在对时间序列数据的格兰杰因果检验中也发现，金融的发展先于经济的增长（Neusser和Kugler，1998；Rousseau和Wachtel，1998）。工具性变量（英国、法国、德国或者斯堪的纳维亚国家的立法渊源）以及其他计量经济学技术都被用于区分金融发展的因果性影响（Levine、Loayza和Beck，2000）。学者们还发现，金融的发展主要通过其对全要素生产力的影响而提高了经济增长率（Beck、Levine和Loayza，1999）。一些国家的研究也表明，金融的发展随着时间的推移而对经济增长产生着重大影响（Levine，1997）。

但是，在甄别金融发展与经济增长之间的因果关系方面，学术界并非没有异议。经济增长也影响着金融的发展。而且，第三种因素（如通信和数据处理中的技术创新以及制度质量的改善）对于经济增长和金融发展都会产生影响。在一些经济体还发现了金融发展与经济增长之间的双向关系（Luintel和Kahn，1999；Al-Yousif，2002；Demetriades和Hussein，1999）。Hurlin和Venet（2008）在一份发达国家和发展中国家的抽样调查中发现了从经济增长到金融发展的高度因果性，但几乎没有什么证据能证明从金融发展到经济增长具有因果性。Arestis和Demetriades（1997）发现，在他们的样本中，只有极少数国家金融的发展引起了经济的增长；Shan（2005）以及Shan和Morris（2002）应用时间序列数据（包括OECD国家和中国），只发现极少国家的金融发展导致经济增长的证据；而Al-Taimimi等人（2001）从一份阿拉伯国家的样本中，则没发现金融发展与经济增长之间存在任何方向的格兰杰因果关系。

外币标价的金融工具的结果（Kawai、Newfarmer 和 Schmukler，2001；世界银行，1998）。墨西哥 1994—1995 年的危机的基本根源与此相似（Frankel 和 Schmukler，1996）。但在紧随东亚和俄罗斯危机之后的智利危机中，外国投资者则是导致资本外逃的主要根源（Cowan 等人，2005）。

正如第 1 章中所讨论的，本次危机中资本流动的迅速逆转，实际上给每一个发展中国家都带来了不利影响，即使那些奉行审慎的宏观经济政策并且积累了雄厚的外汇储备的发展中国家也难逃其外。这就是说，受创最重的国家（值得注意的是欧洲和中亚地区的许多国家[7]）确切地说是那些将额外的流动性引导到国内消费中，并且在流动性膨胀时期就已经积累起严重的对内、对外失衡的国家。

风险定价的下降

全球信贷的迅速扩张以及与之相伴的低利率，反映在二级市场上工业国投资等级和高风险的债务利差的迅速下降上。例如，美国 AAA 级公司债券的风险溢价从 2002 年的 490 个基本点下降到了 2007 年的 65 个基本点，同时，BBB 级的欧洲公司债的风险溢价从 390 个基本点下降到 55 个基本点。具有很大差异的风险资产利差的同步下降，是与风险定价本身的大幅下调相一致的，无论其原因是出于投资者对风险的厌恶，还是由于衍生工具和其他对冲机制降低了持有一定级别的风险可能需要的资金成本这一新观点的出现而使其然（图 2.5）。

21 世纪头 10 年的利率以及风险较高的资产价格的下降，是一个暂时的周期性

图 2.5　流动性膨胀时期高收入国家的风险成本急剧下降

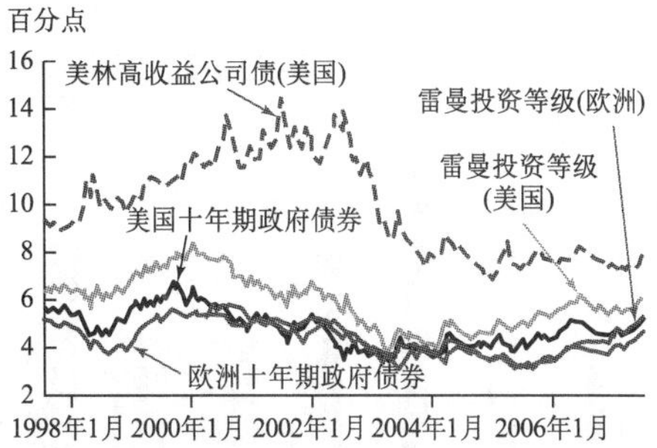

资料来源：Datastream。

现象。但是，随着流动性膨胀时期的持续，评论家越来越多地质疑诸如二级市场上的信贷违约掉期以及贷款证券化等金融市场创新手段，认为它们永久性地压低了长期利率和风险溢价。

国际范围内的利率下降、风险溢价降低，尤其是在流动性膨胀时期之末商品价格的上涨，都意味着发展中国家内部的金融环境放宽松了。作为对这种发展趋势和政策改进与政治因素的影响做出的反应，在几个地区，利率升水以及发展中国家借款人对利息的支付急剧下降（图 2.6）。

国内信贷的膨胀

随着整个发展中世界资金流量、国内金融中介以及资本市场市值的迅速增长，借款成本下降了（表 2.2）。以服务于私营部门的储蓄银行的债权来衡量，金融中介作用占 GDP 的比重平均而言，从 2000 年的 29% 扩大到 2007 年的 35%——极大地扩展了企业投资资金的可获得性（见表 2.2）。在一些地区，外国银行越来越多地参与到国内金融体系中，支撑着国内金融中介的迅速发展（专栏 2.4）。发展

图 2.6 流动性膨胀时期，发展中国家的利率大幅下降

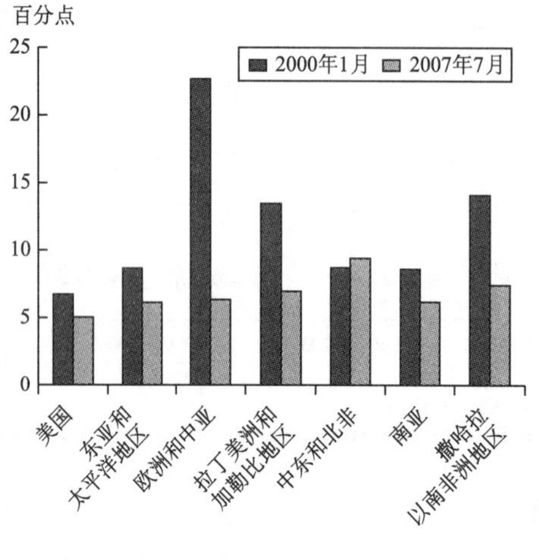

资料来源：世界银行。

中国家的企业从股票市场资本化市值的迅速增长中也获益匪浅。这种资本化市值从 2000 年相当于 GDP 的 35% 增长到 2007 年的 114%[8]。而且，低利率和低利差还降低了发展中国家投资者所面对的资本成本。其部分后果是，发展中国家经通货膨胀调整后的投资对 GDP 的比率平均跃升到相当于 GDP 的 5%，而南亚地区跃升到 8%。

所有地区都在一定程度上出现了资金膨胀，尽管各地区金融中介作用的增加和达到的水平存在很大差异：

- 在欧洲和中亚，银行信贷几乎翻番，而股票市场资本市值增加到 4 倍以上（相对于 GDP），反映出该地区金融中介的初始水平非常低，这要归咎于该地区过去实行的共产主义制度（尽管有了 10 年的转型期）、一些国家期待着加入欧盟以及石油价格的暴涨。在 25 个拥有足够的数据的国家中，12 个国家有记录的对私营部门信贷的增长达到了 GDP 的 10% 以上。
- 南亚的金融中介也增长强劲。在印度，银行信贷对 GDP 的比率增长了 15 个百分点，而相对于 GDP 的股票市场资本市值上升到将近 5 倍。该地区其他国家的增长更为适中一些（例如，孟加拉国银行信贷对 GDP 的比率增加了 12 个百分点，而巴基斯坦增加了 6 个百分点）。
- 中东和北非地区对私营部门信贷的增长幅度较小，但是仍较为强劲——部分地反映出该地区的资本成本实际上增加了（见表 2.2）。阿尔及利亚、摩洛哥和

表 2.2 国内金融中介作用的变化（2000—2007 年）

	银行发放的私人信贷			股票市场市值		
地区	2000 年	2007 年	变化	2000 年	2007 年	变化
	（占 GDP 的百分比）		（百分点）	（占 GDP 的百分比）		（百分点）
发展中国家	29.3	34.8	5.5	35.3	113.9	78.6
东亚和太平洋地区	66.1	55.4	10.7	47.1	165.1	118.0
欧洲和中亚	16.8	32.5	15.6	17.5	77.3	59.8
拉丁美洲和加勒比地区	24.9	27.1	2.2	31.6	71.4	39.8
中东和北非	33.0	39.2	6.2	19.9	56.1	36.2
南亚	25.6	40.4	14.8	26.1	133.4	107.2
撒哈拉以南非洲地区	34.8	41.6	6.8	89.9	149.0	59.1

资料来源：世界银行使用 Beck 和 Demirguc-Kunt（2009）的数据计算。

注：对于私人信贷而言，地区数量是可获得数据的国家的简单平均值。股票市场市值的平均值是根据 GDP 加权计算的。

专栏 2.4 外国银行在国内金融中介中的作用

在发展中国家，外国银行在国内金融中介中发挥着重要的、日益增加的作用。截止到 2005 年，它们在发展中地区银行总资产中所占的份额，在占比较低的南亚为 7.4%，而在占比较高的欧洲和中亚地区为 54.4%（专栏表 2.4.1）。而且，在信贷膨胀时期，在所有它们已经具有相对较大的参与度的地区，外国银行在当地总资产中的份额都增加了。的确，国内信贷扩张的程度与外国银行在该地区市场份额扩大的程度具有松散的联系。在外国银行参与度最低的两个地区（东亚和太平洋以及南亚地区），外国银行占有的市场份额实际上有所下降。

外国银行对发展中国家金融中介作用的贡献不是简单明了的。在一些国家，它们能作为重要的渠道而发挥作用，为输入外国资本用以扩大贷款提供了便利，而且，如果它们的效率更高、更能提高本地银行的效率（见下文），就越能减少金融中介的成本，鼓励开展更大宗的业务。在这种情况下，外国银行通过促进金融中介作用的发挥，反过来可以推动经济更快发展。例如，在欧洲和中亚，外国银行对本地银行的收购活动，就与对中小规模企业和零售市场贷款的增加有关（de Haas 和 Naaborg，2006），尽管外国银行的贷款主要是给了跨国公司、大型国内企业和政府——这实际上潜在地挤压了较小的市场玩家（见 Gormley（2005）的理论模型）。的确，外国银行对一个市场的进入一般会导致本地银行增加向小企业的贷款，部分的原因是向大企业贷款的竞争加剧了（Jenkins，2000）。

在某些情况下，外国银行会降低金融中介的水平。研究表明，尤其是在监管框架欠佳和法律相互抵触的低收入国家，外国银行可能会进入一个市场，精心挑选当地最好的客户（Detragiache、Tressel 和 Gupta，2006）。在这种情况下，外国银行更大程度的参与可能与向私营部门提供的信贷较少有关。

总之，实证证据错综复杂。调研数据表明，在外资银行参与度较大的国家，企业家面临较小的信贷限制的约束（Clarke、Cull 和 Martinez Peria 2001）。而且，当国内环境较好时（有稳健的本地银行业部门、良好的规章制度并对竞争提供保护），外国银行在信贷的总体扩张中能够有所作为，从而能降低借款人成本。但是，外国银行的参与并不是提高发展中国家金融中介作用的关键，在一些缺乏竞争、市场规制不力的地区，外国银行的参与还可能会挤出本地信贷提供者，使得中介的作用没有净增加。

专栏表 2.4.1 外国银行的参与和信贷扩张

地区	外国银行拥有资产的份额，2001 年	外国银行拥有资产的份额，2005 年	私营部门银行信贷占 GDP 比率的变动，2000—2007 年
东亚和太平洋地区	13.0	11.1	10.7
欧洲和中亚	42.0	54.4	15.7
拉丁美洲和加勒比地区	30.4	35.6	2.2
中东和北非	8.3	10.9	6.2
南亚	8.9	7.4	14.8
撒哈拉以南非洲地区	46.2	49.5	6.8

资料来源：世界银行金融机构与结构数据库。

突尼斯的信贷有记录的收益相当于 GDP 的 5—6 个百分点。尽管股票价格上涨到近 3 倍，但本地区该增幅相当于 GDP 的份额以及 2007 年所达到的水平，仍不及其他发展中地区。

- 撒哈拉以南非洲银行信贷（相对于 GDP）增长 7 个百分点，主要是由于南非增加了 12 个百分点，而不是由于国内金融中介的普遍增加。在数据完整的 30 个国家中，有 9 个国家国内金融中介相对于 GDP 下降了，而 12 个国家经历了不到 5

个百分点的增长。只有 13 个国家报告其具有足够的股票市场资本化数据，科特迪瓦、肯尼亚、毛里求斯和尼日利亚较强劲的增长要归咎于相对于 GDP 的资本市值上涨到 3 倍。但是，股票市场资本化市值相对于产出居于较高的水平，主要是由南非带动的，该国 2006 年的股票市场市值几乎达到了产出的 3 倍。由于南非吸引了来自该地区其他一些没有股票市场的国家的投资，因而没有将该国的数据包括在平均数中。平均数趋于过分夸大了南非经济本身的资本化水平。在 6 个发展中地区中，如果不把南非计算在内，本地区相对于产出的股票市场资本化水平最低。

- 拉丁美洲和加勒比地区相对于产出的私营部门信贷平均增幅较小，这反映在各国之间非常不同的后果上，其差异从玻利维亚和乌拉圭下降幅度超过 26 个百分点，到哥伦比亚和哥斯达黎加上升 17 个百分点。自从 20 世纪最后几个 10 年里经历了繁荣到崩溃之后，拉丁美洲的宏观经济政策有了很大改善，许多国家避免过度发放私人信贷，而且收入实现了稳定增长。与其他大多数地区相比较，双倍的股票市场市值是较为适度的，反映出该地区当局力图避免资产价格泡沫而采取的政策是审慎的。
- 东亚和太平洋地区相对于 GDP 私人信贷的下降，部分是由于在东亚危机之后所进行的调整，其中马来西亚（27 个百分点）和菲律宾（14 个百分点）的降幅尤其大。但是，东亚是国内金融体系最为深化的发展中地区，该地区银行信贷对 GDP 的比率超过了美国（尽管美国的水平仍低于具有更大的以银行为基础的体系的西欧）。在整个膨胀时期，股票市场资本市值达到 3 倍以上，反映出该地区金融市场的进一步深化。

外国资本流量增加

在流动性膨胀时期，国内金融中介的增加是与资本流入量的迅速扩张相伴的（图 2.7）。与国内信贷的增加相似，更多的资本流入也会使投资膨胀，效率提高（专栏 2.5）。

尽管每一个国家的资本流入量实际上都增加了，但并不是每一个国家的增量都相同，也不是所有形式的国际资本流量都增长到同样的程度。在金融危机之前，流入发展中国家的股票投资流量迅速增加，

图 2.7　流入发展中经济体的总资本流量

资料来源：世界银行。

专栏 2.5　资本流量能够促进投资，提高效率

在2003—2007年流动性膨胀的时期，大多数发展中国家依赖于外部融资。发展中国家总的经常项目盈余（在这一时期平均接近2430亿美元）主要反映在少数几个国家相对于投资来说储蓄的较大盈余上，尤其是中国和发展中石油与矿产品出口国。其余可获得数据的发展中国家中，3/4的国家是资本净输入国，其经常项目赤字平均相当于GDP的6%以上，或者说占其总投资支出的28%（专栏表2.5.1）。

外部融资能够通过更多地从更发达的国家转移技术而使效率提高，帮助企业扩大规模，以便从规模经济中受益，并在全球市场上树立名声，与发展中国家的出口商建立业务与营销联系（世界银行，2006）。如果某些形式的外国直接投资能够导致重要的、技术含量更高的机器或者经营技术的引进，那么对于一国效率的提高来说，外部融资就会带来间接的或者更直接的影响。

专栏表 2.5.1　2003—2007 年发展中国家的经常项目赤字

	经常项目赤字的国家数	经常项目赤字（占 GDP 的百分比）	经常项目赤字（占投资的百分比）
所有国家	53	6.3	26.8
低收入国家	16	5.8	29.1
中低收入国家	20	6.1	23.4
中高收入国家	17	7.1	28.3

资料来源：世界银行。

注：经常项目赤字数据是国家数的简单平均数，不包括小岛国经济体。

从2001年的几近为零增加到2007年的1600亿美元，随之而来的是2008年的彻底崩溃（图2.8）。

图 2.8　流入发展中国家的股票投资流量

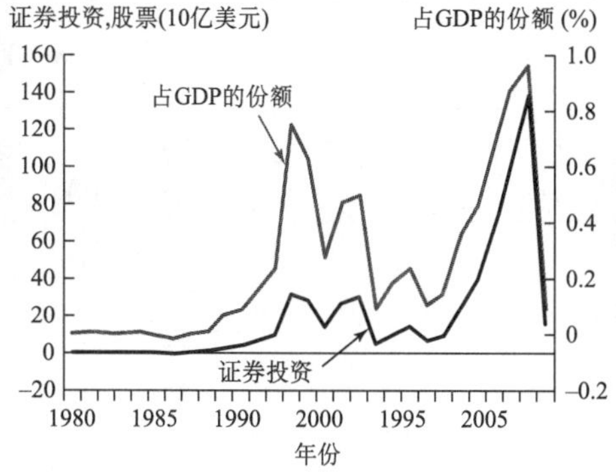

资料来源：世界银行。

在流动性膨胀时期，发展中国家进入外国债券市场和获得外国银行贷款的机会显著增加，在2007年达到了相当于其GDP4%的峰值。外国直接投资净流入量在2008年稍稍下降之前，从2001年相当于GDP的2.5%增长到2007年的3.9%，而此时的全球投资则普遍下降（图2.9）。相反，官方资金流量从2001年的260亿美元的净流入逆转为2007年的1亿美元的净流出。

在地区层面上，欧洲和中亚、东亚和太平洋地区以及拉丁美洲和加勒比地区是资本流入最大的接受者，在2001—2007年这一时期，得到了整个净流入量的80%，而前两个地区一共得到了总流入量的

图2.9　1980—2008年流入发展中国家的外国直接投资

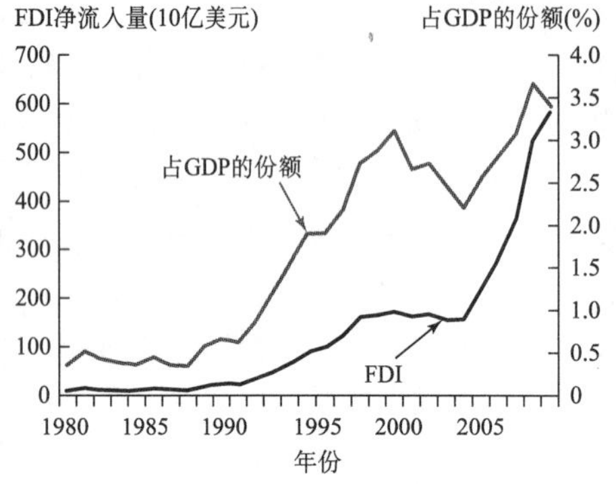

资料来源：世界银行。

65%。但是，按占GDP的份额来衡量，不同地区流入量的差异并不明显——无论在2001年或者在流量达到峰值的2007年都是如此。2001年，东亚和太平洋地区相对于GDP的资金流入量仅仅稍高于发展中国家的平均值，而2007年则实际上低于平均值。相反，尽管发展中的欧洲和中亚国家的资金流入量占GDP的份额在2001年低于平均值，而2007年则翻到五番。南亚的资金流入增长也非常迅速，从2001年仅相当于GDP的1%增长到2007年的8%以上。与获得的智力援助相反，撒哈拉以南非洲地区在流动性膨胀之前和膨胀期结束时得到的资金流入量实际上接近于平均值，中等收入国家和低收入国家都从资本流量的激增中得到实惠，流入低收入国家的资本增加到4倍以上，从2001年相当于GDP的1.5%上涨到2007年的接近7%，这主要是受到了与资源相关的外国直接投资增长的支持。

在不同地区，不同形式的资本流量的相对重要性在一定程度上有所不同。在大多数地区，股权投资（尤其是外国直接投资）是导致2007年大笔的资本流入以及2001—2007年资本流入量激增的主要原因（表2.3）。但是在发展中的欧洲和中亚国家，净债务流量在2001年几乎没有，而2007年增加到几乎是GDP的10%。上述国家得到了2007年的总流入量的大约2/3。欧洲和中亚国家得到的债务流量增幅与其他发展中地区相同，致使该地区的资本总流入量大致接近于GDP的8%，与东亚、南亚和撒哈拉以南非洲地区接受的流入量相等。尽管构成这些地区债务流入增长的基本因素较多——包括欧盟内部对这些地

表2.3　按地区划分的净资本流入量

	2001年	2007年	2001—2007年的平均值	2001年	2007年	2001年	2007年
	(10亿美元)			占流入发展中国家总量的百分比		占该地区GDP的百分比	
发展中国家	223	1143	470	4	9		
东亚和太平洋地区	83	277	141	37	24	5	7
欧洲和中亚	29	454	164	13	40	3	15
拉丁美洲和加勒比地区	87	215	87	39	19	4	6
中东和北非	5	21	12	2	2	1	3
南亚	8	116	39	4	10	1	8
撒哈拉以南非洲地区	11	60	27	5	5	3	7

资料来源：世界银行。

区的长期前景看好以及外国银行在整个金融部门中占到了较大份额等因素——公众对于通过举借外币债务涉足于汇率风险的意愿有助于解释为什么银行贷款——包括对私人个体的放贷——会起到如此重要的作用。

在国家层面上，绝对流量相当集中，其中中国、印度、俄罗斯联邦和巴西在2001年和2001—2007年平均各年都占到了总流入量的50%；这4个国家还占到了所有流量的73%（图2.10）。但是相对于GDP而言，资金流量以及流量变化的分布更均匀一些，2007年大约60%的国家获得的流量都占到GDP的0—10%之间（图2.10）。

全球资金激增的实际后果

在什么情况下全球流动性激增才能使发展中国家得到好处，这取决于诸多不同的因素，而且人们不可能或者至少是非常难以用一致的方式对不同国家的这些因素加以衡量。

图2.10　2007年资本流量相当于GDP的百分比的分布

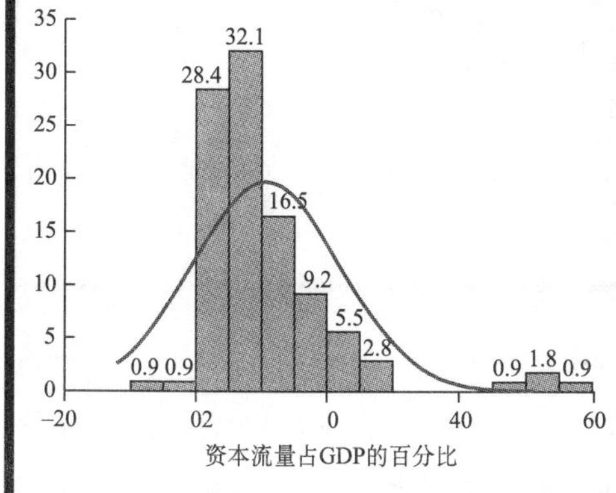

资料来源：世界银行。

图2.11表明了私人融资（以第一栏的国内金融中介和第二栏的外国资本流入表示）和借款成本、制度的质量以及实际开放度（所有数据都以2001—2007年的时期平均值表示）的简单联系。不足为奇的是，国内金融中介和私人资本流入的水平与借款成本都呈负相关关系——尽管这里所描述的简单的二元变量关系不那么强烈，主要原因是其他因素的作用（见下文）。

国内制度的质量（这里用Kaufmann－Kraay－Zoido－Lobaton，即KKZ指数来代表）也与国内和国外的金融有关联。对资本的需求取决于有形投资的潜在收益。在拥有制度健全并且监管良好的环境中，包括对产权予以合理保护的国家中开展经营活动的国内和国际投资者，有可能得到较高的实际收益，因而，在其他情况相同的条件下，他们愿意举借更多的债务。同理，向制度健全和对产权予以保护的国家的借款人提供资金的放贷人，他们的求偿权最有可能得到强化，从而更愿意向这类借款人放贷。

最后，一个经济体实际的一体化程度，也是金融中介发展水平和一个国家得到的私人资本流入量的最好的预测因素（图2.11 C栏）。在最近的资本膨胀时期，诸如商品价格高企等外部因素还在发挥着作用。有趣的是，尽管人均资本收入水平与国内金融中介水平高度相关（图2.12），但资本流动的规模与收入只有微弱的关系。

尽管这些关联性为我们探讨某一时点上金融中介水平的差异提供了一些视角，但它们并没有告诉我们，膨胀时期所观察到的变化的驱动因素是什么（表2.4）。

图2.11　私人融资的决定因素

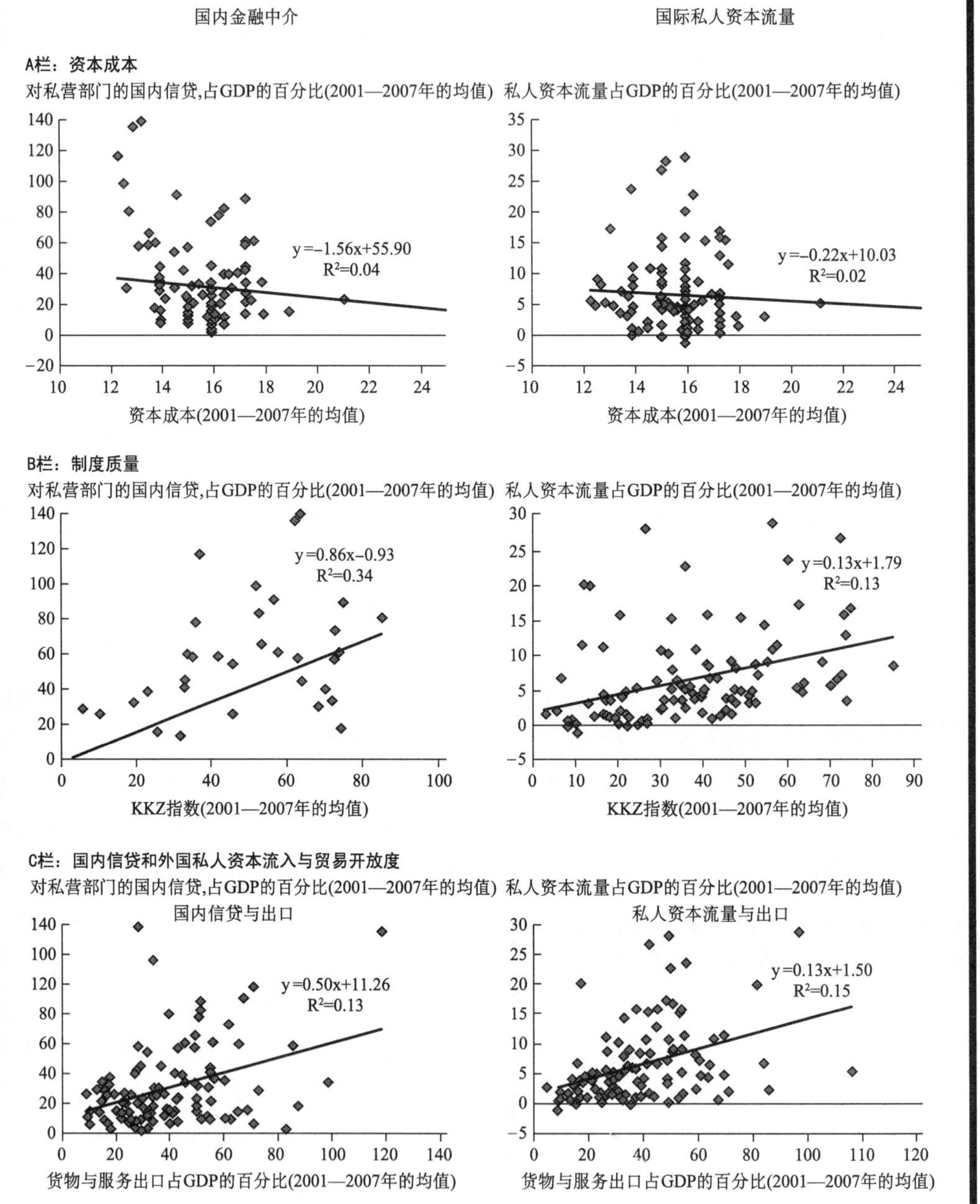

资料来源：世界银行。

显然，在通过降低高收入国家的利率和减少发展中国家的利差来开展经营活动的地方，国内和国外融资可得性上观察得到的变化的最大的驱动因素就是资本成本的变化。跨国回归结果（专栏2.6）表明，发展中国家借款成本平均下降500个基本点（大致相当于被估测时期的平均降幅——以及可获得可比数据的各样本国

图 2.12　2007 年相对于人均收入的来自银行和其他金融机构的私人信贷

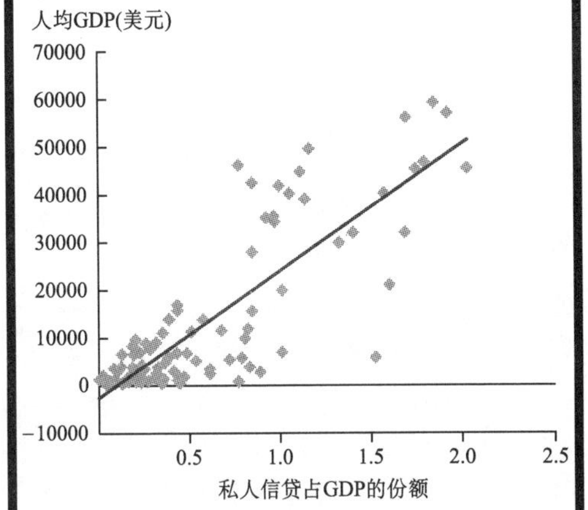

资料来源：《国际金融统计》；世界银行。

家之间的一个标准离差），会导致国内金融中介水平的提高，相当于 GDP 的 4.5%，导致外国资本流入量增长，相当于 GDP 的 0.5%。同样，分组估测值表明，发展中国家的金融状况对于国际金融状况尤其敏感。根据这些估测值，全球风险定价下降 1 个基点（大约是 2003—2007 年之间观察到的降幅），可能会导致外国资本流量达到相当于 GDP 的 3.5% 的增幅，导致国内金融中介相当于 GDP 的 7.5% 的提高（其增量分别是整个估测期中平均增量的 2/3 以上和 3/4 以上）。对于债务流入量来说，这种关联性尤其强烈，而且不足为奇的是，它们不为官方援助所持有。

国内与国际金融中介的其他重要决定因素随时间推移而发生的变化，不像国际资本状况和资本成本的变化那样大。其结果是，平均而言，资本成本的变化（广义理解为包括国际风险定价）要对观察到的资本流入量波动的一半以上的成因以及国内金融中介增长中大约 60% 的成因负责（见表 2.4），因为国内金融中介仅仅是净资本流入量众多决定因素中的另外一个数量意义上的重要因素。

但是，其他因素，包括制度的质量、经济的总体开放度以及国内金融部门中金融中介的发展程度（在资本流量相等的情况下），也是说明流动性膨胀之前和膨胀时期各国之间中介水平和资本流入量存在巨大差异的关键因素（见表 2.4 的下

表 2.4　金融变量不同时段的变化主要反映了资本成本的变化，但国家制度质量尤为重要

金融变量	净资本流量	国内金融中介
	（占 GDP 的百分比）	
2001—2007 年的变化，因变量的样本平均值	4.9	8.6
对下列因素变化的贡献（样本平均值）		
全球风险成本	2.2	5.1
制度质量	…	-0.08
国内金融中介	1.8	…
因变量中最高和最低的 1/5 之间 2007 年的差异		
对下列差异的贡献：	1.61	34.5
资本成本	…	2.1
制度质量	3.7	19
GNFS 出口	5.2	12.8

资料来源：世界银行。
注：根据专栏 2.6 报道的估计数计算。
…表示未估计。

专栏2.6　国内和国际金融中介跨国差异的决定因素

除了其他限制因素外，数据资料的局限性也妨碍着为能够解释发展中国家国内和国际金融扩张程度的诸多因素建立综合性模型，而这种扩张是对全球性货币环境放松的回应。但是，试图对国内金融中介作用（对私营部门的信贷）和国际资本流量相当于GDP的百分比的平均变化情况作出解释的跨国回归，则提供了对国别潜在的解释性变量（包括资本成本的变动、制度质量、金融的发展、出口、预算盈余以及通货膨胀）的作用的深入观察。

这些回归分析证实了发展中国家国内金融中介的水平与制度的质量、出口占GDP的份额以及出口增长率之间，在统计上具有显著的相关性（见专栏表2.6.1，第2行）。回归结果还表明，国际资本流量与制度质量和产出之间也存在着显著的相关性（见专栏表2.6.1，第3行）。

无论用于强检验，还是为了探讨国家常数性风险溢价变量（将在第3章中讨论）的作用，对2001—2007年这一时期都应用了分组回归分析，并把净资本流入量和国内金融中介作为因变量，风险溢价加上从跨部门的分析中得出的全套的回归值作为自变量。所有自变量都考虑到了其内生性缩减而予以滞后。这些回归分析证实了，一方面在国内金融中介与资本流入量之间，另一方面在国际风险定价与金融发展之间，在统计上都具有显著的相关性（见专栏表2.6.2，第2行和第3行）。尽管国内金融中介水平的变化程度与制度质量具有显著的相关性，国际资本流量的变化程度则与制度质量没有太大的相关性。资本成本无论对国内的还是国际的金融中介作用的独立影响，都没有超过国际风险定价的影响，这可能反映出两个变量的变化程度之间的密切联系（见第3章）。

专栏表2.6.1　跨部门回归结果

因变量	国内金融中介（私人部门信贷，占GDP的百分比，2001—2007年的均值）	净资本流入量（占GDP的百分比，2001—2007年的均值）
解释性变量	相关系数	相关系数
资本成本[a]	-0.56*	-0.02
制度质量（KKZ指数）[b]	0.69***	0.13***
金融发展（私营部门信贷，占GDP的百分比）	—	-0.05
货物与非要素性服务的出口（占GDP的百分比）	0.28**	0.13***
出口增长	0.53**	-0.244***
预算盈余（占GDP的百分比）	1.23***	0.12
通货膨胀（对数，百分比）	-2.38	-0.52
R^2	0.46	0.36

资料来源：世界银行。

注：所有因变量的回归估算使用了2001—2007年的平均值，而自变量使用初始数值计算；国家数量=103。其他控制性变量包括出口增长，1990—1997年（百分比，年均比率）；以及燃料出口/GDP和矿产品出口/GDP均分布于最高的1/5之列的国家的指数。

*、**和***表示分别在10%、5%和1%的水平上显著。显著性使用强标准误差进行评估。

a. 按美国国库券利率加上国别利差，再加上折旧测算。

b. 以0—100的标尺衡量，并令跨部门标准离差为19。

—表示不适用。

专栏表 2.6.2 分组回归结果

因变量	国内金融中介（私人部门信贷，占 GDP 的百分比）	净资本流入（占 GDP 的百分比）
解释性变量	相关系数	相关系数
全球风险成本[a]	-3.49***	-1.47*
资本成本[b]	-0.03	-0.03
制度质量（KKZ 指数）[c]	0.30**	-0.01
金融发展（私营部门信贷，占 GDP 的百分比）	—	0.27***
货物与非要素性服务的出口（占 GDP 的百分比）	-0.08	0.02
预算盈余（占 GDP 的百分比）	0.07	-0.03
通货膨胀（对数，百分比）	0.12	0.13
R^2	0.16	0.10

资料来源：世界银行。

注：所有回归估算使用了 2001—2007 年的年度比率，所有自变量都滞后一次；观测值数量 =498493。其他控制性变量包括燃料出口/GDP 和矿产品出口/GDP 均分布于最高的 1/5 之列的国家的指数以及一个国别固定影响的完整数据集。

*、** 和 *** 表示分别在 10%、5% 和 1% 的水平上显著。显著性使用强标准误差进行评估。

a. 详情见上文。

b. 按美国国库券利率加上国别利差，再加上折旧测算。

c. 以 0—100 的标尺衡量。

—表示不适用。

半部分）。各国间在制度质量上的差异（以 Kaufmann - Kraay - Zoido - Lobaton 指数衡量），能对各国国内中介水平差异几乎 6/10 的成因以及净资本流入量差异大约 1/3 的成因做出解释。的确，在其他因素不变的情况下，制度质量上一个标准离差（大体上相当于撒哈拉以南非洲与拉丁美洲之间制度质量的平均差异）

表 2.5 2000—2007 年金融环境变化的地区分布

	2000 年与 2007 年之间下列因素的变化：				
	资本成本	资本流入	股票市场市值	储蓄银行的私人信贷	投资
	（基点）		（占 GDP 的百分比）		
发展中国家	400	5.0	78.6	5.5	5.5
低收入国家					2.3
中等收入国家					5.6
东亚和太平洋地区	-134	2.0	118.0	10.7	5.5
欧洲和中亚	-12.0	59.8	15.7	4.9	
拉丁美洲和加勒比地区	-471	2.0	39.8	2.2	1.4
中东和北非	269	2.0	36.2	6.2	5.0
南亚	-142	7.0	107.3	14.8	8.1
撒哈拉以南非洲地区	-685	4.0	59.1	6.8	3.6

资料来源：世界银行；Beck 和 Demirguc - Kunt（2009）；世界银行（2009）。

注：地区数值是各国的简单平均数；投资率除外，该比率为加权平均值。

的改善，可能会带来私营部门国内信贷与 GDP 之比增加 12 个百分点，以及私人资本流量增加相当于 GDP 的 2%。拥有庞大的出口部门，因而被证实与外国合作伙伴具有记录在案的联系的国家，也趋于能比那些外部联系较少的国家获得更多的外部融资。一国如果出口部门比其他国家（这个国家在 2001—2007 年平均得到的外国资本流入量额外增加了相当于 GDP 的 0.5%）大 5 个百分点，其总的国内金融中介会额外增加 GDP 的 1.5%。各国之间实际开放度的不同则与净资本流量和国内金融中介差异中 2/3 的成因有关。

在资本成本和制度质量、出口强度以及金融部门的中介发展水平等因素保持不变的情况下，资本流入与宏观经济稳定之间的关系（以预算盈余和通货膨胀表示）一般在统计上没有显著性。尽管可能有一种例外，即宏观经济稳定可能是贷款信誉的决定因素，并且是资本流量规模的一个结果，数据资料还表明它们之间的相关性相对较弱。

总之，充裕的全球流动性是激发全球资本流入发展中国家的一个决定性因素，但这种流动资本会流入哪个国家、会以什么形式流入，则主要依赖于各个发展中国家的特性。诸如制度环境的质量和经济的总体开放度等“拉动”因素影响着资本流动的方向，而国内金融中介的发展程度则取决于可获得信贷的增加。

资本流动的方向和形式甚至还取决于国际环境，在这个环境中，资本可能会变得比较稀缺且更加昂贵，从而一国可能会采取能够深化国内资本市场的措施，增加国际资本的准入。尤其是，证据表明制度环境的改善、市场开放度的增加以及在改善经营环境、减少资本成本等方面推行更普遍的改革，这些举措都能对某一特定国家的资本流入水平和金融中介的发展产生极大的影响。对于非洲各国来说尤为如此，这些国家的制度质量仍然低于其他地区的平均水平。的确，在国际环境趋紧的这种预期下，这些因素似乎对于决定未来资本流动的方向来说显得更为关键——对于勾画未来前景来说，进一步的改革处于空前重要的地位。如果有足够多的国家能够在这些领域取得重大进步，就有可能在最大限度上抵消可能增加的风险厌恶情绪，并可能使较长期内的资本流动重新回归最近的水平（见第 3 章的论述）。

流动性膨胀与宏观经济表现

流入发展中国家的资本流量激增以及这些国家国内金融的迅速扩张，与普遍存在的投资膨胀有关，尽管在将额外的资本引导到生产性投资方面，某些国家更成功些，而某些国家不太成功[9]。平均而言，2000—2007 年，发展中国家投资与 GDP 的比率与 2000 年的水平相比较增长了 5.2 个百分点，或者增加了 23%（表 2.6）。

所有地区的投资率都上涨了，而增长最显著的是南亚、中东以及撒哈拉以南非洲地区。南亚投资率非常显著的增长（上涨了 10 个百分点以上）部分地反映出 20 世纪 90 年代所进行的深入的结构改革，其对投资的影响使借款成本成倍下降。其他发展中地区的投资率增长更为适中。相对于中等收入国家（包括印度）

表 2.6　各地区投资率的上涨

	投资率		
	2000 年（%）	2007 年（%）	变化（百分点）
发展中国家	22.7	28	5.2
中等收入国家	22.8	28	5.2
低收入国家	21.1	27.1	6.0
东亚和太平洋地区（不含中国）	22.1	26	3.9
中国	34.1	38.8	4.7
欧洲和中亚	19.9	23.4	3.5
拉丁美洲和加勒比地区	18.6	22.1	3.5
中东和北非	22.4	27.0	4.6
南亚	22.0	32.8	10.8
撒哈拉以南非洲地区	16.9	20.9	3.9

资料来源：世界银行。

上涨 5.2 个百分点的投资率而言，低收入国家的投资率上升了 6 个百分点。尽管欧洲和中亚各国资本流入也非常强劲，但该地区的投资率仅上涨了 3.5 个百分点——大大低于中等收入国家总体的平均水平。截止到 2007 年，就在危机发生之前，东亚和太平洋地区的投资率还超过了 GDP 的 26%。撒哈拉以南非洲各国的投资率更加适度（大约相当于 GDP 的 21%），但是仍然比 2000 年高 3.9 个百分点。

许多因素有助于解释各国投资率差异的形成以及为什么在一些国家投资率上升，而在另外一些国家则没有（表 2.7 和专栏 2.7）。平均来看，在 2001—2007 年所观察到的投资率上升的成因中，大约 1/3 的因素源自全球风险成本的下降，另外 11% 的因素是国内金融中介发展水平的提高，而大约 1/4 的原因是某些国家贸易条件的改善。

国与国之间的投资率差异比这一期间投资率的变化大两倍以上，其中大约 30% 的变量是因资本成本的差异而引起，另外 30% 的成因是一国所吸引的资本流

表 2.7　对投资的跨时段和跨国影响

2001—2007 年间投资/GDP 的变动（样本均值）[a]	5.4
下列各项变化的贡献：	
全球风险成本	1.9
国内金融中介	0.6
贸易条件	1.4
最好与最差的 1/5 国家投资/GDP 比率的差异[b]	11.5
下列差异的贡献：	
资本成本	3.3
净资本流入/GDP	3.0

资料来源：世界银行。
a. 基于分组回归。
b. 基于跨部门回归。

入水平的不同。国内金融中介的水平和制度质量的影响在这里没有统计上的显著性，这可能反映了在摆脱资本成本对它们的影响方面存在困难。具体来说，这些结果表明，要使资本成本从撒哈拉以南非洲的平均水平降低到拉丁美洲的普遍水平，可能需要使投资增加到相当于 GDP 差不多 2% 的水平，这进一步强调了继续实施结构改革的重要性，改革的目的旨在使仍处于不发达水平的金融部门迅速扩张（这一观点将由第 3 章的模拟讨论所证实）。

当然，投资并不会自动转化成更大的产出和生活水平的提高：还必须考虑到投资的效率。在这方面，计量经济学研究表明，在制度质量较高的国家，融资的增加最有可能导致经济增长的加速，这一结论与最近一些文献的观点一致（Frankel，2009）[10]。

投资膨胀对经济增长与潜在产出的影响

流动性膨胀时期旷日持久的降低利率与潜在产出的增加有关。名义上，因利率下降引起的投资增长可能时间相对较短（这种现象可能只存在于低利率时期）。但在最近的泡沫时期，利率已经在很长一

专栏 2.7 对投资率上升的理解

专栏表 2.7.1 给出的跨部门回归结果力图描述不同的发展中国家，除了其他解释性变量之外，资本成本、制度质量、国内金融中介水平以及国际资本流入量等方面的差异带来的投资上的差异。这些回归分析证实了以投资率为一方，以资本成本的初始价值和国际资本流入量为另一方，二者之间统计上的显著相关性。无论作为强检验，还是作为对随时间推移所观察到的投资，包括国家恒定的全球风险溢价的未来变化的探讨，对 2001—2007 年这一时期都使用了分组回归，并将投资率作为因变量，风险溢价加上从跨部门分析中得出的全套回归分析作为自变量。在资本流入量、金融发展和制度质量形成互动关系的情况下，还尽可能包括了解释性变量，以反映国内环境可能会影响到投资的效率这一观念。所有自变量都考虑到内生的减缩而予以滞后。

专栏表 2.7.1 投资对 GDP 的比率，跨部门回归结果

	相关系数
资本成本	-0.59**
制度质量[a]	0.00
金融发展	-0.04
净资本流入	0.45*
贸易条件变化	-0.01
R^2	0.22

资料来源：世界银行。

注：所有回归估计的因变量使用了 2001—2007 年的平均值，而自变量使用初始数值计算；国家数量 =106。其他控制性因素包括贸易加权的出口市场增长（百分比）以及燃料出口/GDP 和矿产品出口/GDP 均分布于最高的 1/5 之列的国家的指数。*、** 和 *** 表示分别在 10%、5% 和 1% 的水平上显著。显著性使用强标准误差进行评估。

a. 以 0—100 的标尺衡量。

结果（见专栏表 2.7.2）证实了以投资为一方，以全球风险定价和国内金融中介水平为另一方，二者之间在统计上具有显著的相关性。即便令后几种因素不变，贸易条件也对投资具有显著影响。相反，资本成本、制度质量以及国际资本流量的影响则在统计上没有显著性，这可能反映出从其他变量中分清它们所带来的影响存在一定困难。这里未予报告的其他回归分析表明，股权投资资本流入量、可观的外国直接投资流量，与国际债务流量（债券和银行贷款）相比，对投资率有着更强烈的影响。

专栏表 2.7.2 投资与 GDP 的比率，分组回归结果

	相关系数
全球风险成本	1.33*
资本成本	0.10
制度质量（KKZ 指数）[a]	0.08
金融发展（私营部门信贷，占 GDP 的百分比）	0.08*
净资本流入量/GDP（百分点）	0.34
贸易条件指数，按贸易比率加权	0.06**
R^2	0.24

资料来源：世界银行。

注：所有回归估计使用了 2001—2007 年的年度数据，所有自变量都滞后一次；观察值数量 =430。其他控制性因素包括贸易加权的出口市场增长（百分比）；燃料出口/GDP 和矿产品出口/GDP 均分布于最高的 1/5 之列的国家的指数，以及一套完整的国别固定影响。*、** 和 *** 表示分别在 10%、5% 和 1% 的水平上显著。显著性使用强标准误差进行评估。

a. 以 0—100 的标尺衡量。

个时期处于低位，这使得投资者和经济学家开始对一个可能会以低利率为其特征的新制度加以讨论。如果投资者预期利率（以及与其相应的资本成本）会长期保持下降[11]，那么，经济学理论就会认为投资者可能有通过增加其资本使用量来生产一定量的产出的想法。正如理论所预言的，在向着更高的资本产出率进发的转型时期，投资会比平常时期增长快，而资本存量与 GDP 的比率也会上升（图 2.13）。其结果是潜在产出增长率增加（这里使用的潜在产出模型见专栏 2.8 的简要

专栏2.8 对发展中国家潜在产出的估算

2010年的《全球经济展望》对潜在产出使用了一种新的估算方法。该方法基于一个潜在产出的混合生产函数模型，与美国国会预算办公室（CBO）、OECD、欧洲委员会以及联邦储备委员会使用的模型相类似（CBO，2001；OECD，2008；Cournede，即将出版；Denis 等人，2006）。在这个模型（本书的在线附录对该模型有更为详尽的描述）中，GDP 的供应方是用一个简单的 Cobb－Douglas 函数形式加以描述。

$$GDP = AK^{\alpha}L^{1-\alpha}$$

这里，GDP 是国内生产总值，K 是资本存量，L 是在用的劳动力。当全部资本存量和有效劳动力可供量都被使用时，潜在产出就达到了产出应达到的水平。用劳动适龄人口（P_{1565}）、劳动力参与率（Pr）和失业率（UNR）取代 L，得：

$$GDP = AK^{\alpha}\ (P_{1565} * Pr * (1-UNR))^{1-\alpha}$$

从增长意义上表述每一个因子，得：

$$\dot{y} = T\dot{F}P + \alpha\dot{K} + (1-\alpha) * (\dot{P}_{1565} + \dot{P}r + (1-U\dot{N}R))$$

假设所有资本存量和所有劳动力都被充分使用（UNR 和 Pr 等于它们的均值），所有可利用的资本存量都被利用，并假设用全要素生产率（TFP）按其趋势比率增长来表示潜在增长率。对于大多数发展中国家来说，我们无从获得整个经济范围内的 Pr 和 UNR 的数据，迄今为止，计算潜在增长率都必须做这样一种假设，即均衡的失业率和劳动参与率是不变的，这使我们只能用：

$$\dot{y} = T\dot{F}P + \alpha\dot{K} + (1-\alpha) * (\dot{P}_{1565})$$

表示潜在产出增长率。

为开展本研究，资本存量使用了投资数据中的永续盘存法（大多数国家从 1960 年开始使用此法）进行估算，并假设折旧率为 7%（IMF，2005）。全要素生产率的趋势从水平含义上通过将上述方程式倒逆计算出 TFP 的即期估计值，并使用 Hodrik－Prescott 过滤器计算得出。终点问题是通过假设 2008—2009 年 TFP 的增长率与 1996—2006 年期间的平均 TFP 增长率相等而得到解决的。所有发展中国家的资本收益在总产出中所占份额（α）都被假设为一致的 40%。

直至最近，OECD 使用了一种替代方法（最近由于更青睐于与这里所描述的方法相似的算法而放弃了此法），基于一个被修匀的投资率序列来计算资本存量。这一潜力的估算结果对投资行为的周期性变化并不敏感，但有一个缺点，就是资本本息的充分利用与实际可观察到的资本存量相比打了折扣。用 CBO（该机构也回避对修匀投资方法的使用）的话来说，“与劳动力投入不同，资本投入无需为了创造一个‘潜在’水平而作周期性的调整——未经调整的资本投入已经代表了它对产出的潜在贡献。尽管在经营周期中，对资本存量的使用有着很大的差别，资本本息的潜在流量仍将始终与资本存量的总规模相联系，而与目前在用的资本数量不相干”（CBO，2001）。

计算中使用实际资本存量而不是修匀的资本存量，意味着在整个周期中产出缺口的波动并不大。

描述。对本章的在线技术附录（见 www.worldbank.org/GEP2010）对此有更详尽的论述）比这一时期的正常值增长更迅速。

总体上来看，与 1995—2002 年这一流动性膨胀之前的时期相比，发展中国家 2003—2007 年的潜在产出增长率平均增加了 1.5 个百分点，其中 40% 的增加可归咎于资本还本付息的增加，这是高投资率带来的结果[12]。表 2.8 对不同地区的这种综合结果作了分解。尽管低收入国家和中等收入国家的潜在增长率都等量增加

图2.13　投资率上升对潜在产出加速增长的贡献

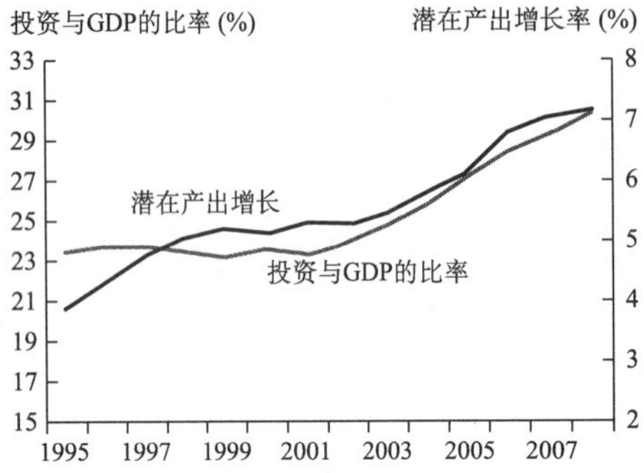

资料来源：世界银行。

了，但低收入国家资本深化在对总增长的贡献中占到了较大份额，其余60%的增长要归咎于人口的增长和全要素生产力的提高。对于中国来说，这一时期的产出增长一半以上要归功于资本存量的增加。尽管这种结果对于反事实演算中使用的投资

表2.8　直接归因于资本深化的潜在产出增长率上升的因素分解

	潜在产出增长率的变化（2003—2007年与1995—2003年的比较）		
	总数	归因于资本深化	资本深化原因所占份额
发展中国家	1.5	0.6	40.3
中等收入国家	1.5	0.6	39.8
低收入国家	1.3	0.8	63.7
东亚和太平洋地区（不含中国）	0.4	0.1	19.8
中国	0.3	0.9	283.5
欧洲和中亚	3.1	0.6	18.7
拉丁美洲和加勒比地区	0.3	0.1	46.6
中东和北非	0.8	0.5	66.7
南亚	1.4	1.1	78.5
撒哈拉以南非洲地区	1.9	1.5	79.5

资料来源：世界银行。

率水平较为敏感，但相对于各种不同的表述来说，这样一个广泛的结论，即资本深化对这一时期观察到的潜在产出加速的贡献率占了一半以上是站得住脚的[13]。

结论性评注

资金，无论是通过国内银行系统提供的，还是来自于国外的，都是经济发展中一项重要的可用之物。当其作用发挥到极致时，它通过为有增长潜力的项目融资（这种融资在其他情况下不可能获得），通过促进并为技术转移提供方便，以及通过推动最佳实践在一国之内的传播，使效率得到提高。然而，要使金融中介作用发挥到能实现这种结果的程度，这严重依赖于国内制度的质量、监管以及经济的总体消化吸收能力。如果无论来自国内还是国外的信贷供应量超过了一个经济体的消化吸收能力，就会导致宏观经济的不稳定，从而给长期经济增长和潜在产出带来负面影响。

对于绝大多数发展中国家来说，2000—2007年这一时期是流动性异常活跃的时期。随着这些国家向世界贸易的开放度达到最大，并且在增加的信贷中得到了最大份额的资金，国内和国际金融迅速扩张。对于大多数国家来说，这种扩张助推了投资的膨胀，而投资的膨胀通过资本深化，在不招致国内通货膨胀或严重对外失衡的前提下，为生产力的更快增长和潜在产出的增加做出了贡献。这反过来表明，那些原先就属于资本拮据的国家至少暂时得到了缓解，迎来了资金迅速增长的黄金时代，并至少在国家层面上获得了可持续

的增长。对于少数几个国家，尤其值得注意的是，对于欧洲和中亚地区的几个国家来说，资金流入和国内信贷或者超过了国内经济的吸收能力，或者被发现这些资金流入了非生产性领域，从而助长了消费需求不可持续的增长，而这种需求导致了巨大的、最终不可持续的对内、对外失衡。

金融危机带来的结局是使这两组发展中国家处在有利地位。而在此时，那些发生严重失衡的国家感受到的是严重影响。随着金融状况的进一步改善，发展中国家的状况也应该改善。但如果全球流动性更快地扩张，如果在未来的年份，尤其在接下来的几年中，当各国针对收紧的国际状况而进行调整之时，流动性就不那么充沛了，这些国家就不可能重拾它们在膨胀时期的增长率水平。在中期内，流入发展中国家的国际资本流量预计不会达到危机前的水平。发展中国家为吸引投资流（如外国直接投资）而展开的竞争将比以往各年更加激烈。诸如制度质量、贸易开放度以及规章框架等因素将在吸引这些跨境投资和金融中介方面发挥越来越大的作用。金融状况以及发展中国家的增长潜力在什么情况下才会发生作用，这主要取决于国际金融架构未来变化的性质、这些变化会给发展中国家金融环境带来多大的冲击，以及发展中国家在通过改善国内金融状况来抵消不太有利的外部环境的能力方面所取得的成功。这些变化的性质以及它们对发展中国家的经济增长和增长潜力的预期影响，将在第3章中更详尽地探讨。

注　　释

1. 国际清算银行报道的银行的总债权2002—2007年间平均每年增长21%，而在全球名义GDP中，总债权的年增长率为10%。

2. 由于缺乏这些工具的购买者的信息也可能使它们的价格降低。但是，2002—2007年流动性膨胀时期利率实质性的下降，显然已经削弱了人们对许多投资者过分涉险的担忧。信息不对称可能还因二级市场上出售的贷款合约比由始发银行持有的贷款合约的条件更苛刻而得到缓解，尽管此类合约难以预测到所有潜在的偿付问题。

3. 有关报道的CDS利差的数据取自数据流。

4. 在1997—1998年的东亚危机中，柜面衍生产品在过度的波动性中扮演着重要角色，这种波动性影响到了外币和资产市场（Kregel，1998）。

5. 在金融发展水平低的国家中运作的企业被强令将一定的投资用于吸收新技术（Aghion等，2004）。而且，健康的金融部门所提供的中介服务还通过使伸手可及的交易得以进行，对发展、效率和经济的增长也做出了贡献，而此类交易使供方和卖方的可选方案范围都扩大了，并且促进了竞争。金融的中介作用还有助于将更多的资源从不太具有生产性的用途转移到更具生产性的用途，减少信息和交易成本，例如获取投资信息、对企业管理人进行监督以及强制执行合约的成本（Levine，1997）。

6. Rothenberg和Warnock（2006）发现，新兴市场中危机的"突然中止"几乎一半以上的原因可以归咎于本地投资者造成的资本外逃。而Cowan等（2008）则发现，1/5的情况下是由于外流量的激增，而不是流入量的终止所造成的。

7. 在最近的流动性膨胀中，发展中地区中，金融扩张（包括国内和外部的）尤其激烈的是欧洲和中亚，主要反映了鉴于其高质量的劳动力和它们与高收入的欧洲各国政治上和经济上的日益一体化，人们对该地区的长期前景看好。与其他地区不同，本地区金融的扩张（外部流量增量占GDP的12%，国内金融中介增加了15.6%）超过了许多国家的吸收能力，外溢到增加的消费、通货膨胀以及不断上升的经常项目赤字上。

8. 正如世界银行（2009）所讨论的，一些中等收入国家的债券市场也有极大的增长。

9. 乍一看，这与专栏2.3列出的一些证据相矛盾，这表明，金融中介主要是通过其在全要素生产率增长中贡献率的增加来使GDP和投资增加的。它们是保持不变的，但是在这里，驱动着投资增加的潜在产出扩张（主要地）不是由于TFP的增加，而是由于资本成本的下降而形成的。尽管21世纪头10年TFP的增长率提高了，但人们观察到的最剧烈的变化，是借款成本的下降以及与其相伴随的资本成本的下降。结果是，可能受到一定水平的生产力支撑的资本的数量和劳动力增长了，包括投资的增长和GDP增长的加速以及潜在产出的增长。

10. 这些回归分析还表明，经济增长与全球风险定价和资本成本之间具有负相关关系。但是，这种关系则可能具有欺骗性，即经济增长与国内信贷扩张之间估计的负相关性，表明了这些数据难以摆脱其某些基本决定因素对国内信贷扩张的影响。

11. 的确，有人争辩说，长期力量也是促使利率回落到21世纪头5年观察到的水平的因素。

12. 根据反事实的模拟结果的计算，是通过这种假设得出的，即假设2002—2007年间投资与GDP的比率保持不变，而不像许多国家发生的情况那样极大增加。这样做具有降低资本存量水平，从而在计算潜在产出时降低资本本息的效应。有关这里所使用的潜在产出模型的详情，请见专栏2.8。

13. 归因于资本深化的份额，从假设基年为2000年较高的57%，到假设基年为2003年较低的42%不等。

参考文献

Aghion, Philippe, Peter Howitt, and David Mayer-Foulkes. 2004. "The Effect of Financial Development on Convergence: Theory and Evidence." Working Paper 10358, National Bureau of Economic Research, Cambridge, MA.

Al-Taimimi, Hussein A. Hassan, Mouawiya Al-Awad, and Husni Charif. 2001. "Finance and Growth: Evidence from Some Arab Countries." http://www.fmpm.ch/docs/5th/Al_Tamini.pdf.

Al-Yousif, Khalifa Yousif. 2002. "Financial Development and Economic Growth: Another Look at the Evidence from Developing Countries." *Review of Financial Economics* 11 (2): 131–50.

Arestis, Philip, and Panicos Demetriades. 1997. "Financial Development and Economic Growth: Assessing the Evidence." *Economic Journal* 107(442):783–799.

Beck, Thortsen and Asli Demirgüç-Kunt. 2009. "Financial Institutions and Markets across Countries and over Time: Data and Analysis." Policy Research Working Paper 4943, World Bank, Washington, DC.

Beck, Thorsten, Asli Demirgüç-Kunt, and Ross Levine. 2007. "Finance, Inequality and the Poor." World Bank, Washington, DC.

Beck, Thorsten, Ross Levine, and Norman Loayza. 1999. "Finance and the Sources of Growth." Policy Research Working Paper 2057, World Bank, Washington, DC.

Bernanke, Ben. 2005. "The Global Savings Glut and the U.S. Current Account Deficit." Sandridge Lecture, Virginia Association of Economics, Richmond, Virginia. April 14. http://www.federalreserve.gov/boarddocs/speeches/2005/200503102//

BIS (Bank for International Settlements). 2006. *76th Annual Report*. Basel.

Calvo, Guillermo A. 2009. "Financial Crises and Liquidity Shocks: A Bank-run Perspective." NBER Working Papers 15425, National Bureau of Economic Research, Cambridge, MA.

CBO. 2001. "CBO's Method for Estimating Potential Output: An Update." *CBO Paper*, Congressional Budget Office, Washington, DC.

Clarke, George, Robert Cull, and Maria Soledad Martinez Peria. 2001. "Does Foreign Bank Penetration Reduce Access to Credit in Developing Countries? Evidence from Asking Borrowers." Policy Research Working Paper 2716, World Bank, Washington, DC.

Cournède, Boris. Forthcoming. "Revised Estimates of Potential Output in the OECD." OECD Working Papers, Organisation for Economic Co-operation and Development, Paris.

Cowan, Kevin, Jose De Gregorio, Alejandro Micco, and Christopher Neilson. 2008. "Financial Diverisification, Sudden Stops and Sudden Starts." In *Current Account and External Financing*, ed. Kevin Cowan, Sebastián Edwards, and Rodrigo O. Valdés. Santiago: Central Bank of Chile.

Crotty, James. 2009. "Structural Causes of the Global Financial Crisis: A Critical Assessment of the 'New Financial Architecture.'" *Cambridge Journal of Economics* 33: 563–80.

De Haas, Ralph, and Ilko Naaborg. 2006. "Foreign Banks in Transition Countries: To Whom Do They Lend and How Are They Financed?" Munich Personal RePec Archive Paper. 6320, http://mpra.ub.uni-muenchen.de.

Demetriades, Panicos O., and Khaled A. Hussein. 1999. "Does Financial Development Cause Economic Growth? Time Series Evidence from 16

Countries." *Journal of Development Economics* 51 (2): 387–411.

Denis, Cécile, Daniel Grenouilleau, Kieran McMorrow, and Werner Röger. 2006. "Calculating Potential Growth Rates and Output Gaps: A Revised Production Function Approach." Economics Working Papers 247, European Commission, Directorate-General for Economic and Financial Affairs, Brussels.

Detragiache, Enrica, Thierry Tressel, and Poonam Gupta. 2006. "Foreign Banks in Poor Countries: Theory and Evidence." Working Paper 06/18, International Monetary Fund, Washington, DC.

Duffie, Darrell. 2007. "Innovations in Risk Transfer: Implications for Financial Stability." Working Paper 225, Bank for International Settlements, Basel.

Farhi, Maryse, and Marcos Antonio Macedo Cintra. 2009. "The Financial Crisis and the Global Shadow Banking System." *Revue de la regulation* 5 (1). http://regulation.revues.org/index7473.html.

Frankel, Jeffrey. 2009. "The Global Financial Crisis: A Selective Review of Recent Research in the International Finance and Macroeconomics Program." *NBER Reporter*, No. 2. http://www.nber.org/programs/ifm/ifm.html.

Frankel, Jeffrey, and Sergio Schmukler. 1996. "Country Fund Discounts and the Mexican Crisis of December 1994." *Open Economies Review* 7.

Gormley, Todd A. 2005. "Costly Information, Foreign Entry and Credit Access." Mimeo. Washington University in St. Louis. Olin School of Business. http://ssrn.com/abstract=896000.

Griffith-Jones, Stephany, and Jonathan Leape. 2002. "Capital Flows to Developing Countries: Does the Emperor Have Clothes?" QEH Woking Paper Series 89, Queen Elizabeth House, Oxford University, Oxford, U.K.

Guttmann. 2009. "Asset Bubbles, Debt Deflation and Global Imbalances." *International Journal of Political Economy* 38(2): 46–69.

Hurlin, Christophe, and Baptiste Venet. 2008. "Financial Development and Growth: A Re-examination Using a Panel Granger Causality Test." Laboratoire d'economie d'orleans, Orleans, France.

IMF. 2005. *World Economic Outlook*. Appendix 2.1. International Monetary Fund, Washington, DC. September.

Jalilian, Hossein, and Colin Kirkpatrick. 2002. "Financial Development and Poverty Reduction in Developing Countries." *International Journal of Finance and Economics* 7 (2): 97–108.

Jenkins, Hatice. 2000. "Commercial Bank Behavior in Micro and Small Enterprise Finance." Development Discussion Paper 741, Harvard Institute for International Development, Harvard University, Boston, MA.

Kawai, Masahiro, Richard Newfarmer, and Sergio Schmukler. 2001. "Crisis and Contagion in East Asia: Nine Lessons." Policy Research Working Paper 2610, World Bank, Washington, DC.

King, Robert G., and Ross Levine. 1993. "Finance and Growth: Schumpeter Might Be Right." *Quarterly Journal of Economics* 108 (3): 717–38.

Kregel, J. A. 1998. "Derivatives and Global Capital Flows: Application to Asia." *Cambridge Journal of Economics* 22: 677–92.

Levine, Ross. 1997. "Financial Development and Economic Growth: Views and Agenda." *Journal of Economic Literature* 35 (2): 688–726.

Levine, Ross, Norman Loayza, and Thorsten Beck. 2000. "Financial Intermediation and Growth: Causality and Causes." *Journal of Monetary Economics* 46: 31–77.

Levine, Ross, and Sara Zervos. 1998. "Stock Markets, Banks, and Economic Growth." *American Economic Review* 88 (3): 53758.

Luintel, Kul. B., and Mosahid Kahn. 1999. "A Quantitative Reassessment of the Finance-Growth Nexus: Evidence from a Multivariate VAR." *Journal of Development Economics* 60 (2): 381–405.

Neusser, Klaus, and Maurice Kugler. 1998. "Manufacturing Growth and Financial Development: Evidence from OECD Countries." *Review of Economics and Statistics* 80 (4): 638–46.

Nourzad, Farrokh. 2002. "Financial Development and Productive Efficiency: A Panel Study of Developed and Developing Countries." *Journal of Economics and Finance* 26 (2): 138–49.

OECD. 2008. "Beyond the Crisis: Medium-Term Challenges Relating to Potential Output Unemployment and Fiscal Positions." Chapter 4 in *Economic Outlook*, No. 85. Paris.

Rothenberg, Alexander D., and Francis E. Warnock. 2006. "Sudden Flight and True Sudden Stops." Working Paper 12726, National Bureau of Economic Research, Cambridge, MA.

Rousseau, Peter L., and Paul Wachtel. 1998. "Financial Intermediation and Economic Performance: Historical Evidence from Five Industrial Countries." *Journal of Money, Credit, and Banking* 30: 657–78.

Saxena, Sweta and Agustin Villar. 2008. "Hedging Instruments in Emerging Market Economies." In *Financial Globalisation and Emerging Market Capital Flows*. BIS Paper 44, Bank for International Settlements, Basel.

Shan, Jordan. 2005. "Does Financial Development 'Lead' Economic Growth? A Vector Autoregression Appraisal." *Applied Economics* 37: 1353–67.

Shan, Jordan, and Alan Morris. 2002. "Does Financial Development 'Lead' Economic Growth?" *International Review of Applied Economics* 16 (2): 153–68.

World Bank. 1998. *Global Development Finance.* World Bank. Washington DC.

———. 2006. *Global Development Finance.* Washington, DC.

———. 2007. *Global Development Finance.* Washington, DC.

———. 2009. *Global Development Finance.* Washington, DC.

3

金融危机对发展中国家金融和增长的中期影响

这场金融危机不但引发了有史以来最为严重的全球衰退，而且在接下来几年中可能还会重塑全球金融和市场格局。未来5—15年，全球的金融形势将发生巨大变化，主要表现在以下3个方面：

第一，高收入国家的政府当局将加强金融监管以降低金融机构过大的风险敞口，监管措施包括扩大监管的覆盖面、提高资本金要求并对贷款额度和贷款风险施加诸多限制。

第二，发展中国家的政府当局为保护自己不受金融风暴的侵袭也将出台各类政策法规以增强对国内可控风险的管理，典型手段就是资本管制和提高准备金率。

第三，市场参与者将比过去更注重规避风险，因此高杠杆化的风险管理工具在全球市场的运用和流动性都将大不如前。

高收入国家采取的更为严格的监管政策将减少金融市场的波动，使得这些国家在较长一段时期内可以享有更加稳定、可持续的增长。但与此同时，严格的金融监管和避险情绪的蔓延也将使得发展中国家的政府和企业不得不面对更高的借贷成本和紧缺的国内外资金，这些国家的金融机构所处的商业环境也远不如繁荣期时那么宽松。发展中国家的政府为了降低对外部资金的依赖所采取的一系列措施，都会缩减其国内公司的资金来源并降低金融机构的有效性。

由于商业企业资金成本的上升，发展中国家未来5—7年的潜在增长率可能降低0.2%—0.7%。如果政府不能采取有效措施降低国内借贷成本，那么资金的制约甚至可能使这些国家的长期潜在增长下降8%（在现有劳动力和资金得到充分利用的前提下）。本章将勾勒出这种资金困境对这些国家的金融、投资和经济活动所产生的中期影响，我们的结论如下：

金融危机提高了市场的风险厌恶情绪，并促使监管当局采取必要措施降低金融机构过大的风险敞口，这些变化将在一定时期内制约全球的流动性。严格的监管政策把更多金融机构、企业和经济活动纳入监管范围，跨境监管和投资者避险意识的增强以及银行对自身资产负债表的修复一方面促进了全球金融环境的稳定，另一方面却使得资金变得紧缺且昂贵。尽管发展中国家的借贷成本与危机后达到的高点相比已经有所下降，但是与基准利率之间的利差仍比繁荣时期高大约150个基点。由于高收入国家和发展中国家这段时期都不约而同把基准利率维持在低位并且扩大货币发行量，全球的风险溢价目前并不算太高。随着宽松货币政策的淡出，高收入国家的基准利率将会升高，发展中国家所要支付的风险溢价和借贷成本也将随之增加。据估计，发展中国家的贷款利率将比繁荣时期上升 70—270 个基点。

从中期来看，金融危机将使流入发展中国家的外部资金减少，发展中国家对外部资金的依赖度将有所降低。危机后的全球金融环境将使市场参与者减少对无担保债券和银行贷款这类组合证券的投资，而像贸易融资这类有抵押、低风险（较银行贷款而言）的经济活动受到的影响却不大。同样，严格的监管和避险情绪对外国直接投资（FDI）造成的冲击也不像对外债的冲击那样明显，原因部分是因为投资者今后更倾向 FDI 这类低风险投资。尽管如此，FDI 流入量占发展中国家 GDP 的百分比预计将从 3.9% 的高点降至 2.8%—3.0%，而且在发展中国家开展当地业务的外国银行数量也将减少（或者增加速度将放缓），因为经营损失和严格的监管都将迫使这些银行的母银行增加自有资本。至于上述影响何时显现以及持续时间的长短则取决于高收入国家建立健康有序的金融体系的速度和发展中国家应对危机的政策反应速度。

借贷成本的提高和信贷供给的紧缩将降低发展中国家的潜在产出。相对于劳动力和自然资源而言，公司更注重节省资本，因此借贷成本的提高将降低公司理想的资本—产出率。由于企业可以利用的资本比危机前利率稳定时期有所减少，因此发展中国家以 GDP 衡量的产出将下滑 2%—8%。在形成新的更低的资本—产出率之前，发展中国家的潜在增长率将每年降低 0.2%—0.7%，这一过渡期可能持续 7 年以上。

尽管目前的借贷成本比繁荣期有所增加，但是得益于多年的政策调整和经济基本面的好转，发展中国家的这一成本仍较 20 世纪 90 年代降低了大约 500 个基点（不同地区情况有所不同）。债务管理的改善、更灵活的汇率制度以及更稳定的政治环境都意味着借贷成本不会再回到 20 世纪末的高位，在降低借贷成本方面成效最为显著的国家和地区有拉丁美洲和加勒比地区、欧洲和中亚和撒哈拉以南非洲地区。

发展中国家将可能更加依赖国内金融机构。金融危机对高收入国家造成的严重冲击将使得未来很长一段时期内全球金融体系的信贷供给大打折扣，因此，发展中国家政府当局很有可能以更加怀疑的眼光审视全球化进程，并更多地选择国内金融机构作为资金供给的来源。这一战略转移可能会让那些拥有健全金融体系的中等收入国家从中获益，它们可以通过摸索学习和规模经济提高国内金融系统的有效性。但是，对于那些金融体制不健全的中等收入国家来讲，外国资金的减少却是弊大于利，因为这些国家金融体系的缺陷，自己往往无法弥补减少的国外资金来源。

金融危机的破坏性后果将促使发展中国家采取措施抵御外部冲击。发展中国家在这种环境下提高国际外汇储备是可以理解的，高储备量在某些条件下可以让投机者知难而退并能够烫平小规模冲击带来的负面影响。但需要指出的是，持有外汇储备虽然有诸多好处，但是外汇储备的收益却很低，再考虑到外汇储备往往以美元为主，美元本身的低收益性和风险因素使得这些国家增加外汇储备和大量持有外汇储备的成本很高。而且在大范围冲击面前，外汇储备再多可能也无济于事。还有一些国家试图放慢资本自由化的进程，甚至试图放弃资本自由化，这同样也会带来严重的长期后果。

金融危机可能会促使区域合作进一步发展。区域合作可以通过建立外汇储备库的形式获得规模经济并让合作国共担风险，以此加强金融服务。这种合作模式也有助于加强南—南金融合作，这种金融合作往往以FDI为主，对于低收入国家来说意义重大。但目前来看发展中国家之间的区域合作进展缓慢，而且只有像东亚和太平洋地区那些已经拥有相对健全的金融体系的国家才能从中受益。如果合作各方都是金融体系脆弱的贫困国家，那么这些国家就不太可能通过区域合作增强各自的金融体系了。

发展中国家可以通过降低国内金融机构的成本从而摆脱国际资金紧缺带来的资金困境。发展中国家的借贷成本通常高于高收入国家，差距有时甚至达1000基点以上，究其原因主要是因为发展中国家国内金融部门缺乏效率、腐败严重、监管缺位、产权保护不力以及过度限制竞争等。如果能够改善这些国家金融部门的主导政策和制度，那么这些国家金融机构的效率将极大释放，这就很有可能完全抵消全球风险溢价的升高给这些国家带来的负面影响。例如，如果撒哈拉以南非洲国家能够把本国的制度框架改进到南非的水平，那么这些国家的借贷成本预计将降低275个基点，就算全球资金困境给这些国家造成最严重的影响也不会大过于此。同样，如果欧洲和中亚、拉丁美洲和撒哈拉以南非洲国家能够把融资成本降低到亚洲的水平，那么其潜在增长率可能上升8%甚至更多。

在本章接下来的部分，笔者将从定性和定量角度详加分析全球监管收紧和避险情绪上升带来的影响，以及发展中国家对于金融机构、国际资金、投资和经济增长等不确定性持有的态度。

后危机时代监管和结构变革的影响

金融危机把高收入国家和发展中国家的金融市场弊端暴之天下。新巴塞尔协议放任自由的指导办法主要根据一些高收入国家的大银行的内部风险评估而产生，以此为依据决定放贷规模，并具有很强的短期利润最大化倾向，这就使许多金融机构身陷巨大风险之中。除此之外，新巴塞尔协议也对自己的对冲战略和风险管理战略过于自信，进而可能无法应对杠杆化极高的资产组合。

一些银行为了降低自己的资本金要求而向分支机构转售贷款，使得这部分贷款游离于资产负债表之外。虽然银行会卖出一些这样的贷款给外部投资者，但他们往往也会自己承担部分风险，也就是所谓的“隐性追索权”。银行这样做是为了尽可能降低投资者投资证券化产品所可能招致的损失，以此保持银行的声誉和市场地位。这种隐性追索权所隐含的风险是不受资本金要求[1]控制的。虽然资产证券化和隐性追索权提高了银行的杠杆化程度

专栏 3.1　金融部门改革的可能出路

什么样的改革最终会以制度的形式固定下来？对于这个问题的答案我们目前还不得而知。不过社会各界已对改革方向达成了广泛共识，最终的改革应该：

- 扩大监管范围，及时发现并解决以前监控不到或监控不力的金融部门产生的系统性风险。引入激励约束机制，严惩利用职务之便徇私舞弊的监管人员，确保监管政策能够得到有效执行。
- 将主要银行的表外业务转换到表内。
- 建立一个能够覆盖整个金融部门的监管体系，尤其是要监控到单个银行和企业之外的东西以及这些个体相互间的联系。
- 确保现有监管措施能够得到贯彻落实。
- 消除现有资本金要求和监管规定的顺周期性，在可能的条件下应该使这些政策法规具有逆周期效应。
- 重视私人评级机构发挥的重要作用，并把这些机构也纳入监管范畴。
- 消除跨境监管的政治壁垒和法律壁垒，为大型跨国金融机构制定特别偿债制度，协调各方面采取补救行动。

资料来源：该专栏主要根据 Cortavarria（2009）和 Brunnermeier 等人（2009）进行整理。

（隐性贷款/加权风险资本比率）和短期利润（如果银行愿意承担售出贷款的部分损失，那么贷款的售价自然会升高），但这些操作却侵蚀了银行的资本充足率[2]，增加了银行爆发危机的风险。

无论是公共部门的证券交易委员会，还是私人部门的评级机构都没能预见到全球金融体系竟然如此脆弱。这些机构都低估了金融体系内各种联系的复杂程度。其结果就是，一家金融机构的倒闭很快就会殃及其他看似健康的同类机构[3]。事实上，没有哪个监管者有责任监督该系统中所有重要的金融机构（Jickling，2009），因此，也没有哪个监管者会关注一家机构的倒闭会给整个系统带来什么样影响。

我们现在已经可以从欧洲和美国政府出台的一系列金融监管草案中看到未来金融改革的方向[4]，监管者试图加强监管（专栏 3.1）并使现有监管政策得到有效实施。据估计，监管者可能会提高吸收存款机构的资本金要求，尤其在繁荣期提高资本金下限，以此抑制顺周期贷款行为。他们也会设置最高杠杆比率和最低流动性限制，大力审查风险评估程序中的漏洞，加强对表外业务和非银行附属机构的监管。此外，当局还可能对非银行金融机构加大审查力度并提高准入门槛，尤其对那些易引发系统风险的非银行金融机构进行重点考察，确保在监管过程中充分考虑金融机构间的相互联系。

监管者会投入更大的精力研究补偿机制如何影响风险敞口和问责制度以及如何在利益相互冲突的机构之间建立更为有效的防火墙。他们也会在政策工具和应急方案上多下工夫，以便顺利接管资不抵债的金融机构以及应对金融危机。此外，他们还会要求衍生品市场和金融创新产品增加透明度，采取更多的保护措施避免金融产品消费者遭遇欺诈陷阱或承担过多风险。最后，监管者还将加强在跨境监管、合作方面的制度创新。

此外，监管者可能将更加注重像证券交易和私人评级机构这类活动的行业自律机制，许多人认为这种机制没有发挥应有作用而放任风险攀升，以至达到不可持续。虽然这些指责有时过于偏激，但却不无道理。一些观察者认为，从 21 世纪初的安然事件、世界通信公司破产案和一些共同基金的丑闻，到最近由于监管缺位而导致的银行危机，无时无刻不在冲击着公众对股票市场自律机制的信任（Ellis、Fairchild 和 Flether，2008）。一些评级机构没有履行应有的程序（例如，评级人员不能接触证券发行商，不能与之讨价还价）来制约利益冲突，评级机构从券商处获得佣金，券商发行的金融产品又需要评级机构为之评级（SEC，2008）。这种矛盾不但侵蚀了评级的客观正确性，而且产生了系统风险，因为许多法律法规就是根据评级结果来决定可投资产品（例如，保险公司和养老机构发行的证券）和银行资本准备金的（Jickling，2009）。

金融危机引发了大范围、内生性的结构变革，高收入国家的银行业正在经历一场收购浪潮，处于世界领先地位的投资银行也正从放任自由向传统回归。前者将使得银行部门垄断抬头，抬升借款者的成本、削减存款者的收益；后者则使得流向发展中国家的资金减少，发展中国家的公司进行股权融资将变得困难重重。

此外，金融危机还把证券化和其他一些奇特金融交易推到了风口浪尖，这些产品控制风险、降低风险成本的能力被过分夸大。这些产品的复杂性和金融机构的错综关联使得单一产品的风险敞口很难得到正确评估——尤其是一个产品的风险敞口在很大程度上还要取决于与该产品相关联的其他产品的风险敞口，而后者就更加难以琢磨了。在今后几年内，这些产品在全球金融变革中发挥的作用将更加趋于温和。

本章接下来几部分将分析这些变革在未来几年将如何影响发展中国家的金融环境、投资和经济增长前景。

高收入国家加强金融监管对发展中国家的影响

尽管金融危机的震中地带是高收入国家的金融部门，但全世界的经济走势都为之改变，即便那些一直实行谨慎宏观经济政策和微观经济政策的国家也未能幸免。除了欧洲和中亚地区之外，大多数发展中国家的银行部门并没有承受像高收入国家银行部门那样大的压力，自然而然，这些部门也没有像高收入国家银行部门那样向国内和国际社会寻求大规模援助。

从某些方面来看，高收入国家加强金融监管，发展中国家也能从中受益。例如，监管当局要求提高场外衍生品和商业银行表外负债的透明度，就能缓解投资者对这些金融产品风险的忧虑，从而避免资金流的大起大落。监管当局加强对像美国次级抵押贷款市场这样在经济繁荣期快速膨胀的市场部门的监管，就会促使资金更多地流向发展中国家，这些国家次贷市场的问题远远没有高收入国家那么严重。同时，信息披露力度加大也使得境外避税港对投资者失去了吸引力，同样也促使部分资金向发展中国家转移。此外，高收入国家提高资本准备金将促使本国金融企业在发展中国家建立分支机构，由于大多数发展中国家的银行部门并不像危机中心地带的高收入国家的银行部门那样问题严重，因此这些国家并不急于提高资本准备金。还需要指出的是，由于高收入国家酝酿了这场金融危机而且为了满足国内的资金需求不得不大量发行公债，这些都令投资者越来越警惕这些国家积聚的风险，而发展中国家或多或少也将从这种意识转变中获益（随后将详加分析）。

然而，高收入国家加强金融监管也会对发展中国家产生负面影响。发展中国家的借贷成本会因此而升高，同时流动性也将减少。新的监管政策将改变外国银行在发展中国家设立分支机构的环境和条件，而且贸易融资也可能发生本质变化。最终，高收入国家金融部门发生的结构性变革可能还会影响发展中国家的股权市场，并使这些国家的公司在高收入国家进行股权融资变得更加困难。

综上所述，加强金融监管一方面有助于稳定国际环境、为可持续增长创造条件，另一方面也减少了发展中国家高风险政府和企业可以得到的资金。

外国银行对发展中国家金融体系产生的影响

从中期来看，金融危机将使得外国银行在发展中国家的参与度降低，无论是更加严格的跨境监管还是资本准备金的提高（或者在危机中遭遇巨大损失后需要修复资本金）都使外国银行的贷款能力和意愿降低，而且外国银行业提供的业务也在当地失去了吸引力。一般而言，经济活动减少将影响一国的国际资本流动，而这一变化对发展中国家的金融环境、投资和产出的影响却更加深远。外国银行在吸收母国存款的基础上发放贷款，这将给其所在国带来资本净流入，但是，如果外国银行是在吸收当地存款的基础上发放贷款，那么这个国家就不会有资本净流入。此外，外国银行除了能给所在国创造信贷，还能提高所在国的金融稳定和经济效率。

外国银行参与度的降低将影响发展中国家银行体系的发展和效率。在适当的制度环境下，外国银行会对本国银行造成很大的竞争压力，促使本国银行压缩成本并且提高质量，改进会计、审计和评估制度，进而促使政府改进金融系统的整体法律框架体系（Levine，1996）。在发展中国家的外国银行通常要比当地银行效率高，从借贷成本和利差的角度来衡量，外国银行的竞争提高了当地银行的效率（Cull 和 Martinez Peria，2007）[5]。但是拉丁美洲是个例外，那里情况比较复杂。因此，外资银行参与度的降低可能提高借贷成本，并且减少金融服务的供给，进而减少了企业投资的资金来源。

但是，对于那些限制竞争、壁垒森严的国家来讲，外国银行参与度的降低并不会产生太大影响。这里所说的竞争壁垒是指银行业高度集中、法律法规囿锢了银行活动以及对市场准入和准出设置重重监管障碍。在这种情况下，外国银行很难给国内银行造成竞争压力。研究人员指出，在

专栏3.2　外国银行对发展中国家金融稳定的影响

一般而言，外国银行可以减少发展中国家的经济波动，但这要取决于该国或该银行的具体情况。外国银行往往要比当地银行更加多样化，因为跨国银行机构拥有较为丰富的内部资源，能够比较便利地从资本市场获得融资，可以用海外存款作为在发展中国家放贷的资金来源。此外，外国银行的放贷行为也不像当地银行那样具有较为明显的顺周期倾向（Cetorelli和Goldberg，2009）。但是，如果外国银行的母国受到经济冲击致使外国银行减少贷款，那么它们这时反而向发展中国家输入了不稳定性。而且外国银行还会与当地银行争夺高端客户同时要比当地银行能够更好地维持与高端客户的关系，这就降低了当地银行的特许价值，迫使当地银行不得不面对低回报、高风险的客户群（Hellman、Murdock和Stiglitz，2000）。因此，很难从经验角度判断外国银行会对发展中国家的金融稳定产生怎样的影响。

大量研究表明外国银行与当地银行相比大都是比较稳定的贷款提供者（Cull和Martinez Peria，2007）。Demirgüç－Kunt、Huizinga和Claessens（1998）发现外国银行降低了发展中国家爆发银行业危机的可能性。Martinez Peria、Powell和Vladkova－Hollar（2002）指出外国银行在危机时期发放的贷款并没有显著减少，许多案例研究都支持这一观点，马来西亚（Detragiache和Gupta，2004）、阿根廷和墨西哥（Goldberg、Dages和Kinney，2000）、拉丁美洲（（Peek和Rosengreen，2000）以及中东欧10国（De Haas和van Lelyveld，2006）的情况都是这样。Goldberg、Dages和Kinney（2000）以及Crystal、Dages和Goldberg（2002）在对拉丁美洲一些国家的研究中发现，那些在东道国有较长经营历史的外国银行的信贷增长要比当地银行更加稳定。Arena、Reinhart和Vazquez（2007）也指出，在他们研究的20个发展中国家中，外国银行往往要比当地银行对货币环境更为敏感。

竞争壁垒、银行业高度集中和盈利受限的制约下，外国银行只能从扭曲的金融体系中艰难寻找利润来源。在这种环境下，其参与度的降低也不会显著影响这些国家银行业的效率。

然而，外国银行参与度的降低可能会使发展中国家金融体系的不稳定性增大。外国银行对当地存款的依赖较小，因此与当地银行相比，它们受发展中国家经济波动的影响也较小（专栏3.2）。换而言之，外国银行对发展中国家金融稳定性的影响取决于它们受到的冲击的性质：如果其母国的经济形势恶化，那么它们就将增加发展中国家经济的不稳定性。而这一情况恰恰是我们目前所要面临的，发生在发达国家的巨额银行亏损减少了这些银行的母银行及其海外附属机构所能提供的贷款（Cetorelli和Goldberg，2009）。

原始数据表明，在2008年6—12月期间，外国银行（至少包括向国际清算银行提供数据的银行）发放的贷款减少了13.6%，而这一时期发展中国家银行贷款总量的下降幅度只有4%（表3.1）[6]。但是，外国银行在有些地区却发挥着稳定全局的核心作用。拉丁美洲和加勒比地区的外国银行贷款下降率就低于总贷款下降率，中东和北非地区（这些地区外国银行贷款占贷款总量的份额很小）外国银行贷款增速大大高于总贷款增速。而在其他4个地区，外国银行贷款量的下降速度

表 3.1　发展中国家外国银行信贷增速与全部信贷增速的比较（百分比）

地区	2008 年 6 月，外国银行贷款占全部贷款的百分比	2008 年 6—12 月，外国银行贷款的增长率	2008 年 6—12 月，全部银行贷款增长率
东亚和太平洋地区	3.8	-3.6	4.2
欧洲和中亚	30.6	12.2	-8.8
拉丁美洲和加勒比地区	27.3	-19.9	21.4
中东和北非	9.7	11.7	5.0
南亚	10.2	-7.7	-2.4
撒哈拉以南非洲地区	26.1	-15.1	-6.5
所有发展中国家	14.4	-13.6	-4.0

资料来源：国际清算银行和《国际金融统计》。

就远远超过全部银行贷款量的减少速度（例如在东亚和太平洋地区，在贷款总量上升的情况下外国银行贷款却在下降）。外国银行贷款的急速下降不仅仅是少数几个发展中大国发生的情况，在统计数据较为完整（既有外国银行贷款数据，也有贷款总量数据）的 89 个发展中国家中，有 59 个国家的外国银行贷款下降幅度高于总贷款下降幅度（或者外国银行贷款上升幅度低于总贷款上升幅度）。但需要指出的是，尽管外国银行业务出现了下滑，但其 2008 年 12 月份的贷款量仍比 2006 年 12 月份的水平高出 40%，与过去的增量相比，其业务量还可以承受一定的下降空间。

贸易信贷是支持国际贸易体系顺利运转的关键[7]。在金融危机的高峰期，发展中国家出口由于全球需求下滑而受到严重冲击，出口企业可以获得的贸易融资也急剧下降，从而使得出口环境进一步恶化（专栏 3.3）。随着危机的深入发展，贸易融资越来越匮乏，成本也越来越高，其主要原因有以下 4 点：发达国家收紧流动性；出口国出于对高危国家及其关联方的风险担忧，要求提供更多信用证、保险和抵押品等形式的担保，以便能够顺利收到货款；重要市场参与者的倒闭（如雷曼兄弟）或身陷困境（如许多商业银行）造成市场分崩离析；银行和其他金融机构的去杠杆化操作使得提供短期贷款的二级市场逐渐萎缩。

贸易融资的减少引发了短期危机，这一危机却因高收入国家金融环境的恶化而加剧（这里的“加剧”是跟发展中国家以往遭遇的危机相比较而言），因此，贸易融资条件的恢复将是一个中期过程。但是，确切的恢复时间有多长、成本有多高还有待进一步观察（下面内容将详加分析借贷成本），而且能够恢复到什么程度还要取决于银行监管法规。新巴塞尔协议在银行监管方面没有区别对待不同期限的短期（期限在 1 年以内）贷款，这些贷款的到期时间和风险程度都不尽相同。也就是说，如果严格执行新巴塞尔协议，就意味着银行为贸易融资分配的资本金与其他短期贷款的资本金并无区别，但实际上贸易融资的持续期往往很短（也许就几周时间），而且风险也相对较低（因为被融资的货物本身就是抵押品），这些优势都是其他类型的短期贷款所不具备的。

政策制定者也需要充分考虑监管政策的变动对于贸易信贷的敏感度，在限制二级市场发行贷款证券化产品的同时，要留出空间给符合该国国情的贷款产品，否则就会对贸易造成不可回复性的打击。为了避免

专栏3.3 危机期间贸易融资受挫的调查证据

调查数据清楚显示金融危机期间发展中国家企业的贸易融资环境明显恶化。世界银行于2009年年初对全球60家生产商和购买商进行的调查表明，30%的企业都将贸易逾期和交易撤销归咎于贸易融资困难（Shakya，2009）。另一份2009年的调查报告表明，大部分企业尤其是那些中小企业和新生企业很难再获得更多贸易融资，这主要是因为融资成本升高以及交易对手提高了对抵押品等担保条件的要求（Malouche，2009）[a]。利率和预付定金的提高以及更严刻的抵押品要求大大减少了出口前融资的供给，这对出口企业形成了严重制约。

各商业银行都对自己的往来银行设置了更高标准，不再向特定银行和国家提供贷款，它们要求往来银行提供额外保函和询证函，施行更加细化的尽职调查以预先挑选往来银行，通过担保和提高询证函费用等方式对贷款施加更多保护，并且更加审慎地对待新市场、新客户和新产品。结果，这些措施对阿根廷、巴西、孟加拉国、中国、巴基斯坦和土耳其等许多新兴市场国家都造成了很大冲击，这些国家出口商的信用证费用比危机前增加了2—3倍（IMF/BAFT，2009）。

截至2008年年底，贸易融资费率比银行间再融资利率高出300—400个基点，这一水平是一年前的2—3倍。70%以上的受访者认为各类信用证费用的提高是因为发证机构的资金成本上升（80%的受访者），还有受访者认为是因为资本准备金的提高（60%的受访者），或者两种原因兼而有之。IMF和BAFT对全球银行进行的调查（IMF/BAFT，2009）报告表明，71%的银行信用证业务额都有不同程度的下降，2008年前9个月共下降了8%（与2007年同期相比），而这一数据在2008年10月到2009年1月期间则急速攀升至11%。73%的银行认为贸易融资额的下降是由贸易需求的下降引起的，而还有50%的银行把这一境况归咎于信贷资金的减少（即贸易供给的减少）。

a. 该调查涵盖了亚洲、欧洲、拉丁美洲和非洲等地区的14个发展中国家的425家企业和78家银行。

出现上述情况，政策制定者应当区别实施资本准备金的规定，对于那些有担保的贸易交易就不该像对待无担保贷款那样苛刻。在新巴塞尔协议没有做出相应修改之前，政府当局应当灵活制定政策、实行多层分级，对不同种类的短期贷款实施不同的资本准备金规定。

融资成本的升高和贸易融资的减少给高度依赖外部资金的企业造成了冲击，尤其对那些在像巴西这样的中上等收入国家的企业，这些企业以往可以比较便利地从国际信贷市场融到资金。另外，受此冲击的还有那些已经融入全球供给链的制造商和信誉较差的中小企业。与之形成鲜明对比的是，另外一些企业却对这轮冲击具有较强的免疫力，这些企业有两个特点：要么其获取贸易融资的主要渠道不是银行体系（如少数非洲低收入国家的企业，这些企业主要靠内部融资或者以预付现金的方式做出口贸易），要么这些企业所在国家的银行体系国际化程度较低，如少数像南非这样中等收入国家（如南非）的企业。

加强监管对发展中国家资本市场的影响

政府当局加强对金融市场的监管以及高收入国家投行业务的整顿重组，虽然在一定程度上能够降低金融系统的不稳定

图 3.1　外资在部分新兴国家股票市场中的参与度（流入股票资本占股市市值的百分比）

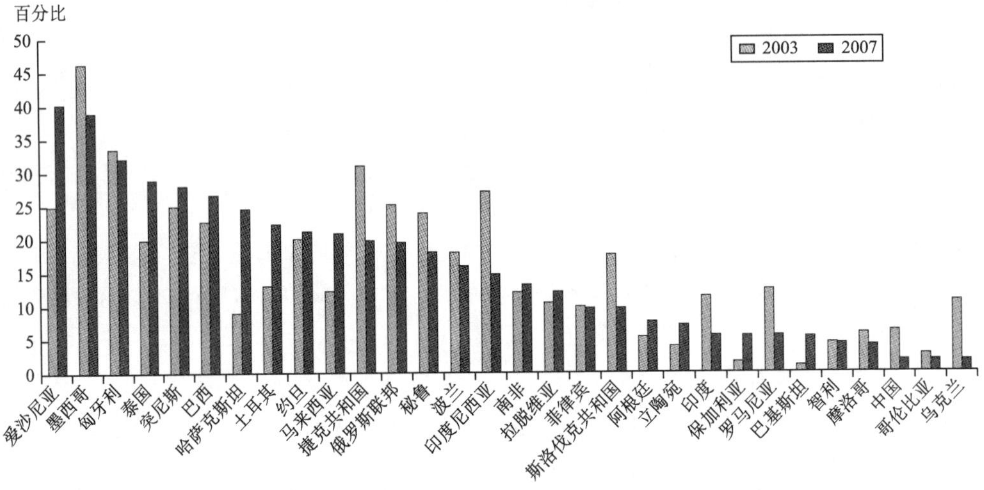

资料来源：IMF。

性，但同时也阻塞了发展中国家的长期资金来源。发展中国家的创新型企业可能由于缺乏资金而无法扩张产能或者新增生产线。从市值来看，发展中国家过去 10 年中进行的首次公开募股（IPO）大约 86% 都是在美国投资银行的参与下完成的（从数量来看，占全部 IPO 的 32%）[8]。此外，投资银行在成立共同基金[9]和其他融资工具方面也扮演着不可或缺的角色，这些投资工具可以让高收入国家的个人投资者和列于监管名单之上的机构投资者把发展中国家的企业纳入自己的资产组合之中。

虽然我们无法得到外国资金在发展中国家资本市场所占比例的完整数据，但是从国际收支平衡表可以看出，2007 年外国组合投资在一些发展中国家资本市场所占比例甚至高达 40%（表 3.1）。当然，一部分资金在流入股票市场的同时还有另外一部分资金从股票市场撤出，只单独列举资本流入数据无疑夸大了这些市场上净新增的外资量。此外，许多新型资本市场在单独一年内的股票成交量都比较少，因此，如果流入资金占全部市场资本的比重很高，那么就意味着流入资金占成交市值的比重会更高。除了上述几点不足，图 3.1 确实也反映了外国资本在发展中国家企业融资中发挥的重要作用。

外国证券投资资金的流入给发展中国家带来的影响不仅仅只限于融资方面。经验研究发现净证券投资资金的流入还对宏观经济[10]、产业和企业的增长发挥着积极作用（Kose 等人，2006）[11]。外资参与资本市场提高了市场整体的流动性，进而吸引了更多的投资者（因为在流动性充足的市场投资者可以随时退出），而且个人投资者在资产到期前也更加容易转让资产，这也鼓励他们对长期项目进行投资[12]。此外，成熟的资本市场的透明度也比较高，因为公司为了吸引资金需要对外披露信息，而信息披露最终将提高资金配置的效率[13]。精明的跨国投资者参与发展中国家资本市场将有助于提高这些市场中投资项目的潜力，这一潜力在没有跨国投资者参与的情况下是不会显现的。对外开放有助于发展中国家资本市场发展完善，外资不但注入了流动性，同时也促使政府当局改善基础设施条件[14]。

对 FDI 的影响

危机爆发前低廉的债务融资使得全球 FDI 急剧增长，2007 年跨国银团贷款量以及国际债券发行量已接近 1 万亿美元，而这一数据在 2003 年仅为 1310 亿美元（图 3.2）[15]，其目的在于国内并购和跨境并购。此外，在 2003—2008 年期间全球发生的并购（M&A）案中约 30% 都是由高收入国家的投资银行、对冲基金和其他私募股权机构实施的（UNCTAD，2009）。

图 3.2　1995—2008 年并购交易产生的债务融资

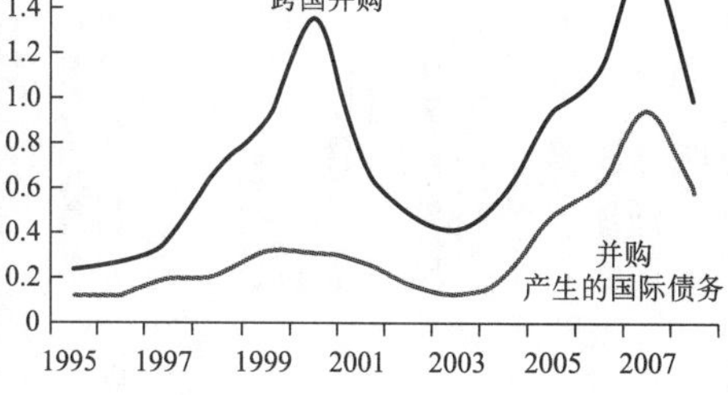

资料来源：世界银行。

紧张的金融环境将影响企业对外提供 FDI 资金的能力。而且这些机构法人身份的转变以及当局对这些机构的监管面的扩大都抑制了发展中国家的并购交易。尽管如此，危机对发展中国家 FDI 的冲击还是小于对债务融资的冲击（专栏 3.4），2009 年 FDI 的降幅可能在 30% 左右，而净私人债务的降幅预计则高达 143%。

只要回顾一下 20 世纪 90 年代，我们就能看出紧张的金融环境会对 FDI 产生怎样的影响。例如，在这一时期，日本银行陷入困境，致使投资于美国的日本资金急剧减少。日本银行的评级每下降一个等级就导致日本投资者在美国的投资项目数量下降 30%（Klei 等，2002）。20 世纪 90 年代末涌现的跨国并购潮也与资金流出国的国内金融市场环境和信贷供给不无关系（Di Giovanni，2005）。

尽管流入发展中国家的 FDI 对金融环境较为敏感，但从中期来看，它们受到的制约却不会像债务融资那么严重。金融环境对南—南合作模式下的 FDI 的影响比对高收入国家流入发展中国家的 FDI 的影响要小得多，因为在南—南合作中具有软预算约束的国有企业往往发挥着很大作用，欠发达地区的跨国公司对国际债券市场的依赖度也比较低，而且它们（尤其是中国）还致力于开发能源和矿产[16]。此外，对于那些信誉较差的发展中国家的企业来讲，危机使它们更难获得资本或者进行债务融资，从而促使这些国家的公司进行 FDI 并购。总而言之，虽然危机后流入发展中国家的 FDI 要低于繁荣时期的水平（几乎占发展中国家 GDP 的 4%），但预计也能恢复至 3% 左右，与繁荣时期的峰值相差无几。

专栏3.4 危机期间的FDI和债务融资

相对于债务融资而言，FDI的流入量受经济形势大起大落的影响较小。以20世纪80年代的经济危机为例，危机爆发初期，流向拉丁美洲和加勒比海地区的私人债务资金占该地区GDP的5.7%，仅一年时间就骤降至-1.6%（如果没有得到联合贷款，那么下降幅度还会更大），而同一时期FDI却只从占GDP的1%下降至0.8%（见专栏表3.4.1）。在危机之后的4年里，该地区的净私人债务资金流入仍持续为负，而FDI却相对稳定。同样，在东亚经济危机期间，大部分受到危机冲击的国家的净私人债务资金也急剧减少，但FDI却波动不大，其中部分原因是危机使得这些国家的货币大幅度贬值，大量资金纷纷流入购买便宜货币。

专栏表3.4.1 危机前后净私人债务融资与FDI的对比

（占GDP的百分比）

	危机前4年	危机前3年	危机前2年	危机前1年	危机当年	危机后1年	危机后2年	危机后3年	危机后4年
20世纪80年代拉丁美洲危机									
净私人债务融资	4.50	5.39	5.57	5.67	3.88	1.63	0.24	0.38	0.57
FDI	0.75	0.89	0.87	1.01	0.85	0.76	0.60	0.79	0.61
东亚金融危机[a]									
净私人债务融资	1.91	3.52	3.16	0.56	4.23	2.78	1.99	1.35	0.70
FDI	1.05	1.27	1.49	1.68	2.34	2.22	1.33	0.72	0.94
墨西哥比索危机									
净私人债务融资	2.79	0.59	3.54	1.98	1.09	1.43	0.79	2.61	2.55
FDI	1.51	1.21	1.09	2.60	3.32	2.76	3.20	2.95	2.85
阿根廷经济危机									
净私人债务融资	5.89	3.57	1.07	1.11	5.83	10.26	0.42	1.49	9.91
FDI	3.13	2.44	8.46	3.67	0.81	2.11	1.27	2.69	2.87

资料来源：世界银行。

a. 包括印度尼西亚、韩国、马来西亚和泰国。

FDI流入量的下降究竟会对各个发展中国家的经济增长产生怎样影响，还要取决于FDI占该国总投资量的比重。在某些地区FDI只占总投资量的5%，而在欧洲、中亚、拉丁美洲和撒哈拉以南非洲等地区，FDI在总投资量中所占的比例却高达20%（图3.3）。低收入国家的这一数据甚至更高。对于这些国家来讲，FDI下降30%将对其投资造成巨大冲击，如果国内投资不能弥补这一缺口，那么投资量的减少将达到GDP的6%。

图3.3 1995—2008年FDI占发展中国家投资的份额

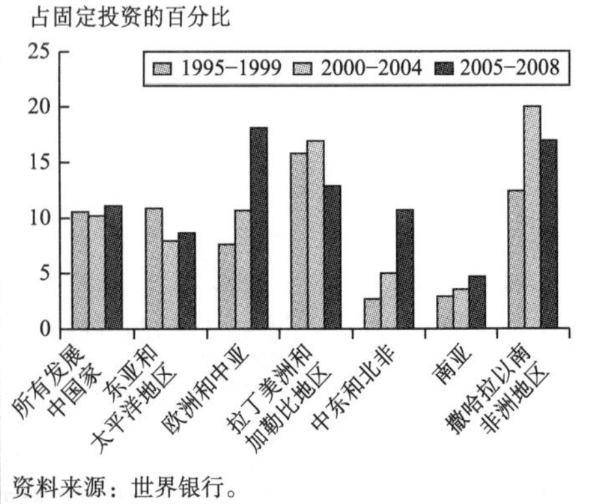

资料来源：世界银行。

当然，并不是所有FDI都能在一个国家的国民账户中形成新增产能，因为出现在国际收支平衡表中的FDI在很多情况下都是由已经存在的企业之间相互并购产生的。然而，如果FDI流入量足够大，那么无论是新兴的清洁产业还是污染较重的工业产业都将因此扩大产能——第2章的回归分析已经证实了这一点，分析结果表明，在发展中国家，FDI比其他资金对投资率的影响更为显著。此外，在《2008年全球经展望》（世界银行，2008）中我们也分析过，FDI是技术传播的重要载体，既可以以资本品为媒介，也可以以商业流程为媒介，这都将给发展中国家带来极大的溢出效应[17]。值得一提的是，FDI还将催生监管和治理的重大变革以降低商业成本和资金成本，进而鼓励更多投资（既包括国内投资，也包括外国投资），从而给整个经济体带来溢出效应。

对私人债务流量的影响

危机后金融监管的加强虽然有利于金融市场的稳定，但同时也削弱了发展中国家在国际债券市场上的融资能力，而且无论短期融资还是长期融资都将因此受到很大影响（见第1章）。由于银行需要修复资本金并对风险贷款更加谨慎，因此外国银行在发展中国家的参与度和发展中国家能够得到的跨境贷款都会有所下降。此外，监管触角也延伸到更多金融机构（如对冲基金），对其规定了风险上限，限制这些机构参与国际市场，这样发展中国家就很难在国际市场上通过发放债券的方式进行融资。与此同时，一些融资工具也在危机后销声匿迹，从而限制了一些处于监管之下的机构投资者（尤其是公共养老基金和私人养老基金）开展业务，使得它们无法再通过直接方式或间接方式持有发展中国家的债券。

但从另一些迹象来看，危机对发展中国家债务融资的影响可能没有想像中那么大。如果高收入国家借款者的避险意识增强，决定在借款到期时进行偿还而不是展期（日本经济衰退时就出现了大量的展期交易），那么这些国家的银行就可以释放一部分资金，贷款给发展中国家。此外，在全球金融体系的稳定性和透明度提高之后，高风险借款者或许能够得到更多资金，这也在一定程度上抵消了上述不利影响。

高收入国家政府当局对金融体统进行重组调整并对风险敞口实施更严格的监管都降低了项目融资的吸引力，外国金融机构（如大型银团、债券承销商、设备租赁公司、股权基金和出口信贷机构）大都通过项目融资的方式帮助发展中国家进入国际资本市场，通过产品创新使债务偿还期与项目持续期相匹配，从而降低融资成本，为到期的债务展期（由在建项目的完成进度导致的时间延长）提供搭桥服务，这些需求在发展中国家的国内市场可能无法得到满足；向发展中国家传授经验知识以助其设计更精妙的融资安排[18]。因为项目融资的牵头方多为发达国家的大型金融机构，所以规模较小的银团组合很难实施这些设计复杂的项目融资。但是，这些制约可能并不会有实质性影响。发展中国家的金融机构已经在项目融资的过程中有了较大的话语权[19]。此外，即便工业化国家的监管规则限制其金融机构参与项

表 3.2 私人债务融资给发展中国家的经常账户赤字提供了外部资金，2003—2007 年的均值

按收入分类	经常账户存在赤字的国家数量	经常账户赤字占 GDP 的百分比	净私人债务资金的流入（占 GDP 的百分比）
所有国家	53	6.3	2.2
低收入国家	16	5.8	0.8
中低收入国家	20	6.1	0.8
中高收入国家	17	7.1	5.3
其中：欧洲和中亚	8	8.5	8.1

资料来源：世界银行。

注：经常账户赤字和债务数据为表中国家数的简单平均值，小岛国经济体除外。

图 3.4 1980—2008 年的净私人外债

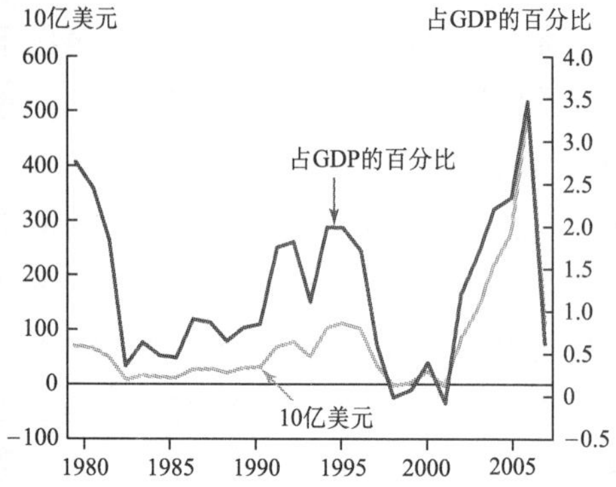

资料来源：世界银行。

目融资，这些金融机构仍然可以以“按次计费”的方式向发展中国家提供金融咨询。

一些发展中国家严重依赖债务融资以弥补本国经常账户赤字并满足国内投资需求，这些国家对融资的可得性异常敏感。尽管发展中国家在繁荣时期往往是私人资本的净输出国，但是对于经常账户赤字的发展中国家来讲，其赤字的 1/3 都是由净债务流入支撑的（表 3.2），这一数据在欧洲和中亚一些国家甚至高达 90%。令人吃惊的是，那些严重依赖私人债务融资的国家都是一些中上收入国家（资源输出国除外），其经常账户赤字的 3/4 都是由外债支撑的，在这些国家中地处欧洲和中亚地区的经济体负债相对较高（债务平均占 GDP 的 8%），其他国家的债务平均占 GDP 的 2.5%。

对宏观经济稳定性的影响

如果政府当局对国际金融部门实施更加细化的监督管理——尤其是逆周期实施资本资本金规定——那么将有助于提高私人债务流入的稳定性。这种资金流不但在目前这场危机中急剧下降，而且回顾 20 世纪 80 年代拉丁美洲的债务危机，类似的情况也有发生。危机爆发前该地区发展中国家的私人外债占 GDP 的 3%，到了 1983 年危机高峰期这一数字缩减至 1%（图 3.4）。事后总结经验教训，我们可以把一些发展中国家的债务失衡归罪于其繁荣时期对外债的放任，其中欧洲和中亚地区的发展中国家就是典型，外资的流入量远远超出了这些国家可以消化、控制的范围。一般而言，发展中国家的外债对这些国家的消费所产生的影响往往是负面的，而不像教科书所说的那样可以平滑消费（Kose、Prasad 和 Terrones，2005；Kose 等人，2006）[20]。

发展中国家可能退出金融一体化进程

21 世纪初期全球充足的流动性给发展中国家带来了迅速、长期、可持续的供给增长，但一场金融危机就让这一好景烟消云散——整个发展中世界都遭遇了痛苦的、大规模的经济萎缩。全球经济迅速衰退，对卷入全球化浪潮的国家形成了巨大冲击，而这些国家要是遵循自己原有的政策战略，让自己的金融体系远离那些不可持续的经济交易，那么它们本可以平安无事。客观事实令许多观察者开始质疑全球金融一体化的相对成本和收益。

从危机初期政策和经济行为的动向我们可以看出，这场危机在未来5—10年时间里将促使发展中国家金融市场以及市场参与者的行为发生重大转变。例如，各国政府当局可能在储备管理上采取更谨慎的态度。1998年亚洲金融危机后，许多亚洲经济体都开始提高自己的储备量，以加强自我保护并应对外部冲击。资本账户自由化的进程骤然减缓，许多国家开始对开放资本账户的正确性产生了怀疑，甚至着手实施反方向改革。拉丁美洲和东亚地区在经历了20世纪70年代和90年代的危机后也不约而同地采取了类似的做法。此外，发展中国家还致力于发展国内金融体系和建立区域金融合作机制，以应对外部金融环境对自己的不利冲击。

外汇储备政策

发展中国家将增加自身的储备量以保护自己不受全球金融波动的侵袭。充足的国际储备能够帮助一个国家抵御外部资金的异动，从而避免经济实体遭遇剧烈变革。充足的国际储备还能震慑投机者，使其无法对经济造成破坏性影响。东亚危机之后，这一地区的石油进口国（中国除外）都将自己的储备油量从危机前相当于3个月的进口量提升至9个月的进口量（2007年的水平）。中国石油储备同一时期的升幅则更为显著，从危机前7个月的

图3.5　近期储备的增量主要集中在东亚和石油输出国

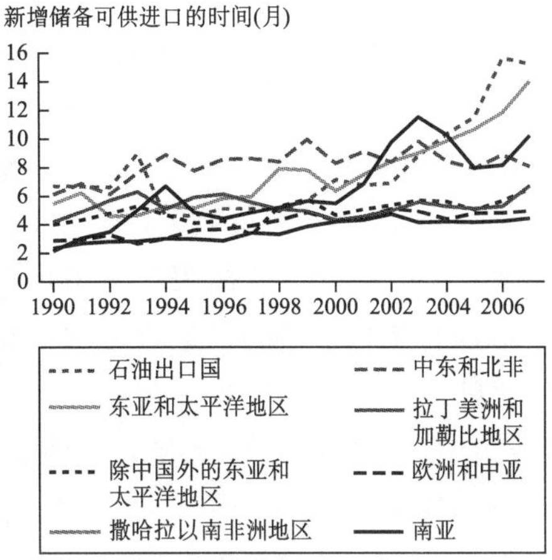

资料来源：《国际金融统计》，IMF。

进口量提升至18个月的进口量（2007年的水平）。其他发展中国家在这一时期也提升了自己的储备量，但提升幅度不大（见图3.5）。

这些国家提升储备水平的一个主要原因就是为了缓冲资金波动可能给其带来的不利影响（Jeanne，2007）。健康良好的宏观经济环境对于储备资本积累发挥着重要作用。繁荣时期大量涌入的资金（见第2章）和商品贸易收入都超过了一个国家进行有效投资所需要的数量，在这种情况下，该国通过冲销操作积累下来的额外资金就成了储备增长的主要来源。

尽管高储备量可以保护一国货币免遭挤兑，但在多大程度上能够减缓危机对实体经济的损害还有待进一步考证。事实上，各国的储备在危机高峰期都不再增长，也就是说各国的储备在危机最严重的时期都达到最大值，但尽管这样，也没有几个国家会动用储备平滑经济波动。需要指出的是，虽然发展中国家的储备量从

2007年12月的3.7万亿美元下降至2008年12月的2.2万亿美元（储备量的下降部分原因是由美元升值造成的），但同期进口下滑的程度却更为猛烈，因此这些国家以进口量计算的储备/进口率反而上升了。

此外，在经济衰退面前，无论是高储备国家还是低储备国家受到的冲击程度似乎并没有什么区别。数据表明，2008年GDP增速与2007年储备/进口率之间的相关度只有0.15，几乎可以忽略不计[21]。储备在稳定汇率方面也没有太大作为：2008年储备/进口率与汇率变动之间的相关度只有-0.04（如果剔除欧洲和中亚那些汇率波动巨大的国家，这一结果也没有什么变化）。此外，储备水平与产出变动之间也没有什么联系。危机对经济增长造成的影响取决于许多因素，例如贸易开放度和金融开放度、大宗商品价格下降的风险敞口、期初经常账户赤字（或盈余）以及其他一些金融不稳定因素，即便控制这些变量不变，只考察储备量与产出之间的关系，两者的关联度也非常低（Blanchard、Faruqee和Klyuev，2009）。在遭遇大规模金融危机的情况下，储备水平再高也无法缓冲危机对实体经济的冲击。

虽然储备量对经济的贡献度极为有限，但持有高储备的国家却要为之付出大的代价。很大一部分储备都是高收入国家政府发行的低收益证券。为了增持外汇储备，发展中国家政府就得发行以当地货币计价的债券——发行债券所支付的利率往往比持有外汇储备可以得到的利率更高，而且如果两种货币的汇率发生变化，那么财政部门还得为汇率损失埋单。此外，持有外汇储备还挤占了本该用于公共投资或偿还债务的资金，降低了储备资产的经济收益，提高了已经发生的冲销操作的重估成本[22]，而且储备量越多就越能提高储备资产的资信等级，这就降低了发展中国家所持有的外债的利差，进而降低了债券收益。这些损失都应计入持有储备所需支付的成本之中。当20世纪90年代发展中国家持有的储备量平均为本国GDP的8%时，大部分国家都能从储备中获益（Hauner，2005）。但到了2004年，当发展中国家的储备量增长至GDP的19%时，很多国家就开始遭受损失——中东和中亚地区损失了GDP的0.2%，撒哈拉以南非洲和中东欧地区则损失了GDP的0.6%。这一损失额到了2007年又大幅增加，因为储备量与发展中国家GDP的比率在这一年攀升至26%[23]。Jeanne（2007）对20个新兴市场国家在2000—2005年的储备量进行了研究分析，认为这些国家每年持有储备的成本约为其GDP的1%，Rodrik（2006）的研究结论也支持这一观点。

汇率波动也给那些为了应对金融危机而持有大量储备的发展中国家造成了很大困扰。2009年第二季度，在有统计数据的官方国际储备中美元资产占到了63%[24]，接下来就是欧元资产达27%，其余的则是一些小币种资产和特别提款权。汇率大幅波动将使得持有高储备的国家蒙受巨额损失。举例来讲，如果东南亚国家持有与全球平均水平同等比例的美元储备，那么只要美元贬值20%（这一波动幅度并不少见），这些国家就将遭受相当于其GDP10%的国际储备损失。

资本账户管制

金融危机将使一些国家重新审视对资

本账户采取的自由化政策。就像在第1章和第2章中阐述的那样，危机时期国际资本会突然撤出流入国，这不但会造成当地股票市场的崩盘（几天内市值蒸发50%），更将使得那些没有采取盯住制度的货币对美元贬值10%—30%。如果政府当局能够对资本流动采取一些管制措施，那么就算不能制止外资撤出，也能延缓外资撤出的速度，从而平滑国内经济波动并减少财富流失。但需要指出的是，如果这些管制措施过于严苛（事实上的确如此），那么这种做法同样也将减少该国在繁荣时期能够得到的收益（见第2章）。

现有的经验研究尚未对资本管制的效果形成一致看法。虽然管制措施能够较为有效地限制外资流入并在一定程度上提高了本国货币政策的独立性（Magud 和 Reinhart，2006），但是这些措施似乎无法阻止外资流出（东亚金融危机期间，马来西亚是一个例外）。但危机期间大规模的外资流出似乎并不是造成发展中国家金融困境的罪魁祸首，当然个别经常账户头寸不稳定的国家除外。事实上，BIS 的统计数据显示，2008 年第四季度发展中国家在外国银行的存款减少了 2600 亿美元（汇率变动后的重估值）——与其说是资本外逃还不如说资本回归[25]。而且发展中国家的政策制定者也更加谨慎地对待繁荣时期大量涌入的外债以及限制国内银行和企业持有投机性外汇敞口。

亚洲金融危机的一个影响就是延缓了该地区资本账户自由化的进程。一些受到严重冲击的国家在危机后都纷纷制定了严格的资本管制政策。Chinn – Ito 指数显示，危机后马来西亚和印度尼西亚的资本

图 3.6　1990—2006 年发展中国家的平均金融开放度

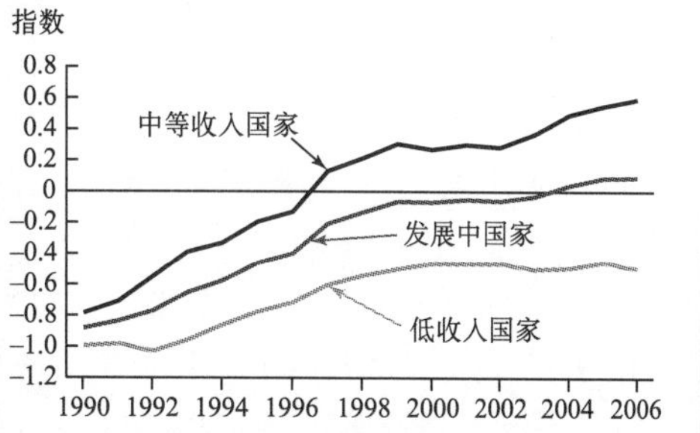

资料来源：Chinn – Ito 指数，2007 年。

注：各组国家的数据为简单平均数，不包括在时间轴内没有数据的国家以及人口少于 100 万人的经济体。

自由化程度开始下降，泰国和菲律宾的自由化进程大幅减缓。甚至那些没有直接卷入危机的国家都开始延缓或逆转自由化进程（图 3.6）。虽然 2005 年前后中等收入国家又出现了开放资本账户的迹象，但低收入国家的自由化进程似乎从此停滞了[26]。

对资本账户加强管制将在多大程度上影响一个发展中国家的增长和稳定取决于若干因素，例如管制措施的类型、国际经济环境、投资者对该国经济前景的预期以及该国宏观经济状况和制度安排等。事实上，有关经济增长或实体经济投资与资本账户开放度之间关系的研究少之又少，一方面是因为分析方法没有成熟的理论作支撑；另一方面则是因为三者互为因果，其相互作用关系太过复杂（专栏 3.5）。一些学者认为提高竞争力和改进经济政策能够带来更多福利；另一些学者认为开放资本账户将增加经济的不稳定性，尤其国内经济体系脆弱的国家过快放开资本账户更是弊大于利。

更多地依靠国内金融体系和区域金融合作

国际金融体系暴露出的种种弊端使得

专栏3.5 关于资本账户自由化的争论

研究表明，开放资本账户有助于提高一个国家的金融深度，从而促进该国经济发展，但前提是，这样的国家需要是发达国家或者拥有健全金融体系的发展中国家（Klein和Olivei，2008）。伴随资本账户自由化而来的是激烈的竞争和市场自律，这也有助于完善国内金融体系和经济政策（Kaminsky和Schmukler，2002），并提高发展中国家居民储蓄的收益和储蓄多样性。这些都是开放资本账户理论上应有的好处，但经验研究却没有发现资本账户自由化与经济增长之间存在什么相关关系[a]。

开放资本账户理论上应有的好处之所以得不到经验研究的证实，其主要有以下几个方面原因：一是资本账户开放的有效影响难以测量，无法为面板回归分析提供数据（Kose等人，2006）。二是管制措施形式多样并且效果各有不同，因此难以精确度量一个经济体的资本账户开放程度。由于管制措施对经济增长产生的效果只是暂时的，所以在横断面分析中就体现不出这些政策效果（Henry，2007）。三是金融一体化与增长之间存在的内生性关联使得二者的相互关系过于复杂。在制度完善、政策优越的环境中开放资本账户的效果会更加明显（例如，外来竞争会促进国内金融机构优胜劣汰），但究竟要“完善”、“优越”到什么程度才能从资本账户开放中受益就没有量化标准了[b]。

开放资本账户有可能也会增加经济的不稳定性。1997—1998年东亚危机及危机后一段时期内，人们都开始担心开放资本账户可能带来各种不稳定因素。Calvo（1996）强调，投资者的跟风行为将导致跨境资金的大幅波动；Furman和Stiglitz（1998）也指出在东亚危机期间，正是因为恐慌心理在投资者中蔓延，加剧了资本外逃，而资本外逃的渠道正是开放的金融系统。但一些跨国实证研究却声称没有发现证据能够证明资本账户自由化加大了危机发生的概率（Glick和Hutchison，2001；Edwards，2005）；另一些研究认为资本管制能够有效地隔离外部大规模经济波动对本国经济增长的负面冲击（Eichengreen和Leblang，2002），而且开放资本账户只是加大了金融欠发达经济体的产出波动，较为发达的经济体并不会因此受到影响（Mukerji，2008）。

无论资本账户自由化与危机或者与长期增长之间有怎样的关系，危机总是破坏性的，公众福利和政客前途都会因此遭受巨大损失。客观经济事实并不能提供强有力的证据，证明发展中国家开放资本账户将极大地增进社会福利，或者因此发生危机的风险可以忽略不计。

a. Kose等人（2006）对25个经验研究报告进行了总结归纳，他们发现国际金融一体化无论对发展中国家这一整体的经济增长，还是对个别国家的经济增长都没有什么作用。

b. Kose、Prasad和Taylor（2009）对一个国家的金融发展水平、贸易开放度、制度质量和宏观经济稳定性设置了若干最低标准，只有该国达到这些标准才能从金融开放中受益，但有些标准的置信区间却很宽。

该体系中的经济体转而寻求国内和区域资金支持。即使在国内或区域市场的资金供给与危机前相比没有什么变化的情况下，岌岌可危的国际金融体系也会迫使参与者更多地依靠这些资金来源。而事实上，变化并不是没有。来自国外金融机构的竞争压力减弱将提高国内或区域私人经济的潜在收益，这一增长主要来自两个方面：一是国内和区域融资活动较危机前更加活跃，二是政府加强了相关基础设施的建设——其中包括对国内和区域竞争环境的改善、加强。因此，得益于外部环境的变化，国内和区域金融体系都将有长足发展。

这场金融危机不但来势汹汹，而且其传播途径主要就是国际资本市场，这一客观事实将促使发展中国家的政策制定者更加坚定地致力于区域合作，以共同抵制来自高收入国家的经济冲击。事实上，危机之后拉丁美洲和东亚地区都开始着手建立发展国内和地区金融体系，以弥补国际金融体系的缺陷甚至取代这一体系，从而降低了自身对这种极不稳定的资金源的依赖。区域合作的主要模式有建立共同的资金库和储备库（例如在亚洲清迈倡议和拉丁美洲储备基金框架下的货币互换合作）、增加和推广新储备币种以及区域金融市场一体化等。特别值得一提的是区域金融市场一体化，东盟国家统一各国债券市场标准和协定（Miyachi，2007）就是一个典型的例子，类似的还有马尼拉框架，该框架的目的就是监督成员国国内政策，向成员国提供技术支持以加强这些国家金融部门建立合作机制稳定亚洲货币（Jeon，2002）。

如果发展中国家能够有效促进区域金融合作的开展——假设区域投资者比国际投资者对该地区各国特点有更深入的了解——那么区域金融市场将有助于降低该地区发展中国家国内的融资成本。这是因为区域融资的交易成本[27]和风险相对于国际融资更低，而且当该地区一个国家发生严重问题时不至于令整个地区都陷入恐慌（当一个或一些国家发生问题时，投资者会从另外一些可能发生类似问题的国家抽回资金）。区域金融一体化还将促进区域贸易一体化；通过扩大区域外汇交易、统一标准和监管合作获得规模经济效益；促使联系紧密的区域经济体之间的财政政策和货币政策协调一致。

这些理论上的好处在多大程度上能够得以实现还是一个未知数。那些国内制度完善、金融体系成熟、对国内和区域资金依赖较大的国家和地区可能从中长期受益；而对于那些国内金融体系薄弱的国家和地区来说，没有外资参与将减少投资者的资金来源，而且当地金融部门内的竞争也会因此降低，缺乏竞争就会抬升借贷成本。

由于许多国内（和区域）金融系统的法律框架和制度框架都很不完善，不利于金融部门的发展，这些系统很难取代外资机构成为资金供给来源。正如在第2章中阐述的那样，许多发展中国家的国内金融发展程度还很低；虽然股票市场有所发展但其交易额和市场深度还相对于成熟市场有较大差距；只有少数国家才拥有较具规模的债券市场（世界银行，2006）。其中撒哈拉以南非洲国家的国内金融体系在所有发展中国家中是最糟糕的——腐败严重、法制缺位、监管乏力、资本外逃以及银行部门萎缩（表3.3）。如果该地区的资

表3.3　国内金融系统质量指标

地区	反腐败	法治	监管质量	流动性负债占GDP的百分比	私人信贷占GDP的百分比	境外存款占国内银行存款的百分比
东亚和太平洋地区	0.6	0.4	0.1	70.3	54.1	4.5
欧洲和中亚	0.3	0.3	0.2	42.7	36.9	6.5
拉丁美洲和加勒比地区	0.4	0.6	0.1	38.2	32.5	60.2
中东和北非	0.3	0.2	0.2	76.3	45.5	13.7
南亚	0.6	0.4	0.5	56.9	36.0	4.7
撒哈拉以南非洲地区	0.6	0.6	0.5	27.3	21.4	82.1
高收入国家	1.5	1.4	1.4	94.8	122.9	13.4

资料来源：世界银行数据库：治理、金融机构与结构。

注：前3个指标取值区间为 -2.5 到 2.5，得分越高表示绩效越好。

本市场能够有所发展，那么该地区的流动性将得到提高，而且金融服务和金融监管也将从中获得规模经济效益。此外，如果金融落后的经济体能够融入较发达的区域金融市场（例如南非市场），那么这些效果会更加显著。但是，若仅仅只是贫穷、落后的非洲国家相互融合，那只会产生庞大的流动性不足的无效市场，因此这些国家需要跨出区域范围向国际社会谋求合作机会。

但无论怎样，区域合作和一体化总是需要时间的。亚洲储备库的建立就是一个漫长的过程，直到 2008 年 ASEAN +3 部长级会议才达成协议于 2009 年底之前建立 1200 亿美元的外汇储备库[28]。根据跨国收益相关性分析显示，亚洲债券市场一体化进程自 2002 年以来也放慢了步伐（Fung、Tam 和 Woo，2008）。此外，流动性不足以及缺乏管理经验等因素又限制了撒哈拉以南非洲国家的金融一体化进程。加勒比国家也没能实现当初议定的货币联盟计划（Ocampo，2006）。虽然近年来阿拉伯国家出现了一些区域性金融机构，但这些机构大多是致力于向低收入国家提供援助。拉丁美洲国家间建立宏观经济对话机制的议程也毫无进展。

借贷成本上升对发展中国家的影响

我们在前面已经提到，国内、国际资金供给从中期来看都将相对于危机之前的繁荣期大幅下降（相对于经济活动而言）。由于信贷供给的减少，借贷成本和风险溢价都将随之升高。融资工具在信贷创造过程中往往发挥着不可小觑的作用，但金融危机后许多融资工具不是臭名昭著，就是销声匿迹或者其使用范围大幅缩小，再加上世界各地投资者都深陷亏损境地，因此投机性金融活动也被严重抑制，而预计这一情形将持续一段时期。受此影响，银行、企业和个人将降低自身的负债率，避免货币错配和期限错配，以及更加谨慎地评估交易对手的风险情况。

危机的一个直接后果就是投资者避险情绪急剧上升，导致高风险资产价差扩大，例如高收入国家和发展中国家的公司债和股票——发展中国家的主权债务也遭遇了同样的待遇。危机之后，高收入国家力图通过货币政策和财政政策将借贷成本控制在低位，例如美联储向住房抵押贷款证券市场注入流动性并直接增持公司债。随着危机逐渐平息，许多资产的风险溢价都有所下降，这主要得益于高收入国家宽松的资金环境。充足的资金压低了资产收益，鼓励投资者寻找利润增长点，这一情形与繁荣期有几分相似。发展中国家的风险溢价似乎形成了一个新的均衡水平——比繁荣时期高 150 个基点。政府当局可能还将陆续出台其他一些刺激经济的政策措施，但是如果当前宽松的环境一旦收紧以及高收入国家的收益率上升，那么这一趋势就将发生逆转。假设风险溢价与信贷供给的相关性不变，发展中国家的风险溢价也会随之上升。

作者认为，在这些因素的综合作用下，发展中国家的借贷成本将高于繁荣时期，本章接下来部分将探讨借贷成本的上升可能对这些国家的投资和增长造成的影响。

高收入国家金融中介弱化、避险情绪上升

21世纪初期，全球的风险管理技术有了一定程度的提高，短期利率水平保持在低位徘徊（低利率降低了在既定风险条件下的融资成本，从而暂时降低了违约概率），“整体风险水平下降”这一偏见被越来越多的人认可，进而使得全球范围内的风险溢价大幅走低。因此，发达国家和发展中国家的利率和各类风险资产的利差也急剧收窄（见第2章有关内容，以及图2.5和图2.6）。

经济合作与发展组织（OECD，2004；Sløk和Kennedy，2005）最先就这一现象进行计量研究，他们发现2000—2005年间大范围资产（包括高收入国家达到投资级别以及投资级别以下的公司债券、股票和发展中国家的主权债务、公司债券）的风险溢价都呈下降趋势，其中82%的降幅都可以用一种被作者命名为“综合风险溢价”的方法来解释（专栏3.6）。

这种综合风险溢价测量法用于监测高收入国家市场的融资环境，OECD正在不断改进这一方法（2009）。OECD经过监测

图3.7　全球综合风险溢价与基本经济变量的吻合度

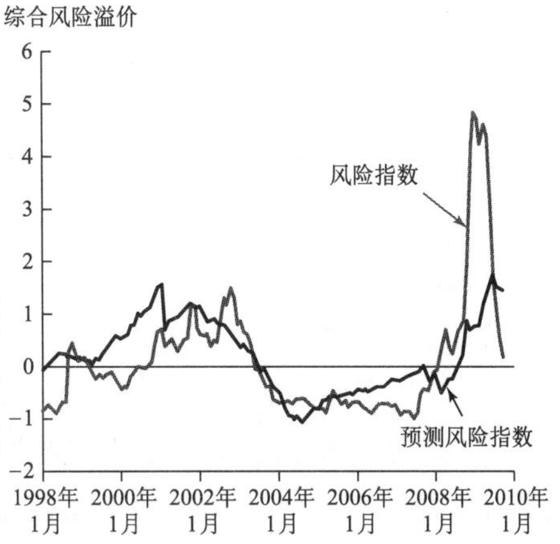

资料来源：Kennedy和Palerm，即将出版。

发现，在既定的风险水平下，高收入国家的风险溢价在2002—2003年底之间大幅下降，低位价格一直持续到2007年中期，之后随金融危机的到来而急速攀升（图3.7）。

危机之后，风险溢价又开始下降。一些研究报告对这一测量法进行了改进（Kennedy和Palerm，即将出版），其结果显示2009年9月的风险溢价为0.2个百分点，比繁荣期的平均水平高1个百分点（1个足值标准差）。

专栏3.6　综合风险溢价

综合风险溢价被视作一系列证券收益的首要成分，这一系列收益来自于美国和欧洲的公司债（高等级和高收益）对于相应的政府债的风险溢价、各个经济体的股票隐含风险和全球EMBI+（新兴市场债券指数+）利差（以美国国债利率为基准）。综合风险溢价是衡量风险溢价的纯统计性工具[a]，均值为0，标准差为1。因此该指标上升1个单位并不意味着风险溢价上升100个基点。设计该统计指标的目的在于区分风险溢价的变动在多大程度上是由经济基本面的变化引起的，以及在多大程度是由投资者的风险偏好变化导致的（见下文）。

a. 第一主成分分析法是统计学中分析数列协方差的一种技术方法。该方法把原数列分成若干互不相关的子数列，并给这些子数列赋予不同权重。第一主成分就是对母数列总方差贡献最大的子数列权重指数。

尽管 OECD 的综合风险溢价法只是一种统计技术，但这一指标也可以视为基本经济变量的函数，这里的“经济变量”主要指美国和欧洲的实际基准利率、OECD 周期性经济状况（以 OECD 领先经济指标每 12 个月的变动率来衡量）和全球债券违约率。这些经济变量通常情况下都可以很好地解释综合风险溢价的变动，但它们却无法解释 2000—2005 年间的风险溢价为何下滑。研究人员把这一原因归结于投资者的风险偏好和“动物精神”，在 21 世纪初的 5 年里全球金融创新层出不穷，投资者的避险情绪大大降低，因而也就缩窄了风险资产的利差（Sløk 和 Kennedy，2005）。在随后几年里综合风险溢价由于金融危机的到来而有所上升，但其中只有 50% 与基本经济面的变化有关，其余的 50% 则要归因于投资者避险情绪的上升[29]。Kennedy 和 Palerm 的研究报告（即将出版）也支持这一观点——2009 年 9 月期间，全球风险溢价的降幅远远大于基本经济面的改善程度。

全球风险溢价的影响

Kennedy 和 Palerm（即将出版）对 OECD 早期的研究成果进行了扩充，他们把全球风险溢价的变动与个别发展中国家风险溢价的变动联系起来[30]。他们认为危机后发展中国家风险溢价的上升在很大程度上可以用改进后的综合风险溢价法做出解释。Kennedy 和 Palerm 对 17 个发展中国家在 1998—2008 年间的风险溢价变化数据进行了单相关分析，发现 OECD 综合风险溢价模型计算数值与这些国家风险溢价变化率的吻合度达到 10%—80%，其中半数国家的吻合度达到 40% 及以上。如果在模型中加入更多国别变量（包括外债、宏观经济稳定性、政治风险和经济增长等），那么 2002 年 1 月到 2009 年 4 月之间国别风险溢价变动的 45% 以上都与模型的计算值相符。

虽然国别变量能够在一定程度上解释国别利差的变动，但其效果远远不如综合性更高的风险溢价指标那么显著：从同样的 17 个发展中国家的样本来看，在 2007 年 7 月到 2008 年 12 月期间，有 15 个国家的综合风险溢价上升程度与该国利差扩大程度的吻合度都高达 75% 以上（Kennedy 和 Palerm，即将出版）[31]。

发展中国家风险溢价与全球综合风险溢价指标的模拟相关性表明，当全球金融环境紧张时，发展中国家风险溢价的上升速度将大于高收入国家风险溢价的上升速度。货币环境和财政环境是全球风险溢价的决定性因素。OECD 预测，高收入国家的基准利率每上升 100 个基点将导致全球风险溢价指数上升 0.41；再加上发展中国家的影响，基准利率每上升 100 个基点将导致信誉良好的国家的风险溢价指数上升 11.1 个基点，信誉较差的国家上升 57 个基点。这些数字比 Dailami、Masson 和 Padou（2008）的预测值略高[32]。

发展中国家中期利率的走势

综合风险溢价指数和发展中国家的风险溢价与 2009 初的峰值相比都出现了大幅下降，同时也带动借贷成本大幅走低。但随着高收入国家逐渐收紧目前过于宽松的货币政策，利率水平和风险溢价都将升

图 3.8 美国部分政府债券的投资收益

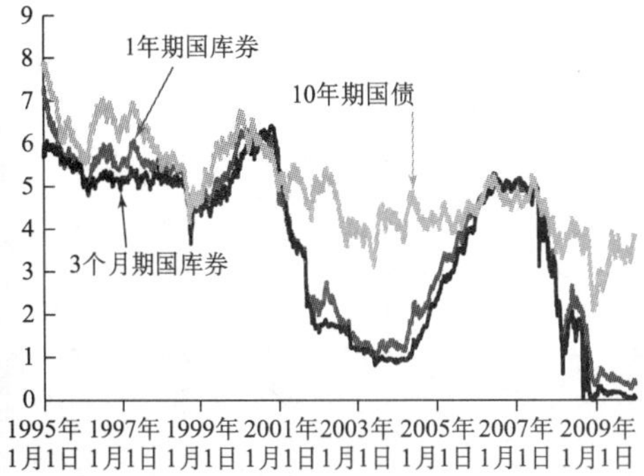

资料来源：Datastream。

图 3.9 高收入国家的国债预计将持续增加，但发展中国家却不会

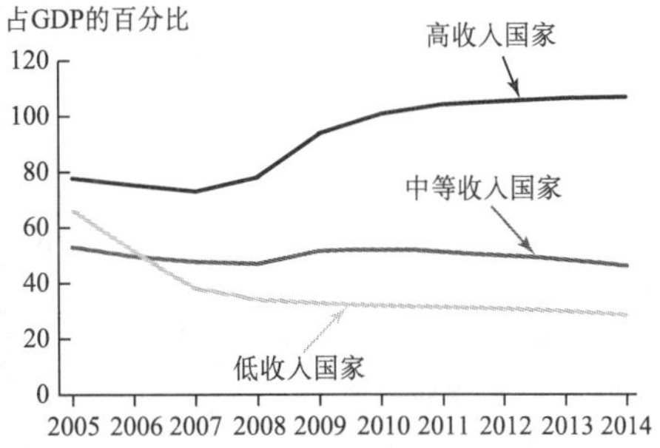

资料来源：IMF。

高，至于长期内将升高到什么程度目前还不得而知。

一些迹象表明发展中国家的借贷成本在未来将会上升。

- 全球风险溢价目前被极为宽松的货币政策环境压制（图 3.7）。
- 由于危机后资金向高质资产转移，因此用于衡量发展中国家借贷成本的基准利率维持在低位徘徊（图 3.8），但这一效应会随着时间的推移而消失。
- 随着高收入国家公债急速增长——从 2007 年不到 GDP 的 80% 可能增长至 2014 年 GDP 的 109%（图 3.9），基准利率将进一步提升。降低负债率需要时间，只要债务和赤字居高不下，政府就需要大量资金支付利息。此外，高额债务还会令投资者对财政政策的可持续性心存忧虑，这也将推动基准利率的上调。

但另一些迹象却暗示未来发展中国家的借贷成本可能不会像想象中的那么高。

- 虽然加强监管将增加发展中国家的成本，但由于透明度的提高监管质量也将随之提高，高质量的监管将大大降低投资工具的不确定性，从而降低风险溢价。如果风险溢价的降低幅度大于成本提升的幅度，那么借贷成本最终将会下降。
- 高收入国家负债的增长可能会抬升其借贷成本以及发展中国家的基准利率，但同时也可能会降低发展中国家的利率升水。由于发展中国家融资渠道有限（见第 1 章），因此这些国家的负债增量将低于高收入国家，相对于高收入国家的负债而言，这些国家原有的债务风险以及风险溢价都将有所下降，或者说增长幅度没有高收入国家那么大。总而言之，发展中国家的借贷成本可能仍然会比较高，但这些国家对投资的吸引力却越来越大，虽然全球贷款总量有所下降，但发展中国家从中得到的份额可能比以往更大（见 McKibbin 和 Stoeckel（2009）就

表 3.4　发展中国家历史和预期的资本成本

成本	基准利率	实际基准利率（剔除核心通胀率）	实际联邦基金利率（剔除核心通胀率）	东亚和太平洋地区	欧洲和中亚	拉丁美洲和加勒比地区	中东和北非	南亚	撒哈拉以南非洲地区
（百分比）						（基点）			
利率和利差									
1995—2003 年均值	5.8	2.7	2.0	274	1135	802	434	276	832
2004 年至 2007 年 5 月均值	4.5	2.4	0.1	224	196	384	351	215	289
2008 年 8 月	3.9	1.4	3.3	286	273	350	474	287	301
现行水平（2009 年 10 月）	3.0	1.6	0.4	304	412	362	419	286	408
与长期风险溢价一致的水平			2.0	318	523	478	496	363	470
资金成本						（百分比）			
1995—2003 年均值		9.7	2.0	12.4	21.1	17.7	14.0	12.5	18.0
2004 年至 2007 年 5 月均值		9.4	0.1	11.7	11.4	13.3	13.0	11.6	12.3
2008 年 8 月		8.4	3.3	11.2	11.1	11.9	13.1	11.2	11.4
现行水平（2009 年 10 月）		8.6	0.4	11.7	12.7	12.3	12.8	11.5	12.7
2009 年 10 月利差趋于稳定									
2004—2007 年上半年美国基准利率平均值		9.4		12.5	13.6	13.1	13.6	12.3	13.5
1995—2003 年美国基准利率平均值		9.7		12.7	13.8	13.3	13.9	11.9	12.6
利差与平均风险溢价相符									
2004—2007 年上半年美国基准利率平均值		9.4		12.6	14.7	14.2	14.4	13.1	14.1
1995—2003 年美国基准利率平均值		9.7	12.9	14.9	14.5	14.7	13.3	15.4	

资料来源：世界银行。

此效应进行的模型分析）。

在 McKibbin 和 Stoeckel 之后进行的有关借贷成本的模型分析，都没有旗帜鲜明地探讨这些积极因素和消极因素可能产生的影响，而是根据不同历史时期的实际基准利率水平和发展中国家利差与全球风险溢价之间的关系对未来借贷成本的走势做出预测判断。

表 3.4 第一部分列举了若干发展中地区的历史实际利率和利差。在 2004 年到 2007 年 5 月那一段繁荣时期，长期美国国库券的实际收益率比之前 9 年低了 30 个基点。那一时期发展中国家的债券利差又比美国国债低了 370 个基点，也就是说，借款者在危机前为获得美元贷款所付出的成本要比之前 9 年低 400 个基点。至 2009 年 10 月，风险溢价较危机前平均高出 110 个基点，而这一水平相对危机最严重时期的峰值已经大幅下降。

我们在第 2 章中已经探讨过，危机前全球借贷成本普遍下降是与活跃的投资和发展中国家资本产出率大幅提高分不开的（图 3.10）。在既定国家中，资金成本取决于若干因素，例如税收制度、通货膨胀、问题资产贬值速度以及监管规定对利润的侵蚀（Jorgenson，1963；Lau，2000），但这些因素在一段时期内大都是稳定不变的，我们很难根据现有信息判断它们对于单个国家的影响。因此我们在简化假设条件的基础上将表 3.4 第一部分的历史利率和利差数据转换成了资金成本。我们假设一个国家的资金成本等于实际美元借贷成本（根据美国消费者价格指数扣减核心通货膨胀率后所得数值）与该国折旧率之和，根据

图 3.10　资本产出率上升反映出资本成本下降

资本产出率的变动(2000—2008年), 占GDP的百分比

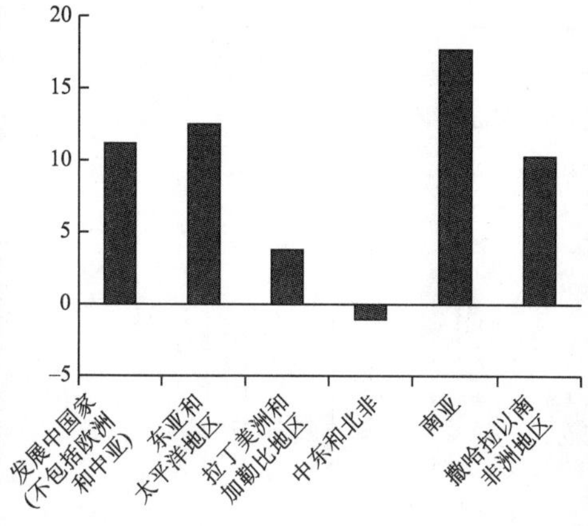

资料来源：世界银行。

这一假设，发展中国家的资金成本预计在7%左右[33]。除了对许多决定资金成本的具体因素进行抽象提炼之外，我们还假设发展中国家的借款者（包括发展中国家的国内借款者和国外借款者）需要支付美国国债利息和在这一利息之上的利差。事实上，这些国家的官方利率水平是比较高的，而民间借贷利率则更高。

表 3.5 列举了不同地区的资金成本在 3 种经济情况下相对于繁荣期的变化值。在第一种情况下，我们假设利差维持现有水平不变，但是美国实际基准利率回到繁荣期之前的水平。在第二种情况下，我们仍假设美国实际基准利率回到繁荣期之前的水平，但利差上升至与全球长期风险溢价一致的水平。第三情况则是前两种情况的综合，假设美国基准利率相对危机前平均水平再上升 100 个基点，以反映高收入国家的高负债率和更加严格的监管给经济造成的影响。

在第一种情况下，一些地区的资本成本大幅上升（尤其是欧洲和中亚地区，资本成本上升了 240 个基点），其他地区的资本成本变化则相对较小。在第二种情况下，利差从现行水平上升至与基本经济面一致的点位，也就是说除东亚和太平洋地区之外的所有发展中地区的资本成本都进一步上升了 50—100 个基点。在最后一种情况下，由于投资者对高收入国家的偿债能力、长期通货膨胀率以及严格的监管抬升资本成本等事实心存忧虑，致使基准利率上升 100 个基点。

借贷成本的上升对发展中国家中期增长和潜在 GDP 的影响

经济学理论已经证明资金成本的提高将降低一个经济体理想的资本产出率水平。因此，如果资本成本在长期内呈上升趋势，

表 3.5　紧张的金融环境对发展中国家的资金成本可能产生的影响

三种不同情况	实际基准利率	东亚和太平洋地区	欧洲和中亚	拉丁美洲和加勒比地区	中东和北非	南亚	撒哈拉以南非洲地区
	与繁荣期相比资金成本的变化（百分点）						
利差维持在现行水平	0.3	1.1	2.4	0.0	0.9	0.3	0.3
利差上升至与长期风险溢价均值相一致水平	0.3	1.2	3.5	1.2	1.7	1.7	2.1
与长期风险溢价相一致的更高的基准利率和利差	1.3	2.2	4.5	2.2	2.7	2.7	3.1

资料来源：世界银行。

专栏3.7　借贷成本的上升将制约国内外融资

避险情绪和资金成本的上升将减缓国内金融部门的利润增速、甚至降低其利润总量，使其无法再得到繁荣时期低利率带来的种种好处（见第2章）。金融危机的到来导致借贷成本和避险情绪急剧上升，这一影响已波及整个发展中世界的资金借贷（见第1章和第2章）。自2008年9月以来，有数据统计的69个发展中国家的信贷增速几乎下降了一半，这些国家的信贷月增速从2008年1月到9月间的1.1%缩减至2008年9月到2009年10月间的0.6%（见专栏图3.7.1）。其中以中等收入国家的降幅最为显著，因为这些国家与国际金融体系的融合度比较高，更容易受到全球金融环境恶化的直接冲击。直到最近一段时期这些国家的主权债务才有所恢复，但是公司债尤其是银行贷款的发行量却远远低于繁荣时期的水平。

随着高收入国家基准利率的上升，发展中国家长期债务的收益率与以美元计价的短期借款之间的利差有所收窄，因此目前促使资金向发展中国家流动的经济驱动力行将减弱。从中期来看，发展中国家的借贷成本将会上升，而这些国家国内金融部门的增长也将在未来较长一段时期内维持在低位。虽然这些事实可能会对许多国家的发展造成负面影响，但是也可能令一些国家从中受益，包括许多地处欧洲和中亚的国家，21世纪前5年流入这些国家的大量资金曾使它们应接不暇。

专栏图3.7.1　雷曼兄弟破产后银行向私人部门投放信贷的增速下降

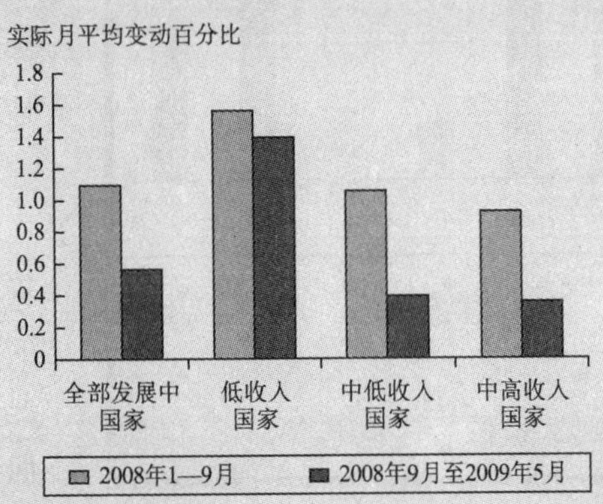

资料来源：IMF《国际金融统计》。

注：根据有统计数据的69个发展中国家2009年5月的数据汇总。银行向私人部门投放信贷的增速是剔除美国消费者价格指数后的平减值。

我们在第2章中已经讨论过，资金成本的提高还会影响国际资本流动。高利率将降低国内对外资的需求，而外国银行也将减少对发展中国家的贷款供给，因为信誉较差的发展中国家只能偿还一小部分债务。在借贷成本上升的情况下，发达国家同时也加强了金融监管，因此流入发展中国家的外资大幅度减少（见上文）。

那么企业家们能够得到的资金将比利率维持在低水平时有所减少（专栏3.7）[34]。这就意味着该经济体能够实现的产出水平也将随之降低，而且在达到新的、更低的均衡资本产出率之前，该经济体潜在产出率的增长速度也将暂时放缓。

表3.6列举了在上述3种情况下的一些模拟数据，从这些数据中我们可以看出资金成本的提高可能会对经济增长造成的量化影响。这3种基准利率水平的模拟情况与表3.4中的一致。

在这些模拟情况下，高借贷成本致使发展中国家总体长期潜在产出率（以2050年的模拟潜在产出为基准，对比这些情况下的潜在产出与基准产出的差别）[35]下降了3.4%—8.0%，某些地区降

表 3.6　风险溢价回归正常水平但基准利率较高对潜在产出的影响

	利差维持在 2009 年 10 月的水平，但基准利率上升至危机前的水平		利差回到“正常”水平，基准利率上升至繁荣期前的水平		利差回到“正常”水平而且基准利率较繁荣期前的水平上升 100 个基点	
	对潜在增长的短期影响[a]	长期潜在增长水平[b]	对潜在增长的短期影响[a]	长期潜在增长水平[b]	对潜在增长的短期影响[a]	长期潜在增长水平[b]
	（百分比）					
发展中国家	0.2	3.4	0.4	5.2	0.7	8.0
中等收入国家	0.3	3.5	0.4	5.2	0.7	8.0
低收入国家	0.1	1.0	0.5	5.7	0.7	8.2
东亚和太平洋地区	0.3	3.9	0.4	4.3	0.6	7.5
欧洲和中亚	0.5	6.5	0.8	9.2	1.0	11.4
拉丁美洲和加勒比地区	0.0	0.0	0.3	3.6	0.6	6.3
中东和北非	0.2	3.0	0.4	5.4	0.7	8.2
南亚	0.1	1.0	0.4	5.1	0.6	7.8
撒哈拉以南非洲地区	0.1	0.5	0.4	3.4	0.5	4.9

资料来源：世界银行。

a. 对潜在增长率的短期影响以百分点度量。“短期”指经济体形成新的、更低的潜在产出水平前的过渡期，约 5—7 年时间。

b. 长期潜在产出的变动百分比。

幅则高达 11.4%。在经济体向更低的长期均衡潜在产出过渡期间，高借贷成本对增长率的影响则小得多，每年大约降低 0.2—0.7 个百分点。

第一种模拟情况得到的结果相对来说还是不错的。假设发展中国家的利差维持在现行水平——比高收入国家收紧货币政策以及提高利率后的预期水平要低一些——而高收入国家的利率则上升至危机前 2002—2005 年间的均值水平。即便在这种相对温和的流动性环境中，发展中国家的长期潜在产出率仍然比利率维持在繁荣期的低位时下降了 3.4%。在发展中国家形成新的、更低的均衡资本产出率之前，其潜在增长率将连续 7 年以每年 0.2 个百分点的速度下降。

第二种情况假设发展中国家的利差随着货币政策收紧而升高，达到与高收入国家基准利率相匹配的水平。在这种情况下，发展中国家的长期潜在产出下降了 5.2%，过渡期的年增长率下降了 0.4 个百分点（与繁荣期的水平相比）。如果出现这种情况，那么低收入发展中国家受到的冲击将比在第一种情况下更为强烈，因为这些国家的利率升水幅度将大于中等收入国家的利率升水幅度。

在第三种情况下，经济基本面的恶化使得高收入国家的借贷成本在以上两种情况的基础上再上升 100 个基点，这将导致全球借贷成本随之上扬，发展中国家的长期潜在产出将因此下降 8% 左右，年潜在增长率在 7 年过渡期内以每年 0.7 个百分点的速度递减。

图 3.11 以更直观的方式展现了第二种情况，从图中我们可以看出高利率、低投资和资金匮乏给经济造成的影响。资本

图 3.11　资本成本上升 110 个基点对一个典型国家资本产出率的影响

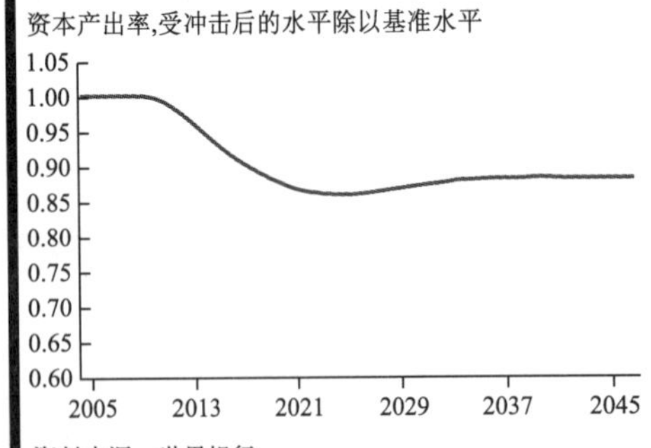

资料来源：世界银行。

注：各数据取自表 3.6 中的第二种情况。

图 3.12　借款成本上升导致发展中国家 GDP 永久性的下降

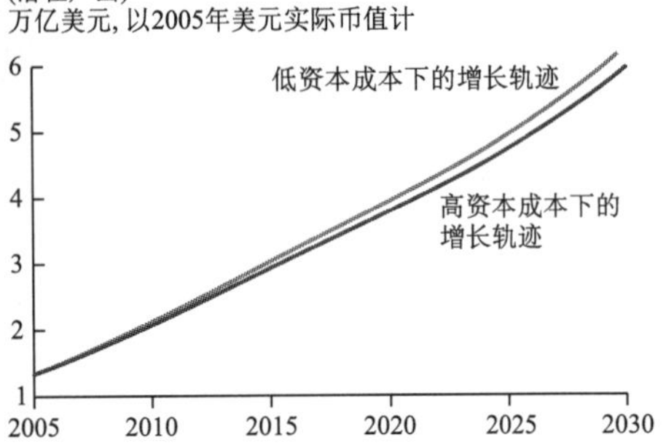

资料来源：世界银行。

存量的减少使得该经济体的长期潜在产出比借贷成本维持不变时有所下降。总的来看，该经济体的资本产出率比基准水平降低了 12%——这里的基准水平考虑了危机前经济衰退的因素，但其包含的长期资本成本数值取的是繁荣期的资金价格。在危机初期，该经济体的资本产出率反而比危机前略微升高，这是因为危机的到来使得投资减少，投资减少致使 GDP 的下降速度比资本存量的下降速度更快。随着现有资本存量折旧率加快以及投资增速的放缓，资本存量开始下降[36]。

当新的均衡资本产出率形成之后，经济体的潜在产出增长率将恢复到危机前的水平，但就像表 3.6 所表明的那样，经历了这一过程后该经济体有 5.2% 的 GDP 永久性损失（图 3.12）。

当然，如果这一场景真发生在实际生活中其演变速度将会更快，因为丧失竞争力的产业相继倒闭将加快折旧速度。按照这一逻辑，如果政府出手救助那些由于全球流动性危机而身陷长期资金困境的企业，那么这一行动只会延长经济体的痛苦期。相反，如果政府能够提高劳动力和资金的配置效率、使资源向生产率更高的部门流动，尤其是能够采取有效措施提高综合要素生产率，就能加快经济体向新均衡水平过渡的步伐。

表 3.6 所表明的在第一种情况和第二种情况下长期潜在产出降低的场景与 McKibbin 和 Stoeckel（2009）对全球金融危机进行的一项研究殊途同归——虽然该研究并不是侧重金融危机对发展中国家潜在产出的影响，而且分析影响的视角也与模拟情况不尽相同，但两者的结论却基本一致。造成这种相似性的原因可能是他们模型分析中用到的原理机制大多与作者使用的不谋而合。此外，这一结论也与国际货币基金组织在 2009 年 9 月发布的《世界经济展望》(IMF，2009）中对金融危机后的潜在产出下降均值预测数据大体一致，而这篇工作报告的主要目的是对危机后的经济形势进行分解分析，只把潜在产出下将的一小部分原因归结于资本产出率的下降。本文的分析方法与它们最大的不同在于采用了前瞻性模型分析，探究了形成更低的均衡潜在产出的主要机制，并将之与经济繁荣与衰退的主要驱动力——全球风险溢价的大起大落——联系起来[37]。

表 3.7　借贷成本上升和人口增速放缓导致长期潜在产出增速减缓

	发展中国家	中等收入国家	低收入国家	东亚和太平洋地区	欧洲和中亚	拉丁美洲与加勒比地区	中东和北非	南亚	撒哈拉以南非洲地区
	（潜在产出的平均增长率，百分比）								
基准状态：利差和基准利率与繁荣时期水平一致									
1980—1995 年	2.6	2.6	2.6	8.3	0.6	2.4	2.6	5.1	1.8
1996—2002 年	4.6	4.6	3.9	7.8	3.1	3.0	4.2	5.8	3.4
2003—2008 年	6.2	6.2	5.4	8.7	5.9	3.5	5.0	7.4	5.6
2009—2015 年	6.3	6.3	5.8	8.1	5.7	3.8	5.4	7.4	6.5
2016—2050 年	4.5	4.5	5.2	5.5	4.5	1.6	2.9	4.9	5.1
基准利率不变，利差回到正常水平[a]									
1980—1995 年	2.6	2.6	2.6	8.3	0.6	2.4	2.6	5.1	1.8
1996—2002 年	4.6	4.6	3.9	7.8	3.1	3.0	4.2	5.8	3.4
2003—2008 年	6.2	6.2	5.4	8.7	5.9	3.5	5.0	7.4	5.6
2009—2015 年	5.9	5.9	5.4	7.8	5.2	3.3	4.9	7.0	6.3
2016—2050 年	4.5	4.4	5.2	5.4	4.4	1.5	2.8	4.8	5.1
	（各平均潜在产出增长率的差别，百分点）								
与基准状态的差别									
2003—2008 年	0.0	0.0	0.0	0.0	0.0	0.0	0.0	0.0	0.0
2009—2015 年	0.4	0.4	0.4	0.3	0.5	0.5	0.4	0.4	0.3
2016—2050 年	0.1	0.1	0.1	0.1	0.1	0.1	0.1	0.1	0.0

资料来源：世界银行。

a. 结果来自表 3.6 中的第二种情况。

假设全要素生产率是一个常量且借贷成本维持在 2008 年的水平，我们把这种经济状态视为基准状态。表 3.7 的第一部分展现了低人口增长率和老龄化问题对基准状态下潜在产出的影响。受老龄化以及人口增长率降低等因素的影响，发展中国家的劳动年龄人口的增长率也将降低，2016—2050 年，这些国家的经济增长率将比繁荣期下降 1.7 个百分点。假设全要素生产率与经济状况相符[38]，且资金成本的上升幅度与表 3.6 中的第二种情况一致，我们可以从表 3.7 的第二部分看到各个地区不同时间段的平均潜在产出增长率。从表中可以看出，当资本存量调整至新的均衡水平之后，经济体的长期潜在产出增长率与基准状态下的水平并无二致，但过渡期内的潜在产出增速却比基准状态下的低了 0.4 个百分点，在最后一个时间段内更是低了 5.2 个百分点。

未来经济增速放缓以及收入水平下降可能对发展中国家的贫困问题和疾病传播产生长期不利影响。最新预测数据显示，经济衰退将致使 2009—2010 年间非洲儿童死亡人数上升 30000—50000 人（Friedman 和 Schady，2009），那么在表 3.7 模拟的第二种情况下——潜在产出降低了 4.2% GDP——到 2015 年，这场危机以及危机的后续作用将致使全球 4600 万人口重陷贫困泥沼（表 3.8）。

在上述几种模拟情况下，借贷成本上升似乎不会对一个国家的债务稳定性产生太大影响，即便那些债台高筑的发展中国家也不例外。

我们假设借贷成本上升 2.7 个百分点（差不多是表 3.6 中最糟糕的情况），发展中国家的私人债务—GNI 的比率最多才升

表 3.8　长期来看，危机可能致使贫困人口上升 4600 万人

地区	2015 年潜在产出下降 5.2% 对贫困造成的影响	
	新增贫困人口（百万）	新增贫困人口百分比
东亚和太平洋地区	6.3	19.3
欧洲和中亚	0.9	27.7
拉丁美洲与加勒比地区	3.4	14.3
中东和北非	0.8	46.8
南亚	16.3	31.2
撒哈拉以南非洲地区	18.2	11.7
所有发展中国家	46.0	17.0

资料来源：世界银行。

注：各项数据根据 GIDD 模型计算得出。

高 6 个百分点。事实上，在私人债务—GNI 比率最高的 20 个发展中国家中，大多数国家的该项比率只上升了大约 1 个百分点（图 3.13）。但是，如果这些国家无法获得足够的外部资金，而国内借贷成本又快速走高，这种情况的破坏性要比负债比率上升严重得多。如果借贷成本上升 270 个基点，那么对于一个私人债务—GNI 比率为 40%（即这 20 个负债率最高国家的均值水平）的国家来讲，其外汇支出将减少 GNI 的 1.1%。我们再假设该国的进口需求弹性为 4，那么这一情形将致使该国国内需求下降 4.4%[39]。

应对国际金融体系退化的战略举措

虽然单独的一个发展中国家无法左右全球金融体系的发展方向，但一个地区的发展中国家要是联合起来却能极大地影响该地区的中介成本，以抵消甚至扭转资本成本上升的不利影响——虽然这一行动效果不会立竿见影显现出来，但长期看来还是大有裨益的。

我们在第 2 章中已经讨论过，在过去 10 年中影响发展中国家借贷成本的最主要因素就是国际资本存量。但需要指出的是，国内资金供给不足对许多发展中国家借贷成本的影响比国际资本存量的影响还要大。全球经济基本面也是需要考虑的因素——基本面的好坏关系着各个国家经济活动风险溢价的高低，以及既定投资项目的相对成本效益。即便是最先进的发展中国家，其金融体系的运行效率也与高收入国家有着一定差距。举例来讲，在金融体系有效性综合指数包含的 14 个发展中国家中，有 11

图 3.13　借贷成本上升对私人债务/国民总收入比率的影响

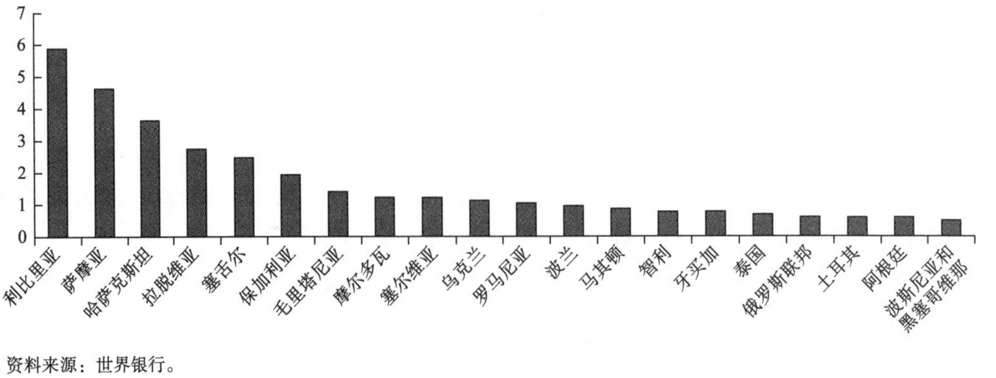

资料来源：世界银行。

表 3.9　衡量银行部门效率的部分指标

商业银行运营率（2006—2008 年的均值）

地区	净利差（%）	净利息收入/平均资产（%）	其他营业收入/平均资产（%）	非利息支出/平均资产（%）	利润率（税前，非经营性利润）
东亚和太平洋地区	3.85	3.34	1.52	3.09	1.77
欧洲和中亚	6.94	5.86	11.05	14.18	2.73
拉丁美洲与加勒比地区	8.38	6.69	3.51	8.44	1.77
中东和北非	3.21	2.58	1.66	2.66	1.58
南亚	3.47	3.05	1.88	3.26	1.68
撒哈拉以南非洲地区	7.17	5.80	4.23	6.58	3.45
发展中国家	6.62	5.50	7.12	10.22	2.40
高收入国家	3.57	3.25	1.94	4.06	1.13
低收入国家	6.16	5.02	3.46	5.47	3.01
中低收入国家	5.57	4.37	2.42	5.21	1.58
中高收入国家	7.00	5.91	9.05	12.39	2.57

资料来源：世界银行根据全球银行与金融机构分析库（Bankscope）的数据计算得出。

个国家的得分都在平均水平以下（Dorrucci、Meyer－Cirkel 和 Santabarbara，2009）。

表 3.9 列举了发展中地区银行部门的净利息收益（对存款支付的利息与从贷款赚取的利息之差额）、其他收入和非利息支出（主要是经费开支）等一系列数据，以占银行总资产的百分比表示。总的来看，发展中国家的存贷款利息差比高收入国家的平均高出 225 个基点，经费支出和利润率都是高收入国家的两倍。值得注意的是，一些发展中国家银行部门的很大一部分收益和利润点都是来自非银行业务，如果不是因为这些收入来源，发展中地区的银行部门都会面临亏损，只有一个地区除外。

造成发展中地区银行部门经费开支（占银行总资产的比重）较高的原因多种多样，而且不同银行和国家的比重也不尽相同。在利润率较高的国家和地区（撒哈拉以南非洲地区最高，其次是欧洲和中亚），高额经费支出反映出竞争乏力和市场深度不够等问题。欧洲和中亚、拉丁美洲和非洲的高额非利息收入则反映出这些地区的监管漏洞，例如产权保护不力等，使得这些地区的银行部门可以通过非银行业务赚取比传统存贷款业务更多的利润，从而降低了这些地区的金融中介的总体水平。

尽管存贷款利差和经营支出并不足以衡量由于金融体系的无效率所带来的高经济成本，但从这两个指标我们却可以看出银行部门效率的提高能使借贷成本有多大的下降空间。例如，如果撒哈拉以南非洲、拉丁美洲、欧洲和中亚地区的存贷款利差下降至目前东南亚的水平，这些地区的借贷成本就将减少 300—450 个基点，远可以抵消上面模拟的由于金融监管加强带来的最悲观的后果。根据第 2 章中的计量经济模型，借贷成本的这一降幅可以使这些地区国内金融中介的水平增长至相当于 GDP 的 2.5%。

此外，现有研究分析在考虑发展中国家和高收入国家利差差异时还低估了两者的借贷成本差异。低收入国家的小型正规金融机构向不熟悉的客户发放贷款时往往会提高其贷款利率，这一利率水平甚至高达高收入国家利率水平的数倍，因此，如果这些国家银行部门效率提高、规模扩大，那么信誉较差的借款者的借贷成本将大幅降低。而且，目前在这些国家还有许多潜在的借款者完全没有获得资金的渠道，因此银行部门效率的提高在扩大信贷供给的同时，也提高了社会福利。

加强监管带来的结果可能比想像中的要好得多。产权保护不力以及腐败泛滥等现象对投资项目的利润侵蚀可能比借贷成本上升对利润的影响更大。根据第2章的回归分析，在资金成本不变的情况下，发展中国家的商业环境每改善一个标准差，都将使投资回报大幅上升，进而带动投资—GDP比率上升4%。

表3.10　基本面好转对长期经济增长的潜在影响

	发展中国家	中等收入国家	低收入国家	东亚与太平洋地区	欧洲和中亚	拉丁美洲与加勒比地区	中东和北非	南亚	撒哈拉以南非洲地区
				（平均潜在产出增长率,%）					
基准状态：利差和基准利率与2008年水平一致									
1980—1995	2.6	2.6	2.6	8.3	0.6	2.4	2.6	5.1	1.8
1996—2002	4.6	4.6	3.9	7.8	3.1	3.0	4.2	5.8	3.4
2003—2008	6.2	6.2	5.4	8.7	5.9	3.5	5.0	7.4	5.6
2009—2015	6.3	6.3	5.8	8.1	5.7	3.8	5.4	7.4	6.5
2016—2050	4.5	4.5	5.2	5.5	4.5	1.6	2.9	4.9	5.1
基准利率上升，利差回到“正常”水平									
1980—1995	2.6	2.6	2.6	8.3	0.6	2.4	2.6	5.1	1.8
1996—2002	4.6	4.6	3.9	7.8	3.1	3.0	4.2	5.8	3.4
2003—2008	6.2	6.2	5.4	8.7	5.9	3.5	5.0	7.4	5.6
2009—2015	5.9	5.9	5.4	7.8	5.2	3.3	4.9	7.0	6.3
2016—2050	4.5	4.4	5.2	5.4	4.4	1.5	2.8	4.8	5.1
基准利率上升，初始“正常”利差由于政策改善而大幅下降									
1980—1995	2.6	2.6	2.6	8.3	0.6	2.4	2.6	5.1	1.8
1996—2002	4.6	4.6	3.9	7.8	3.1	3.0	4.2	5.8	3.4
2003—2008	6.2	6.2	5.4	8.7	5.9	3.5	5.0	7.4	5.6
2009—2015	6.0	6.0	5.5	8.1	5.3	3.4	5.1	7.1	6.3
2016—2050	4.9	4.8	6.0	5.6	5.1	1.9	3.3	5.5	5.5
				（各平均潜在产出增长率的差别，百分点）					
与基准状态的差别									
基准利率上升，利差回到正常水平									
2003—2008	0.0	0.0	0.0	0.0	0.0	0.0	0.0	0.0	0.0
2009—2015	0.4	0.4	0.4	0.3	0.5	0.5	0.4	0.4	0.3
2016—2050	0.1	0.1	0.1	0.1	0.1	0.1	0.1	0.1	0.0
基准利率上升，初始“正常”利差由于政策改善而大幅下降									
2003—2008	0.0	0.0	0.0	0.0	0.0	0.0	0.0	0.0	0.0
2009—2015	0.3	0.3	0.3	0.0	0.4	0.4	0.3	0.3	0.2
2016—2050	0.3	0.3	0.7	0.1	0.5	0.3	0.4	0.6	0.3
				潜在产出的累积变化					
最终的潜在产出与基准状态的差别									
利率上升									
	4.8	4.8	4.9	4.3	6.0	6.3	5.7	5.4	2.8
利率上升且政策改善									
7.4	7.0	20.4	1.5	14.8	7.9	8.8	17.2	8.1	

资料来源：世界银行。

如果发展中国家能够通过改革金融监管和提高宏观经济管理等措施有效降低本国的借贷成本，那么本国的增长潜力将被极大地释放出来，从表3.10中我们就能感知一二。表3.10把两种情况下的经济结果进行了对比，一种情况与表3.6中模拟的第三种情况（即利差回复到“正常”水平，但基准利率上升）相同；另一种情况假设基准利率和利差不变，但发展中国家一直致力于降低借贷成本（每年降低25个基点，直到降至150个基点的水平）。在后一种情况下，发展中国家的增长率在危机后5—7年的时间里仍然会大幅下降，但随着基本面的日益好转，无论基准利率在新的高点达到均衡还是回复到基准状态，这些国家的增长率都会比借贷成本维持在原有水平的情况下更高。总的来看，借贷成本的降低使潜在产出比最初的基准状态上升了7.4%，比模拟的基准利率上升的情况高了12.2%，而其中最大的收益者是那些目前利差最大的国家和地区。

对全球储蓄和投资均衡的影响

前面的分析主要侧重于资金成本的上升对潜在产出的影响，但并不是只有过渡期资本产出率的降低才会导致GDP增长率低于历史水平。经济体在过渡时期往往会抑制投资和有效需求，进而降低了资源的利用率，虽然这种影响比潜在增长率分析更具随机性。

由于借贷成本上升以及人口增速放缓，经济体的资本存量将进行相应调整，因此投资率在未来5年将大大低于繁荣时期的水平，这一现象在中等收入国家尤为明显。受投资率下滑的影响，全球的储蓄投资平衡将被打破，因为全球投资的增长有一半以上都是中等收入国家贡献的。此外，投资率下降还将对地区失衡问题产生影响。对于欧洲和中亚地区来说，低投资意味着经常账户赤字的下降，这一情形与1998年金融危机后东亚的情况有几分类似。而对于东亚地区——这一地区未来5年的年增长率预计将比繁荣时期下降1个百分点——来说，低投资则意味着经常账户盈余的增加。当然，如果储蓄率下降就另当别论。

低收入国家对资金的需求量依然很大，借贷成本上升的不利影响可能会被全要素生产率的日益提高和人口的稳定增长所抵消。

前面已经讨论过，借贷成本上升主要是因为金融中介的成本上升（当局对金融市场加强监管以及银行部门合并）以及既定风险的溢价上升（一些风险管理工具退出市场以及避险情绪普遍高涨）。虽然这些因素不会直接影响储蓄者关心的无风险利率，但多少也会产生一些间接作用，因为金融机构的高成本和高风险溢价会扩大贷款利率和存款利率之间的剪刀差。如果储蓄对利率具有弹性，这些变化将使存贷利率沿储蓄的需求曲线和供给曲线同时向右移动，从而降低无风险利率（在图3.14中从r_1^s下将至r_2^s）。无风险利率的降低将导致储蓄减少而国内对资金需求增加——这一转变可以部分弥补投资缺口并削减经常账户盈余。因此，借贷成本上升对全球均衡的影响要取决于其对经常账户盈余国家和赤字国家产生的综合效应。

图 3.14 金融中介的高成本将降低与储蓄决策有关的无风险利率

金融中介成本增加将提高借款者的贷款利率并降低储蓄者的存款利率

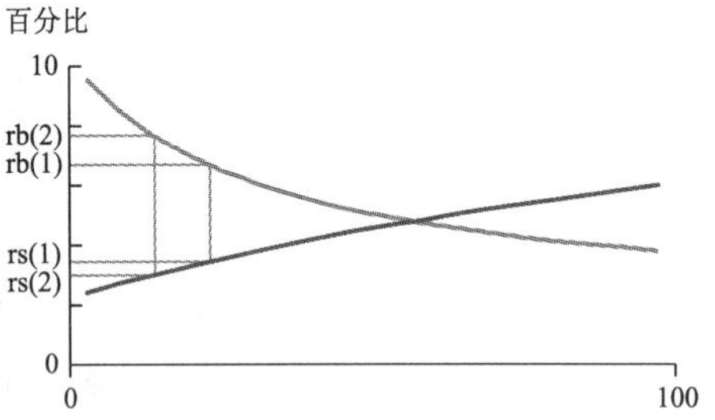

资料来源：世界银行。

虽然一些新兴经济体的消费能力正在提高，但我们仍需要采取一定的措施来刺激投资。有效需求是推动生产率增长的另一个驱动力，其可以消除经济增长的瓶颈、开创新的经济增长点。只有在这种增长动力的驱动下，发展中国家的投资才能回复到繁荣时期的水平。从这个角度来讲，发展中国家最理想的中期战略就是把创造有效需求与推动经济增长联系起来，这样制定的各项政策才能使潜在增长最大化。

结论

发展中国家在未来 10 年左右的时间里将比危机前繁荣期面临更严峻的资金形势。危机前市场上曾出现大量金融创新工具令投资者相信持有风险资产的成本最终将会降低，但随着危机的到来这些金融创新却大都臭名昭著。除此以外，各国当局也加强了对金融业的监管，许多投资者的避险情绪高涨，高收入国家的银行部门和家庭部门都需要修复和巩固自己的资产负债表，这些转变都将使得全球金融环境更加稳定坚固，但同时全球流动性却会因此下降，随之而来的是借贷成本的上升。

资金供给收紧以及资金成本上升将对发展中国家的实体经济产生了重大影响。尤其对那些国内金融系统相对薄弱、资金约束较为严重的低收入国家来说，银行融资萎缩和 FDI 下降造成的问题尤为严重。在这样一些国家中，投资总量的 40% 都是由 FDI 构成的，因此如果真像预计的那样 FDI 比危机前繁荣期减少 30%，那么该国经济将受到巨大冲击。而对于那些国内市场较为发达、能够从国际金融市场获得资金的中等收入国家来说，影响其经济增长的主要障碍则是借贷成本的上升。我们预计，发展中国家需要 5—7 年的时间才能在更高的借贷成本水平上达到新的均衡，在这段过渡期内，其潜在增长率将下降 0.2—0.7 个百分点，而在未来更长的时期内，这些国家的潜在产出将下降 3.4%—8%。

发展中国家的国内资金供给能够在多大程度上弥补因国际金融市场衰退而造成的国内资金缺口目前尚无定论。体制健全、政策完善的发展中国家是国际金融市场衰退的最大受害者，因为他们过去从这一市场获得的资金最多。但从另一个角度来说，这些国家又拥有最为强健的国内金融体系，并最有可能通过建设扩大自己的银行部门来弥补国际资金的不足。国内金融化程度提高带来的好处最终将超过国际资金减少造成的危害。但许多低收入国家的国内金融体系往往太过脆弱，无法对国际资金环境的这一变化做出有效回应。虽然国际资金供给减少给它们造成的直接影响可能不算太大——这些国家几乎没有渠道获得国际资金，因此也就没什么损失——但从长期来看，低收入国家受到的冲击还是不容小觑的。如果低收入国家未来无法再获得国际资金或者获得的资金量有所萎缩，那么与国际资金相伴而来的专业技术和外溢效应也将随之消失或减少，这将严重阻碍低收入国家和金融化程度较低的国家向中等收入国家转变的进程，也使他们加强自身金融体系建设的议程搁浅。

发展中国家自己也可能采取饮鸩止渴的方式应对这场危机。危机再次向人们证明了一个不争的事实：资金流动是极不稳定的，这种不稳定性会让实体经济付出了巨大代价。就连那些一直践行谨慎的宏观经济政策和经济结构政策的国家的GDP增长率也下降了4%之多，但这一数据从某种意义上也是对这些国家的小小安慰，因为这样的下降幅度要远远好于那些拥有巨大经常账户赤字和预算赤字遭遇危机的国家的惨痛经历。

世界各国出于公众压力和政策审慎性要求都会重新考虑开放金融和贸易的利益得失。客观事实要求政府当局以更加谨慎、渐进的方式对待资本账户自由化问题，而且根据以往的经验，更灵活的汇率制度安排有助于减轻危机对经济的侵害。对于国内制度不完善、金融化程度较低的国家来说，过快开放资本账户将增加经济的不稳定性；而对于国内体系较为成熟的国家来说，开放资本账户不但将使它们从竞争中受益，而且还能在不依赖外资的情况下满足更多的资金需求。同样，建立储备的效果也不能一概而论。储备量的增加可以扩大当局的操作空间，但在危机时期维护这些储备的成本却十分高昂，而且当经济基本面开始恶化时，这些储备也无法维持汇率稳定。

尽管单一的发展中国家无法左右全球形势，但却可以通过加强自身建设抵御不良外部冲击。发展中国家GDP增长率和发展前景对借贷成本的敏感度很高，而这些国家的金融部门的运营成本又偏偏很高，这些都预示着如果政府当局能够有效提高国内银行部门的效率——通过加大产权保护力度、鼓励竞争以及加强监管等措施——那么将对国内金融体系、投资水平和增长潜力产生极大的推动作用。许多地区的借贷成本将因此下降300个基点，从而带动长期潜在产出增长8%甚至更多。当然，要以危机为契机推进改革将是一个漫长而艰巨的过程——尤其当改革触及国内既有利益时问题将变得更加棘手。

注 释

1. 通过资产证券化中的“真实出售”操作可以实现既持有表外资产风险，又规避最低资本金的限制。“真实出售”是指贷款出售者不必为售出后的贷款质量或抵押品担负任何责任时，贷款出售者不受最低资本金限制。虽然美国的监管者已经意识到这一制度存在漏洞，但实际操作中却很难控制（Calomiris 和 Mason，2004）。

2. Calomiris 和 Mason（2004）认为在资产证券化过程中运用隐性追索权对社会大有裨益，监管方提出的资本金要求实际上太过苛刻。

3. 监管者无论是关闭资不抵债的银行，还是根据银行的风险情况施加资本金要求，都无法熨平系统风险（Acharya，2009）。

4. 更多有关金融监管变革的观点请参考：2009年4月2日G20于伦敦峰会发表的声明“Strengthening the Financial System”；奥巴马政府2009年6月公布的金融

改革方案“A New Foundation：Rebuilding Financial Supervision and Regulation”；英国金融服务局2009 年3 月发布的“The Turner Review：A Regulatory Response to the Global Banking Crisis”。一项标志着立法进步的事件是众议院通过了成立消费者保护金融局的法案，把监管范围延伸至部分场外衍生品，同时建立了一套应对程序，帮助身陷困境的银行，尤其是那些可能引发系统风险的高危银行。当然，这项方案在参议院表决通过并最终形成法律之前还需进行大量修改。

5. 参见 Claessens、Demirgüç - Kunt 和 Huizinga（1998）跨国案例研究；Barth、Caprio 和 Levine（2001）；Claessens 和 Laeven（2003）。Bayraktar 和 Wang（2004）发现，那些在开放国内金融市场之前就开放了股票市场的国家能够极大地从外国银行的参与中提高银行业的效率。

6. 外国银行发放的当地贷款的统计数据只包括向 BIS（国际清算银行）提供数据的外国银行，还有一部分外国银行（尤其是来自发展中国家的外国银行）并不在统计范围内。此外，贷款存量数据也没有随汇率变化而更新。如果考虑到2008 年下半年美元升值的因素，那么实际贷款数额会比数据显示的要少。但我们并不清楚外国银行贷款和当地银行贷款的计价货币确切是什么币种。

7. 2008 年全球商品贸易总额为15.8 万亿美元，其中20%以上的交易都有信用票据（如信用证）保证。由于商品生产和销售之间存在时间差，因此生产商的支出和收入往往不能匹配，这就需要贸易融资。除信用证之外，存货质押融资和应收账款融资都在这些方面发挥了很大作用。

8. 世界银行根据 Dealogic（一家数据供应商——译者注）提供的数据计算得出。

9. 共同基金于20 世纪80 年代起以封闭式基金（基金份额在一定期限内不可赎回）的形式在发展中国家投资，这主要是为了限制在当时流动性较差的发展中国家市场上的流通（Kaminsky、Lyons 和 Schmuckler，2001）。随着流动性日益增强，开放式基金逐渐成为主要投资方式。除共同基金以外，养老基金、保险公司、对冲基金和个人投资者都是外资参与新型资本市场的主要方式。

10. 有证据表明股票市场自由化能够降低资金成本（Henry，2000；Bekaert 和 Harvey，2000）。Kose、Prasad 和 Terrones（2008）对某些产业和发展中国家抽样分析发现，投资组合资本负债与全要素生产率增长之间存在正相关关系。

11. Gupta 和 Yuan（2005）发现，在实现资本市场自由化后，依靠外部融资的行业比内部融资的行业增长更快。Vanassche（2004）也发现金融开放总体上对产业增长具有积极影响，那些更多依靠外部融资的行业从中受益最大。Eichengreen、Gullapalli 和 Panizza（2009）指出，开放资本账户只对那些高收入国家的资本密集型产业有正效应，而且一旦爆发危机这种效应就会消失。

12. 学术界目前对此效果存在分歧，如果投资者可以比较容易地退出市场，那么他们就没有动力去监督经理人的投资行为，就会弱化公司治理，而且投资效率也会降低（Levine 和 Zervos，1998）。

13. Levine 和 Zervos（1998）进行的跨国回归分析发现，股票市场流动性（以及银行部门不断完善）与增长、资本积累和生产率提高之间存在正相关关系。Demirgüç - Kunt 和 Maksimovic（1996）发现，活跃的股票市场能够促使企业快速增长，其增速好于预期。Kassimkatis 和 Spyrous（2001）认为只有在相对开放的经济体中资本市场才能够促进增长。其他一些学者指出，对资本市场放松管制，在短期和长期内都对增长具有积极效应（Fuchs - Schundeln 和 Funke，2003）。

14. 由于愿意投资发展中国家的外国投资者为数不多，而且他们更愿意投资于发展比较充分的市场，因此发展中国家政府只有改善资金清算系统等基础设施才能吸引这些投资者。Chinn 和 Ito（2006）做的跨国回归分析表明，对外资开放有助于资本市场发展。

15. 虽然数据没有分别提供跨境收购和国内收购的具体信息，但是我们估计跨国公司为进行跨国收购而筹集的国际贷款量更大。

16. 2008 年，从发展中国家流出的 FDI 上升至1640 亿美元（2007 年为1380 亿美元），而这一时期从发达国家流出的 FDI 却下降了25%，预计发展中国家流出的 FDI 在2009 年的降幅不会太大。中国企业从2008 年12 月起就开始大力投资于海外石油资产，其投资额已超过200 亿美元，包括哈萨克斯坦、尼日利亚和叙利亚在内的许多国家油田都有中国的股份。

17. 发展中国家的企业可以通过观察学习或者雇用在外国企业有工作经历的员工进而掌握外国企业的高

端技术（以及市场营销策略以及管理经验）（Fosfuri、Motta 和 Ronde，2001）。外国企业的参与也将推动发展中国家行业内的竞争，进而促使当地企业提高自身效率（Blomström、Kokko 和 Zejan，2000；Javorcik、Keller 和 Tybout，2006）。但是，其效率提高的幅度还要取决于国内实行的一系列政策效果，包括对 FDI 的政策（Beamish，1998）、现有的促进技术传播的措施（Lall，2003）、接受国国内的技术水平以及与外国公司的技术相似度（Saggi，2002）、贸易政策（Moran，2002）以及金融发展水平（Alfaro 等人，2002）。

18. 参见世界银行（2004）对发展中国家基础设施融资的论述；Dailami 和 Hauswald（2007）对卡塔尔进行的案例研究，精妙的融资安排不但确保了一项大型项目融资的顺利进行，也降低了该项目的融资成本。

19. 数据显示，发展中国家在项目融资中所占份额（以美元计）已经从 2007 年的 0.5% 上升至 2008 年的 9%（项目融资国际数据，http：//www. pfie. com）。此外，高收入发展中国家和地区（如韩国、中国台湾和新加坡）的企业在项目融资中所占份额也显著增加。

20. 发展中国家消费水平的大起大落预示着消费平滑效应将给这些国家带来巨大福利（Pallage 和 Robe，2003）。消费平滑效应也有助于推动专业化进程，进而促进一个国家的发展，因为专业化进程往往伴随着巨大的经济波动，而波动会对福利产生负面影响。

21. 短期债务/储备比率与 GDP 增长率之间的相关度为 -0.2。2007 年储备/进口率与 2008—2009 年 GDP 增长率（2009 年 GDP 增长率为作者预期值）下降幅度之间的相关度为 0。

22. 指为了冲销流入的外资而发行以本币计价的证券票息与换算成本币的国际储备收益之间的差额。

23. Hauner 研究报告中的国家分类不同于世界银行对高收入国家和发展中国家的分类。

24. 该数据来源于国际货币基金组织 COFER 数据库。

25. 世界银行根据国际清算银行《地区金融统计》表 7A 计算得出。

26. Chinn - Ito 指数根据 IMF 外汇年报中有关金融管制方面的综合信息产生了一个单一指标，以衡量世界各国的金融开放度。具体数据参见 www. http：//web. pdx. edu/ ~ ito/。

27. 区域层面的信息不对称程度可能低于国际层面的信息不对称程度（Ocampo，2006）。

28. 人民日报网站 2008 年 5 月 4 日的报道（http：//english. people. com. cn/90001/90780/91421/6650574. html）。ASEAN + 3 是指东盟国家和中国、日本、韩国。

29. 2008 年第四季度综合风险溢价的升幅相当于高收入国家基准利率升高 600 基点所带来的经济效果。但实际情况是，虽然那一时期公司债券违约率（基本经济因子之一）大幅上升，但美联储的有效利率却下降了 180 个基点。

30. 巴西和匈牙利的预测误差最大，保加利亚和马来西亚的预测误差较小，详见 Kennedy 和 Palerm（2009）。

31. 阿根廷和巴西的利差扩大幅度比模型计算值高 30% 以上，而波兰的利差扩大幅度却比模型计算值低 30%。

32. OECD 模型的原始形式是：综合风险指数 = -1.24 + 0.41 × 基准利率 + 其他变量。在 Kennedy 和 Palerm（2009）中，发展中国家利差（即 EMBI 利差）是综合风险指数的函数（因此 EMBI 利差也就间接是基准利率的函数）。但这一函数有两种不同的参数设置：分别针对信誉良好的国家和信誉较差的国家：EMBI（高风险国家）= 140 × 综合风险指数 + 其他变量；EMBI（低风险国家）= 27 × 综合风险指数 + 其他变量。将上述两个等式合并就得到 EMBI 利差与基准利率函数的简约方程式：ΔEMBI（高风险国家）= 140 × 0.41 × 基准利率变化量 = 57.4 × 基准利率变化量；ΔEMBI（低风险国家）= 27 × 0.41 × 基准利率变化量 = 11.1 × 基准利率变化量。Dailami、Masson 和 Padou（2008）的模型则直接将高收入国家基准利率的变化量与发展中国家风险溢价建立联系，而不是先测算基准利率对全球综合风险溢价的影响，然后再测算全球综合风险溢价对单个国家风险溢价的影响。

33. 从经验分析来看，美国制造部门的折旧率为 3%—13%（Nadiri 和 Prucha，1993），高科技研发部门的折旧率则高达 18%—36%。整个经济体的折旧率就是折旧期较长的实体资本（如道路建设）折旧率和折旧期较短的高科技资本折旧率的加权平均值。各个国家的总折旧率都不尽相同，因为不同国家各种经济活动的折旧率和权重都各不相同。虽然此处的 7% 是一个比较粗略的预测值，但与 IMF（2005）模型分析的假设值以及 OECD 关联模型的隐含值一致。

34. 根据第 2 章中的潜在产出模型，对于一个资金成本高达 1000 个基点的国家来说，如果其资金成本能降低 100 个基点，那么该国的长期资本产出率将上升

4%（假设原有资本占新增资本的比例为 40%，实际基准利率为 3%，平均折旧率为 7%）。

35. 这些模拟情况的时间轴外延至 2050 年，以满足中期动态博弈达到均衡状态所需的时间要求。

36. 事实上，投资率与理想资本存量之间的动态博弈将使资本产出率比基准水平超调 3%。

37. IMF 采用的分析法是一种历史分析法，根据过去危机后潜在产出的历史数据探究造成潜在产出下降的原因，在这些原因中就包括本文笔者提到的资本产出率的下降。

38. 见世界银行（2007）就可能出现的长期经济状态展开的更深入的讨论，以及不同的经济状态对贫困产生的影响。

39. 假设进口需求弹性为 4。

参考文献

Acharya, Viral V. 2009. "A Theory of Systemic Risk and Design of Prudential Bank Regulation." *Journal of Financial Stability* 5 (3): 224–55.

Alfaro, Laura, Areendam Chanda, Sebnem Kalemli-Ozcan, and Selin Sayek. 2004. "FDI and Economic Growth: The Role of Local Financial Markets." *Journal of International Economics* 64 (October): 89–112.

Al-Yousif, Khalifa Yousif. 2002. "Financial Development and Economic Growth: Another Look at the Evidence from Developing Countries." *Review of Financial Economics* 11 (2): 131–50.

Arena, Marco, Carmen Reinhart, and Francisco Vazquez. 2007. "The Lending Channel in Emerging Economies: Are Foreign Banks Different?" IMF Staff Working Paper 07/48. International Monetary Fund, Washington, DC.

Barth, James R., Gerard Caprio, and Ross Levine. 2001. "Bank Regulation and Supervision: What Works Best?" Policy Research Working Paper 2775. World Bank, Washington, DC (August).

Bayraktar, Nihal, and Yan Wang. 2004. "Foreign Bank Entry, Performance of Domestic Banks and the Sequence of Financial Liberalization." Policy Research Working Paper 3416. World Bank, Washington, DC.

Beamish, P. W. 1988. *Multinational Joint Ventures in Developing Countries*. London: Routledge.

Bekaert, Geert, and Campbell R. Harvey. 2000. "Foreign Speculators and Emerging Equity Markets." *Journal of Finance* 55 (2): 565–613.

Blanchard, Olivier, Hamid Faruqee, and Vladimir Klyuev. 2009. "Did Foreign Reserves Help Weather the Crisis?" *IMF Survey Magazine* (October 8).

Blomström, M., A. Kokko, and M. Zejan. 2000. *Foreign Direct Investment: Firm and Host Country Strategies*. London: Macmillan.

Borensztein, E., J. De Gregorio, and J. W. Lee. 1998. "How Does Foreign Direct Investment Affect Economic Growth?" *Journal of International Economics* 45: 115–35.

Brunnermeier, Markus K, Andrew Crockett, Charles A Goodhart, Avinash Persaud, and Hyun Song Shin. 2009. "The Fundamental Principles of Financial Regulation." *Geneva Reports on the World Economy*. Geneva: International Center for Monetary and Banking Studies.

Calomiris, Charles W., and Joseph R. Mason. 2004. "Credit Card Securitization and Regulatory Arbitrage." *Journal of Financial Services Research* 26 (1): 5–27.

Calvo, Guillermo. 1996. "Varieties of Capital Market Crises." In *The Debt Burden and its Consequences for Monetary Policy*, ed. Calvo Guillermo and Mervyn King. London: Macmillan in association with the International Economic Association.

Cetorelli, Nicola, and Linda Goldberg. 2009. "Globalized Banks: Lending to Emerging Markets in the Crisis." Staff Report 377. Federal Reserve Bank of New York, New York.

Chinn, Menzie D., and Hiro Ito. 2006. "What Matters for Financial Development? Capital Controls, Institutions, and Interactions." *Journal of Development Economics* 81: 163–92.

Claessens, Stijn, and Luc Laeven. 2003. "What Drives Bank Competition? Some International Evidence." *Journal of Money, Credit and Banking* 36 (3): 563–83.

Corm, George. 2006. "The Arab Experience." In Ocampo, *Regional Financial Cooperation.*

Cortavarria, Luis, Simon Gray, Barry Johnston, Laura Kodres, Aditya Narain, Mahmood Pradhan, and Ian Tower. 2009. *Lessons of the Financial Crisis for Future Regulation of Financial Institutions and Markets and for Liquidity Management.* Washington, DC: International Monetary Fund.

Crystal, Jennifer S., B. Gerard Dages, and Linda S. Goldberg. 2002. "Has Foreign Bank Entry Led to Sounder Banks in Latin America?" *Current Issues in Economics and Finance* 8 (1):1–6.

Cull, Robert, and Maria Soledad Martinez Peria. 2007. "Foreign Bank Participation and Crises in Developing Countries." World Bank, Washington, DC.

Dailami, Mansoor, and Robert Hauswald. 2007. "Credit-spread Determinants and Interlocking Contracts: A Study of the Ras Gas Project." *Journal of Financial Economics* 86: 248–78.

Dailami, Mansoor, Paul R. Masson, and Jean Jose Padou. 2008. "Global Monetary Conditions versus

Country-Specific Factors in the Determination of Emerging Market Debt Spreads." *Journal of International Money and Finance* 27: 1325–36.

De Haas, Ralph, and Iman van Lelyveld. 2006. "Foreign Banks and Credit Stability in Central and Eastren Europe: A Panel Data Analysis." *Journal of Banking and Finance* 30: 1927–52.

Demirgüç-Kunt, Asli, and Vojislav Maksimovic. 1996. "Financial Constraints, Uses of Funds and Firm Growth: An International Comparison." Policy Research Working Paper 1671. World Bank, Washington, DC.

Demirgüç-Kunt, Asli, Harry Huizinga, and Stijn Claessens. 1998. "How Does Foreign Entry Affect the Domestic Banking Sector?" Policy Research Working Paper 1918. World Bank, Washington, DC.

Detragiache, Enrica, and Poonam Gupta. 2004. "Foreign Banks in Emerging Market Crises: Evidence from Malaysia." IMF Working Paper 04/129. International Monetary Fund, Washington, DC.

Di Giovanni, Julian. 2005. "What Drives Capital Flows? The Case Of Cross-Border M&A Activity and Financial Deepening." *Journal of International Economics* 65 (1): 127–49.

Dorrucci, Ettore, Alexis Meyer-Cirkel, and Daniel Santabarbara. 2009. "Domestic Financial Development in Emerging Economies: Evidence and Implications." Occasional Paper Series 102, European Central Bank, Frankfurt (April).

Edwards, Sebastian. 2005. "Capital Controls, Sudden Stops, and Current Account Reversals." NBER Working Paper 11170. National Bureau of Economic Research, Cambridge, MA.

Eichengreen, Barry, Rachita Gullapalli, and Ugo Panizza. 2009. "Capital Account Liberalization, Financial Development and Industry Growth: A Synthetic View." University of California at Berkeley, Berkeley, CA.

Eichengreen, Barry, and David Leblang. 2002. "Capital Account Liberalization and Growth: Was Mr. Mahathir Right?" NBER Working Paper 9427. National Bureau of Economic Research, Cambridge, MA.

Ellis, Nan S., Lisa M. Fairchild, and Harold D. Flether. 2008. "The NYSE Response to Specialist Misconduct: An Example of the Failure of Self-Regulation." www.works.bepres.com\cgi.

Fimetrix. 2009. www.fimetrix.com.

Fosfuri, Andrea, Massimo Motta, and Thomas Ronde. 2001. "Foreign Direct Investment and Spillovers through Workers' Mobility." *Journal of International Economics* 53 (1): 205–22.

Friedman, Jed, and Norbert Schady. 2009. "How Many More Infants Are Likely to Die in Africa as a Result of the Global Financial Crisis?" Research Paper 60. World Bank, Development Research Group, Washington, DC.

Fuchs-Schundeln, Nicola, and Norbert Funke. 2003. "Stock Market Liberalizations: Financial and Macroeconomic Implications." *Review of World Economics* 139 (4): 730–61.

Fung, Laurence Kang-por, Chi-sang Tam, and Ip-wing Yu. 2008. "Assessing the Integration of Asia's Equity and Bond Markets." In *Regional Financial Integration in Asia: Present and Future*. BIS Papers 42. Bank for International Settlements, Basel.

Furman, Jason, and Joseph Stiglitz. 1998. "Economic Crises: Evidence and Insights from East Asia." In *Brookings Papers on Economic Activity*, ed. William C. Brainard and George Perry. Washington, DC: Brookings Institution.

Glick, Reuven, and Michael Hutchison. 2001. "Banking and Currency Crises: How Common Are Twins?" In *Financial Crises in Emerging Markets*, ed. Reuven Glick, Ramon Moreno, and Mark M. Spiegel. New York: Cambridge University Press.

Goldberg, Linda, B. Gerard Dages, and Daniel Kinney. 2000. "Foreign and Domestic Bank Participation in Emerging Markets: Lessons from Mexico and Argentina." NBER Working Paper 7714. National Bureau of Economic Research, Cambridge, MA.

Gupta, Nandini, and Kathy Yuan. 2005. "On the Growth Effects of Liberalizations." Available at SSRN: http://ssrn.com/abstract=774605.

Hauner, David. 2005. "A Fiscal Price Tag for International Reserves." IMF Working Paper 05/81. International Monetary Fund, Washington, DC.

Hellman, Murdock, and Stiglitz. 2000. "Liberalization, Moral Hazard in Banking and Prudential Regulation: Are Capital Requirements Enough?" *American Economic Review* 90(1): 147–65.

Henry, Peter B. 2000. "Stock Market Liberalization, Economic Reform, and Emerging Market Equity Prices." *Journal of Finance* 55 (2): 529–64.

———. 2007. "Capital Account Liberalization: Theory, Evidence and Speculation." *Journal of Economic Literature* 45 (4): 887–935.

IMF (International Monetary Fund). 2005. *World Economic Outlook*. Washington, DC.

———. 2009. *World Economic Outlook: Sustaining the Recovery*. Washington, DC (October).

IMF/BAFT (International Monetary Fund–Bankers' Association for Finance and Trade). 2009. "IMF-BAFT Trade Finance Survey: A Survey among Banks Assessing the Current Trade Finance Environment" (http://baft.org/content_folders/Issues/IMFBAFTSurveyResults20090331.ppt).

Javorcik, Beata Smarzynska, Wolfgang Keller, and James R. Tybout. 2006. "Openness and

Industrial Responses in a Wal-Mart World: A Case Study of Mexican Soaps, Detergents and Surfactant Producers." NBER Working Paper 12457. National Bureau of Economic Research, Cambridge, MA.

Jeanne, Olivier. 2007. "International Reserves in Emerging Market Economies: Too Much of a Good Thing?" *Brookings Papers on Economic: 1*, ed. William C. Brainard and George Perry. Washington, DC: Brookings Institution.

Jeon, Bang Nam. 2002. "Progress and Prospects of Regional Financial Arrangements and Cooperation: A Critical Suvey." Paper prepared for the 2002 International Finance Seminar ADBI/ADB in Penang, Malaysia. http://ssrn.com/abstract=1305688.

Jickling, Mark. 2009. "Causes of the Financial Crisis." Congressional Research Service, Washington, DC. http://digitalcommons.ilr.cornell.edu/key workplace/600.

Jorgenson, Dale W. 1963. "Capital Theory and Investment Behavior." *American Economic Review* 53: 247–57.

Kaminsky, Graciela A., Richard K. Lyons, and Sergio L. Schmukler. 2001. "Mutual Fund Investment in Emerging Markets: An Overview." *World Bank Economic Review* 15 (2): 315–40.

Kaminsky, Graciela L. and Sergio L. Schmukler. 2002. "Short-Run Pain, Long-Run Gain: The Effects of Financial Liberalization." NBER Working Paper 9787. National Bureau of Economic Research, Cambridge, MA.

Kassimatis, Konstantinos, and Spyros I. Spyrou. 2001. "Stock and Credit Market Expansion and Economic Development in Emerging Markets: Further Evidence Utilizing Cointegration Analysis." *Applied Economics* 33: 1057–64.

Kennedy, Michael, and Angel Palerm. Forthcoming. "Emerging Market Bond Spreads: The Role of World Financial Market Conditions and Country-Specific Factors." World Bank Prospects Working Paper, Washington, DC.

Klein, Michael W., and Giovanni P. Olivei. 2008. "Capital Account Liberalization, Financial Depth and Economic Growth." *Journal of International Money and Finance* 27: 861–75.

Klein, M. W., J. Peek, and E. S. Rosengren. 2002. "Troubled Banks, Impaired Foreign Direct Investment: The Role of Relative Access to Credit." *American Economic Review* 92: 8.

Kose, M. Ayhan, Eswar Prasad, Kenneth Rogoff, and Shang-Jin Wei. 2006. "Financial Globalization: A Reappraisal." IMF Working Paper 06/189. International Monetary Fund, Washington, DC.

Kose, M. Ayhan, Eswar Prasad, and Ashley D. Taylor. 2009. "Thresholds in the Process of International Financial Integration." Working Paper 14916. National Bureau of Economic Research, Cambridge, MA.

Kose, M. Ayhan, Eswar Prasad, and Marco E. Terrones. 2005. "Growth Volatility in an Era of Globalization." IMF Staff Papers 52. International Monetary Fund, Washington, DC (September).

———. 2008. "Does Openness to International Financial Flows Raise Productivity Growth?" NBER Working Paper 14558. National Bureau of Economic Research, Cambridge, MA.

Lall, Sanjaya. 2003. "The Technological Structure and Performance of Developing Country Manufacturing Exports, 1985–98." QEH Working Paper 44. Queen Elizabeth House, Oxford University, Oxford, U.K.

Lau, Lawrence J. 2000. "Research on the Cost of Capital: Past, Present and Future." Chapter in *Econometrics and the Cost of Capital: Essays in Honor of Dale Jorgenson.* Cambridge, MA: Massachusetts Institute of Technology Press.

Levine, Ross. 1996. "Foreign Banks, Financial Development and Economic Growth." In *International Financial Markets,* ed. Claude E. Barfied. Washington, DC.: AEI Press.

Levine, Ross, and Sara Zervos. 1998. "Stock Markets, Banks, and Economic Growth." *American Economic Review* 88 (3): 537–58.

Machinea, Jose Luis, and Guillermo Rozenwurcel. 2006. "Macroeconomic Coordination in Latin America: Does It Have a Future?" In Ocampo, *Regional Financial Cooperation.*

Magud, Nicolas, and Carmen M. Reinhart. 2006. "Capital Controls: An Evaluation." NBER Working Paper 11973. National Bureau of Economic Research, Cambridge, MA.

Malouche, Mariem. 2009. Trade and Trade Finance Developments in 14 Developing Countries post September 2008: A World Bank Survey." Policy Research Working Paper 5138. World Bank, Washington, DC.

Martinez Peria, Maria Soledad, Andrew Powell, and Ivanna Vladkova-Hollar. 2002. "Banking on Foreigners: The Behavior of International Bank Lending to Latin America, 1985–2000." IMF Staff Papers 52. International Monetary Fund, Washington, DC.

McKibbin, Warwick J., and Andrew Stoeckel. 2009. "The Potential Impact of the Global Financial Crisis on World Trade." Mimeo.

Miyachi, Masato. 2007. "Regional Cooperation in Developing Asian Bond Market." Presentation for the Asian Development Bank, given in Shanghai September 25.

Moran Theodore. 2002. *How to Investigate the Impact of Foreign Direct Investment on Development and Use the Results to Guide Policy*. Washington, D.C.: Brookings Trade Forum.

Mukerji, Purba. 2008. "Ready for Capital Account Convertibility?" *Journal of International Money and Finance*.

Nadiria, Ishaq, and Ingmar Prucha. 2007. "Sources of Growth of Output and Convergence of Productivity in Major OECD Countries." *International Journal of Production Economics* 52 (1997): 133–46.

Ocampo, Jose Antonio. 2006. "Regional Financial Cooperation: Experiences and Challenges." In *Regional Financial Cooperation, ed.* Jose Antonio Ocampo Washington, D.C.: The Brookings Institution.

OECD. 2004. *OECD Economic Outlook* No. 75. Paris.

OECD. 2009. *OECD Economic Outlook* No. 85. Paris.

Pallage, Stephane, and Michael A. Robe. 2003. "On the Welfare Cost of Economic Fluctuations in Developing Countries." *International Economic Review* 44 (2): 677–98.

Peek, Joe, and Eric S. Rosengreen. 2000. "Implications of the Globalization of the Banking Sector: The Latin American Experience." *Proceedings*. Federal Reserve Bank of Boston Conference Series (June): 145–70.

Rodrik, Dani. 2006. "The Social Cost of Foreign Exchange Reserves." CEPR Discussion Paper 5483. Centre for Economic Policy Research, London.

Saggi, Kamal. 2002. "Trade, Foreign Direct Investment and International Technology Transfer: A Survey." *World Bank Research Observer* 17 (2): 191–235.

SEC (Security and Exchange Commission). 2008. "Summary Report of Issues Identified in the Commission's Staff Examinations of Select Credit Rating Agencies." Washington, DC (July).

Shakya, Malika. 2009. "Integration of Developing Countries into Global Supply Chains: A Global Buyers' and Producers' Perspective." International Trade Department, World Bank, unpublished working paper.

Sløk, Torsten, and Michael Kennedy. 2005. "Factors Driving Risk Premia." OECD Economics Department Working Papers, No. 385. Paris, OECD.

UNCTAD (United Nations Conference on Trade and Development). 2009. *World Investment Report*. New York: Unied Nations.

Vanassche, Ellen. 2004. "The Impact of International Financial Integration on Industry Growth." Center for Economic Studies Discussion Paper 04.12. Catholic University of Leuven, Leuven, Belgium.

World Bank. 2004. *Global Development Finance: Harnessing Cyclical Gains for Development*. Washington, DC: World Bank.

———. 2006. *Global Development Finance: The Development Potential of Surging Capital Flows*. Washington, DC: World Bank.

———. 2007. *Global Development Finance: The Globalization of Corporate Development Finance in Developing Countries*. Washington, DC: World Bank.

———. 2008. *Global Economic Prospects: Techology Diffusion in the Developing World*. Washington, DC: World Bank.

附 录

区域经济展望

东亚和太平洋地区

近期发展

正如第1章所指出的，东亚和太平洋地区各经济体受2008年秋季全球商业投资大幅下降的影响尤为严重。危机导致全球私营企业融资额减少，增长预期降低，投资计划大幅削减。家庭财富、收入以及对耐用消费品的需求同样遭受负面影响。除中国外的其他东亚地区国家所受冲击尤为严重。2008年1—10月，本地区股市下跌近60%。2009年一季度，各国货币对美元汇率下跌5%—25%。2007年1月以来，债券差价上涨515个基点。到2008年11月，债券差价已达645个基点[1]。

东亚经济体是全球耐用品和资本货物的主要产地之一，并且已经充分融入全球生产网络。2008年9月至2009年3月，东亚经济体贸易和生产大幅下滑。以美元计算的出口额下降25%。除中国外的经济体产量暴跌15%—30%。日本、韩国、新加坡、中国台湾和中国香港等本地区高收入经济体所受影响也很严重，甚至更为严重（见图A1）[2]。

2009年，东亚从全球衰退中恢复的速度快于世界其他地区，势头更为强劲。中国引领全球工业生产的恢复进程。经济合作与发展组织高收入成员国也促进了2009年后期的经济增长。一些经济体，尤其是中国，实施了经济刺激方案；企业从大规模削减库存转为重新存货；2009年第二季度，出口和生产恢复增长，东亚经济的恢复得以巩固[3]。在此背景下，2009年，东亚GDP的增长率下滑幅度不大，目前估计为6.8%，而2008年为8%。中国全年增长率估计为8.4%。印度尼西亚和越南发展也很强劲，增长率达4.5%和5.5%。柬埔寨、马来西亚和泰国的产出分别减少2.2%、2.3%和2.7%，其他一些太平洋岛国的产出收缩幅度也不大。然而，如果2009年增长估测不考虑中国，本地区其他国家的GDP增长率仅为1.3%，更能反映危机造成的影响。2008年GDP增长率为4.8%（见表A1）。

随着2008年后期全球衰退扩展到东亚，众多发展中国家与主要发达经济体一道，开始实施大规模财政和货币刺激措施，以扩大内需，应对出口市场紧缩所造成的影响。中国的经济刺激方案尤为引人注目。从2008年后期至2010年，中国将逐渐实施约5750亿美元的经济刺激方案。部分资金源于迅速扩大的信贷资金，新增

图 A1　东亚的出口额和产量受到资本货物需求下滑的严重影响

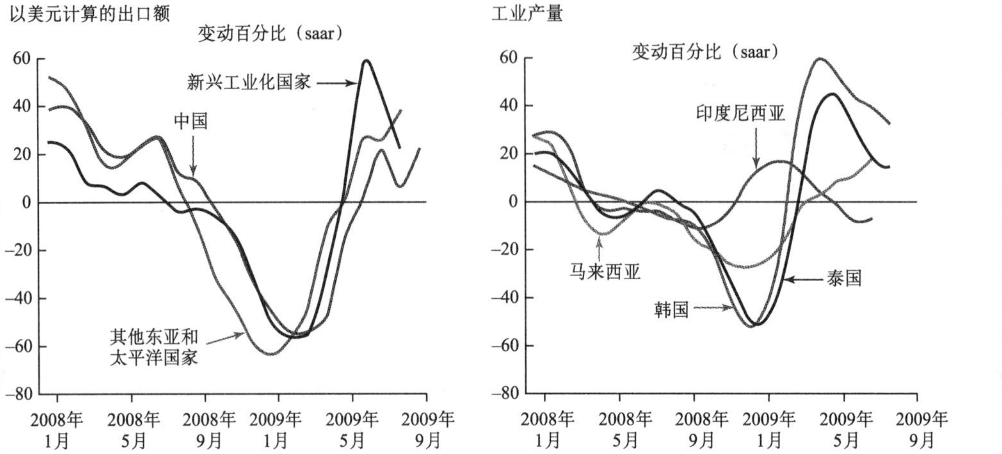

资料来源：Haver Analytics 和世界银行。

表 A1　东亚和太平洋地区预测概要

（年度变动百分比，除非另外说明）

	1995—2005 年[a]	2006 年	2007 年	2008 年	2009 年[e]	2010 年[f]	2011 年[f]
按市场价格计算的 GDP（2005 年美元）[b]	7.4	10.1	11.4	8.0	6.8	8.1	8.2
人均 GDP（美元不变价格）	6.3	9.2	10.5	7.2	6.0	7.2	7.3
按购买力平价计算的 GDP[c]	7.3	10.1	11.3	8.0	6.8	8.0	8.2
私人消费	5.7	8.1	8.7	6.7	5.9	7.3	7.5
政府消费	8.1	8.2	9.8	7.8	11.1	8.4	7.3
固定投资	8.1	12.4	8.7	5.3	14.3	9.3	9.3
出口，GNFS[d]	12.5	18.8	15.4	7.4	−13.5	6.6	8.8
进口，GNFS[d]	9.7	12.7	11.0	4.9	−12.1	6.2	8.5
净出口，对经济增长的贡献	0.7	3.4	3.0	1.7	−2.0	0.7	0.8
经常项目余额/GDP（%）	2.2	8.4	9.9	8.8	7.1	6.5	6.4
GDP 平减指数（本币中值）	5.9	4.4	3.5	4.3	3.2	3.3	3.4
财政收支/GDP（%）	−1.8	−0.7	0.0	−0.6	−3.3	−3.7	−3.1
备忘项目：GDP							
东亚不包括中国	3.5	5.7	6.2	4.8	1.3	4.7	5.1
中国	9.1	11.6	13.0	9.0	8.4	9.0	9.0
印度尼西亚	2.7	5.5	6.3	6.1	4.5	5.6	5.8
泰国	2.7	5.3	4.9	2.6	−2.7	3.5	4.0

资料来源：世界银行。

a. 区间增长率是复合平均数；增长贡献、比率和 GDP 平减指数是平均值。

b. 以 2005 年不变美元衡量的 GDP。

c. 以购买力平价衡量的 GDP。

d. 货物和非要素服务（GNFS）的进出口。

e. 估算值。

f. 预测值。

图 A2　马来西亚：复苏简图

实际GDP及其构成部分的变动百分比（saar）

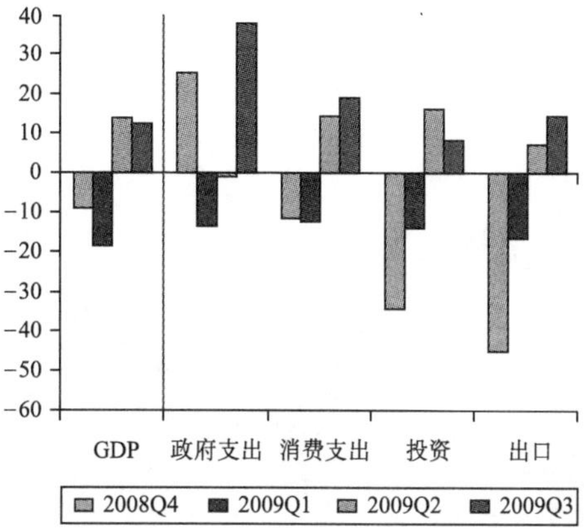

资料来源：Haver Analytics 和世界银行。

图 A3　中国的刺激计划支撑着地区贸易伙伴的出口

出口额（美元，经季节调整的年度变动百分比）

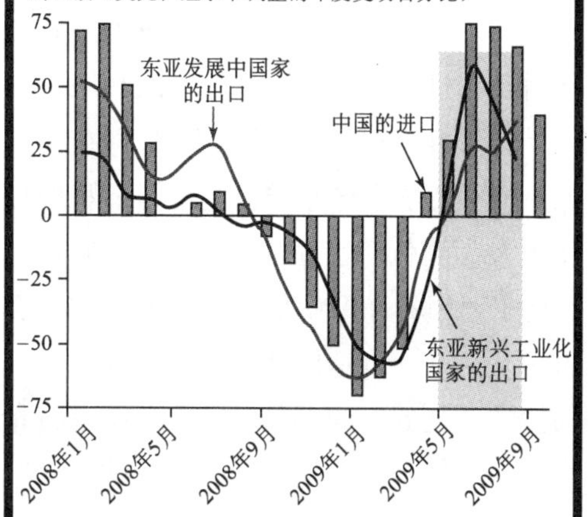

资料来源：Haver Analytics 和世界银行。

信贷总额相当于 2009 年 GDP 的 30%。由于采取自动稳定机制和反周期措施，本地区其他国家的政府赤字在 GDP 中所占的份额大幅上涨。

在整个 2009 年，东亚各国经济刺激措施初见成效，稳定并提高了人们的收入，刺激了家庭支出，通过公共投资支出巩固了基础设施建设，支持了金融部门的发展（见图 A2：马来西亚经济恢复情况）。中国的经济刺激措施扩大了对东亚各国产品的进口需求，对整个地区都产生了影响。中国基础设施支出也促进了对印度尼西亚、巴布亚新几内亚、老挝以及澳大利亚等国货物和建筑原材料的需求。中国企业开始补充库存，包括本地区供应商提供的零部件，尤其是马来西亚、泰国以及亚洲四小龙的电子产品。中国消费支出不断增加，刺激了对本地区多种耐用消费品的需求（见图 A3）。

2008 年第四季度，马来西亚固定投资减少 35%（经季节调整后的年率），这不仅受到国际资本成本猛涨的间接影响，更主要是受到了现有产能过剩和企业预期的影响。马来西亚企业认为电子产品及其他设备在主要发达国家市场需求下降的期限将会延长（见图 A2）。随着全球资本及相关产品需求紧缩，马来西亚出口暴跌 45%（经季节调整后的年率），第四季度 GDP 骤减 9.1%。然而，财政刺激措施的实施促进了信心的恢复，直接支持了建筑业的发展。2009 年前两个季度，刺激措施对经济的总体影响有限，因为决策和实施之间的时滞影响了资金支付的速度和进度。出口大幅减少对制造业造成很大影响，对经济的总体影响却不会太大，因为加工业的进口同样减少了。

2009 年一季度，马来西亚 GDP 仍然降低了 18.3%（经季节调整后的年率）。原因在于，尽管第二项 150 亿林吉特（占 GDP 的 2.3%）的财政刺激措施缓解了投资缩水问题，但出口仍然迅速减少。

到第二季度和第三季度，政府加大开支，经济刺激措施见效，投资和消费支出状况开始好转，出口迅速反弹（部分源于中国需求），马来西亚经济开始恢复，GDP 年增长率迅速反弹至 14% 和 12.2%。

尤其在 2009 年秋季，资本向东亚回流。国际市场形势好转，差价与危机时期相比大大降低，潜在需求条件更为巩固，因此东亚债券和 IPO 价格都有所上涨。到 10 月份为止，本地区共发行约 128 亿美元的债券，是上年同期的两倍。IPO 发行量增至 380 亿美元，比上年同期增长 65%。IPO 主要源自中国，同时也包括马来西亚和印度尼西亚。但跨境银行贷款却不容乐观，这主要表明国际商业银行害怕承担风险，仍然倾向于去杠杆化。到 10 月份为止，东亚实体银团贷款达 128 亿美元，与上年同期的 370 亿美元相比大幅度降低。同时，东亚发展中国家贷款总额达 630 亿美元，比上年同期的 660 亿美元下降了 4.5%。

本地区金融市场的发展也进一步刺激了经济的恢复。危机爆发时，美国资本纷纷流向安全的证券领域。2008 年和 2009 年早期，本地股市暴跌。而现今美国资本开始回流，推动股市迅速回暖（见图 A4）。印度尼西亚和泰国的证券交易所基本恢复至 2008 年 1 月的水平。与 2008 年 10 月的低谷期相比，印度尼西亚证券市场上涨了一倍以上。中国、泰国和新加坡证券市场同样迅速恢复。股市反弹和利率差额的降低有助于企业减少资金成本，大幅弥补经济损失，恢复总体信心。外资回流也有助于扭转本币暴跌态势（见图 A5）。然而，在这些条件下，本地金融市场产生新泡沫的潜在可能性也越来越让人担忧。

图 A4　股市经过先前的下跌后已接近恢复元气

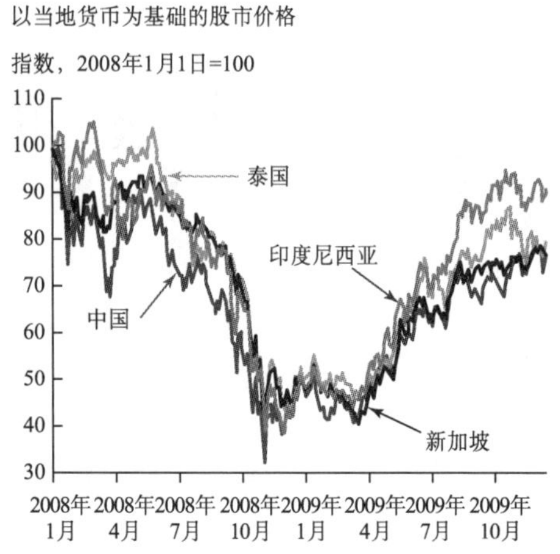

资料来源：摩根斯丹利通过 Thomson/Datastream 获得。

尽管各国情况大不相同，但东亚地区通货膨胀普遍得到缓解。生产活动放缓，食品及燃料价格下降。2009 年，消费价格指数涨幅最高的为柬埔寨和越南，分别高

图 A5　东亚各国货币继续对美元升值

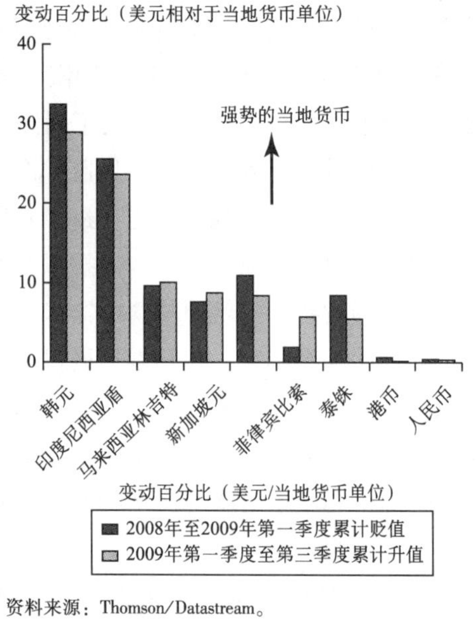

资料来源：Thomson/Datastream。

达20%和12%，最低的为中国、菲律宾和泰国，幅度达3%、0%或稍低于0%。

周期性经济衰退意味着政府收入大幅减少，同时由于随意出台巨额经济刺激方案，本地区中低收入国家的财政赤字随之扩大。而柬埔寨和老挝等低收入国家的财政空间本来就有限。据世界银行东亚和太平洋区近期报告《东亚最新动态》（2009年11月）估计，本地区中等收入国家2009年财政刺激方案占GDP的比重达2.1%，而之前预测的数字是1.7%。中国2009年财政缺口预计将达到历史最高水平，占到GDP的3.3%。但从财政赤字在GDP中所占的比重来看，其他一些国家的赤字更高（见图A6）。例如，越南高达9.4%，马来西亚7.8%，泰国4.2%，菲律宾3.8%。这些财政刺激措施的实施将对预测期内经济的恢复发挥重要的作用。

尽管由于中国进口恢复，2009年本地区贸易环境有所改善，但是货物和服务出口额还是下降了13.5%，进口下降了12.1%，导致经常项目累计余额从2008年占GDP的8.8%收缩为2009年的7.1%，尤其是中国经常项目余额大幅度降低，从2008年占GDP的9.8%收缩为2009年前6个月占GDP的6.4%。

图A6　刺激措施导致全地区财政缺口扩大

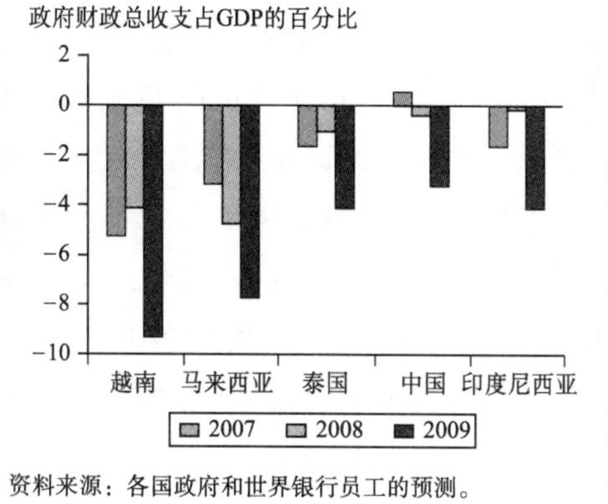

资料来源：各国政府和世界银行员工的预测。

中期展望

本地区应该能够保持经济活动的发展势头。2010年，东亚在经合组织的主要出口市场将恢复增长，尽管增幅可能不大。而出口市场的增长将弥补东亚各国经济刺激措施效果逐渐减弱所造成的影响。然而，与2001—2003年互联网危机等以往全球衰退期不同，现今东亚GDP反弹和恢复之路可能不会那么平坦。因为全球需求减少，资金状况也不再那么乐观。中国内需持续高涨，相关进口需求将大力促进本地区其他国家进入以出口推动的第二个经济复苏期。同时，2009年世界贸易减少14.4%，但预计今后将恢复增长，2011年预计增长6.2%。

在此背景下，东亚出口额预计到2010年将增长6.6%，2011年增长8.8%，市场份额也将扩大。本地区经常项目余额将会有所缓和，从2009年占GDP的7.1%下降到2011年的6.4%（见表A1），因为内需将会对经济的总体增长做出更大贡献。

按历史标准来衡量，商业投资恢复进程只能逐步展开，首先要应对产能过剩问题。公共部门支出上涨幅度预计将有所缓和，从2009年11.1%的峰值下降到2011年的7.3%。经济恢复不再像之前那样严重依赖出口的推动，因此政策调整可能进一步关注如何扩大家庭需求，反过来也有助于抵消政府支出减少的影响。

总的来看，本地区 GDP 到 2011 年预计将增长 8.2%，而 2009 年增长率为 6.8%。按历史标准来衡量，恢复幅度并不大。但是，例如与 20 世纪 90 年代末的东亚金融危机相比，本地区在此次金融危机爆发的第一年年末所受影响相对较小。内需将成为经济增长的主要推动力，净贸易额对增长的贡献将进一步缩小。中国 2010 年 GDP 增长率预计达 9%，中国将引领本地区的发展进程（见图 A7 和表 A2）。除中国之外，本地区其他经济体增长率到 2011 年将达 5.1%，而 2009 年为 1.3%左右。尤其是马来西亚和泰国经济从负增长转变为正增长，印度尼西亚和越南经济活动持续加速发展，都将巩固本地区的复苏进程。

图 A7　2010 年和 2011 年东亚经济温和回升

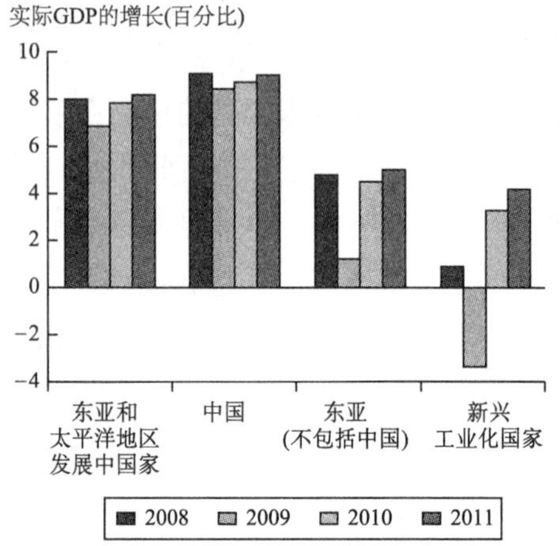

资料来源：世界银行。

风险

由于全球金融环境改善以及地区经济增长，东亚和太平洋地区面临的风险已经降低。然而，第二轮全球衰退爆发的可能性仍然存在，尤其是因为成熟经济体将实施货币和财政双重经济刺激计划。在本地区内部，中国经济刺激计划，尤其是 2009 年资金流动性的增强给未来经济增长之路带来了不确定性。柬埔寨、老挝和越南等低收入国家的发展前景也在很大程度上依靠全球银行贷款环境的改善。最近的迪拜和希腊信用降级事件都表明不确定性因素持续存在。如果这些因素扩展开来，将会对全球尤其是发展中国家的银行借贷和经济增长产生严重影响。商业银行仍然十分谨慎，并且已经开始重新制定资产负债表，因此银行资金流动迟缓时间可能会延长。另外，由于国际投资商开始寻找成熟市场之外的获益渠道，因此目前大规模的资金正在回流到中等收入国家。然而，这些国家也面临着新一轮“资产泡沫”的风险。新兴市场所面临的风险一旦爆发，可能在今后短期和中期内都将产生负面影响。

欧洲和中亚

近期发展

在各发展中地区中，欧洲和中亚地区[4]受全球金融危机的负面影响最为严重，而且本地区不同国家受到的影响程度差别很大。预计 2009 年其整体 GDP 下降了 6.2%，接近高收入国家 3.3% 的预期衰退的两倍，是其他发展中国家（中国和印度除外）GDP 降幅（2.2%）的 3 倍左右（见表 A3）。

表 A2　东亚和太平洋地区国别预测

（年度变动百分比，除非另外说明）

	1995—2005 年[a]	2006 年	2007 年	2008 年	2009 年[c]	2010 年[d]	2011 年[d]
柬埔寨							
按市场价格计算的 GDP（2005 年美元）[b]	8.3	10.8	10.2	6.7	-2.2	4.2	6.0
经常项目余额/GDP（%）	-4.4	-3.6	-6.3	-10.2	-3.5	-4.0	-4.0
中国							
按市场价格计算的 GDP（2005 年美元）[b]	9.1	11.6	13.0	9.0	8.4	9.0	9.0
经常项目余额/GDP（%）	2.6	9.7	11.0	9.8	5.6	4.1	4.0
斐济							
按市场价格计算的 GDP（2005 年美元）[b]	2.3	3.6	-6.6	0.2	-0.3	1.8	2.2
经常项目余额/GDP（%）	-4.8	-22.5	-14.4	-19.6	-25.4	-24.8	-27.7
印度尼西亚							
按市场价格计算的 GDP（2005 年美元）[b]	2.7	5.5	6.3	6.1	4.5	5.6	5.8
经常项目余额/GDP（%）	1.5	3.0	2.4	0.1	1.4	0.5	0.3
老挝							
按市场价格计算的 GDP（2005 年美元）[b]	6.2	8.4	7.6	7.3	6.4	7.5	7.3
经常项目余额/GDP（%）	-9.8	1.4	2.5	-12.5	-8.1	-6.0	-7.0
马来西亚							
按市场价格计算的 GDP（2005 年美元）[b]	4.8	5.8	6.2	4.6	-2.3	4.1	4.8
经常项目余额/GDP（%）	6.5	16.3	15.5	17.5	15.3	15.5	15.0
巴布亚新几内亚							
按市场价格计算的 GDP（2005 年美元）[b]	0.7	2.6	6.5	6.6	3.9	3.7	3.3
经常项目余额/GDP（%）	3.0	2.2	1.8	2.8	-6.7	-4.7	-4.3
菲律宾							
按市场价格计算的 GDP（2005 年美元）[b]	4.2	5.3	7.1	3.8	1.0	3.5	3.8
经常项目余额/GDP（%）	-1.4	4.5	4.9	2.5	3.4	2.8	2.3
泰国							
按市场价格计算的 GDP（2005 年美元）[b]	2.7	5.3	4.9	2.6	-2.7	3.5	4.0
经常项目余额/GDP（%）	1.9	1.1	5.7	-0.1	5.5	3.5	3.0
瓦努阿图							
按市场价格计算的 GDP（2005 年美元）[b]	1.5	7.4	6.8	6.6	4.2	4.5	5.5
经常项目余额/GDP（%）	-9.8	-4.1	-5.3	-5.9	-4.7	-4.4	-3.4
越南							
按市场价格计算的 GDP（2005 年美元）[b]	7.2	8.2	8.5	6.2	5.5	6.5	7.0
经常项目余额/GDP（%）	-2.5	-0.3	-9.8	-11.9	-5.1	-4.5	-4.4

资料来源：世界银行。

注：世界银行根据新信息和（全球）形势变化频繁地修订其预测。因此，此处显示的预测可能会与其他世行文件中的预测有所区别，即便在特定时间对各国前景的基本估计没有太大的不同。

由于数据限制，没有对美属萨摩亚、密克罗尼西亚、基里巴斯、马绍尔群岛、缅甸、蒙古、帕劳、朝鲜、萨摩亚、所罗门群岛、东帝汶和汤加进行预测。

a. 期间增长率为综合平均数，增长贡献、比率和 GDP 平减指数均为平均数。

b. GDP 以 2005 年美元不变价格衡量。

c. 估计值。

d. 预测值。

表 A3　欧洲和中亚地区预测概要

（年度变动百分比，除非另外说明）

	1995—2005 年[a]	2006 年	2007 年	2008 年	2009 年[e]	2010 年[f]	2011 年[f]
按市场价格计算的 GDP（2005 年美元）[b]	4.1	7.6	7.1	4.2	-6.2	2.7	3.6
人均 GDP（美元不变价格）	4.0	7.5	7.1	4.2	-6.2	2.6	3.5
按购买力平价计算的 GDP[c]	4.0	7.7	7.4	4.5	-6.5	2.7	3.6
私人消费	4.8	7.5	9.2	6.4	-4.6	2.2	3.3
政府消费	2.0	6.0	5.2	4.1	2.3	2.1	2.6
固定投资	4.7	16.5	14.1	8.7	-16.5	4.1	4.7
出口，GNFS[d]	7.9	8.1	7.1	3.9	-13.2	4.3	6.6
进口，GNFS[d]	8.7	13.9	17.9	9.0	-12.9	3.7	6.0
净出口，对增长的贡献	0.1	-1.5	-3.4	-1.9	0.3	0.1	0.0
经常项目余额/GDP（%）	0.9	1.1	-1.0	-0.3	0.5	0.4	-0.2
GDP 平减指数（本币中值）	18.8	9.3	7.7	9.5	3.5	6.7	4.0
财政收支/GDP（%）	-5.5	3.0	2.4	0.7	-6.2	-4.5	-3.4
备忘项目：GDP							
转型国家	4.0	6.9	5.7	3.0	-4.1	2.2	3.8
中东欧国家	3.8	6.8	6.8	5.0	-2.5	1.3	3.5
独联体	4.1	8.3	8.4	5.4	-8.1	3.1	3.3
俄罗斯联邦	3.9	7.7	8.1	5.6	-8.7	3.2	3.0
土耳其	4.3	6.9	4.7	0.9	-5.8	3.3	4.2
波兰	4.3	6.2	6.7	4.9	1.6	2.2	3.4

资料来源：世界银行。

a. 区间增长率是复合平均数；增长贡献、比率和 GDP 平减指数是平均值。

b. 以 2005 年不变美元衡量的 GDP。

c. 以购买力平价汇率衡量的 GDP。

d. 货物和非要素服务（GNFS）的进出口。

e. 估算值。

f. 预测值。

危机对本地区的严重影响反映了很多国家之前存在的诸多薄弱环节。由于外资银行支持的信贷过度扩张、巨额经常项目赤字、外债规模居高、企业和家庭债务货币错配较严重，许多经济体严重依赖外国资本。因此，本地区极易受到经济危机初期产生的资本回流的影响。

出口外部需求锐减、外国直接投资资金流入减半和汇款额下滑，均加剧了投资者信心的崩溃，并使信贷紧缩进一步恶化，迫使 2009 年地区私人消费急剧收缩 4.6%，固定投资总值下降 16.5%，与 2008 年 6.4% 和 8.7% 的增长相比明显走低。在家庭和企业持有大量外币债务的国家（亚美尼亚、保加利亚、拉脱维亚、立陶宛、罗马尼亚、乌克兰和土耳其）和危机前增长过度依赖外国资本注入的国家（拉脱维亚、立陶宛、保加利亚、格鲁吉亚、马其顿、摩尔多瓦、黑山和罗马尼亚属最大国之列，2008 年经常项目赤

图 A8　流向欧洲和中亚的总资本流量在 2009 年中期回升

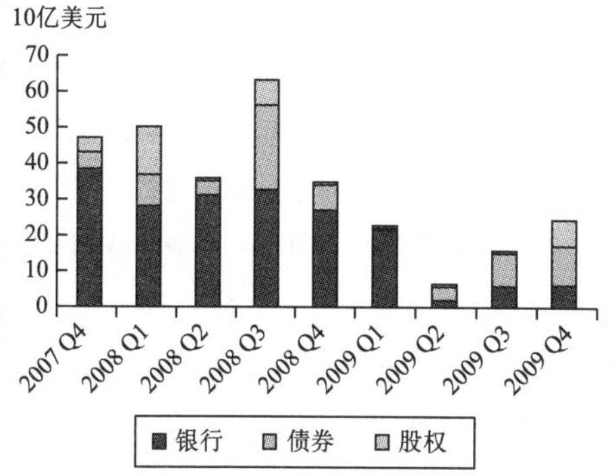

资料来源：Dealogic：Bondware、Loanware 和世界银行。

图 A9　许多欧洲中亚经济体对经常账户进行大幅度调整

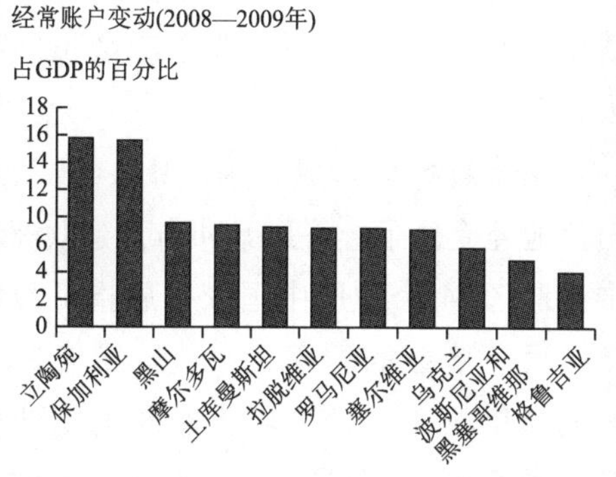

资料来源：世界银行。

字占 GDP 的 10% 以上），受危机的负面影响尤为严重。同时，石油出口国（俄罗斯和哈萨克斯坦）和其他商品出口国（乌克兰）也由于国际商品价格的骤降而遭受重创。

国际金融市场急剧动荡迫使国内需求做出重大调整。2009 年，本地区总资本流入减少了 54%，而其他发展中国家则增加了 19%（见图 A8）。危机爆发前（2007 年）银团贷款占整个资本流入的 60%，总资本流入的减少主要反映了银团贷款的枯竭。在第三季度虽然银团贷款依然非常薄弱，但是流入本地区国家的债券和股票资金开始增加，这部分反映了来自国际金融机构的大力支持。

地区经常项目赤字减少，这反映出资本流入的减少和国内需求的相应下降——立陶宛和保加利亚公布的经常项目余额（占 GDP 比重）提高了两位数（见图 A9）。由于削减开支，本地区的事后融资需求下降，而同时外部援助和道义说服则有助于避免外部融资额不至于像原先预计的那样大幅度减少。

受上述情况的影响，金融状况得以改善。主权债务利差在 2008 年第三季度飙升并一直延续到 2009 年第一季度，此后出现缩小。以乌克兰为例，对美国国债利差在 2009 年 3 月冲过 3100 个基点到 3660 个基点，此后回落至 2010 年 1 月初的 768 个基点。这说明通过缓解通货膨胀压力支持了市场状况的改善，使得货币政策可以集中于缓解经济低迷。很多政府还实施了反周期财政政策以支持国内需求。从 2008 年占 GDP 0.7% 的盈余到 2009 年 6.2% 的赤字，新增财政赤字约占 GDP 的 7%，反映了衰退深度和更疲软的商品价格这两项指标。

虽然欧洲和中亚的经济活动依然低迷，但其减少速度正在放缓。因此，尽管本地区的工业生产于第二季度开始以 4.8% 的年率扩张，但 2009 年 10 月的产量仍然比危机前同期低 6%（见图 A10）。

在俄罗斯，预计 2009 年的衰退比 1998 年经济危机后的衰退更为深重。与 1998 年危机中下降了 5.3% 相比，2009

图 A10　欧洲中亚工业生产收缩速度放缓

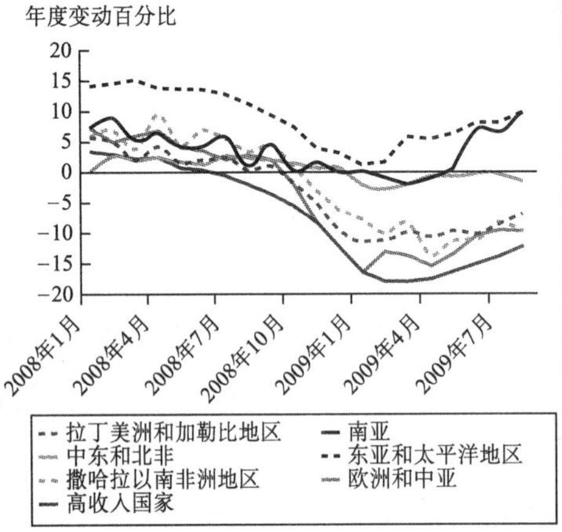

资料来源：IMF 和世界银行。

年衰退期间，GDP 预计下降了 8.7%，这也是前苏联[5]解体后经济增长的最大滑坡。此次衰退既有外部因素（2009 年俄罗斯主要贸易伙伴的进口需求预计下降了 15%），也有内部因素（投资下降了 18%，私人消费减少了 4.7%）。由于经济总体衰退，通货膨胀水平下降到 10% 以下，中央银行多次调低再融资利率，使得再融资利率按实值计算已接近于零。政府还实施了一项大规模的财政刺激计划，预计政府财政预算因此从 2008 年相当于 GDP 4.3% 的盈余转为 2009 年相当于 GDP 7% 的赤字。

2009 年，土耳其经济预计萎缩了 5.8%，与 2001 年经济危机期间宣布的 5.7% 的降幅相当，是自 1969 年以来最严重的衰退。经济因投资者回抽资金和出口市场需求急剧下滑而受到严重冲击，特别是全球经济减速最严重的西欧和东欧市场的需求骤降对其影响极大，经济紧缩步伐在 2009 年第一季度达到低谷时比上一年收缩了 14.7%，但在第三季度收缩幅度大为改观，仅为 3.3%，是相对较快的转变。失业增加，导致个人消费和固定投资大幅度下降。由于进口量缩减比出口量还要快，经常项目赤字从 2008 年占 GDP 的 5.8% 提升到 2009 年占 GDP 的 1.9%。为了拉动国内需求，土耳其中央银行将基准利率降低了一半以上，到 2010 年 1 月，基准利率从 2008 年 10 月的 16.75% 降至 6.5%，累计降低了 1025 个基点。

欧盟 5 个新成员国均属于发展中国家，2009 年头三个季度，虽然其实际产出收缩率从第一季度的 12.6% 缓慢降至第三季度的 4.46%，但经济形势依然艰难。因部分受欧洲高收入国家需求增加的影响，产出于 2009 年第三季度开始增加，截止到 10 月，3 个月工业生产增长年率为 6.5%。

在欧盟 5 个新成员国之中[6]，波兰最出色地经受住了经济风暴冲击，是欧洲和中亚地区 24 个发展中国家中屈指可数的产出没有萎缩的国家之一。虽然与 2008 年上半年相比，2009 年上半年的工业生产下降了 9%。但是，波兰在服务和农业领域的反弹表现良好，并且出口也相对反弹，其净出口为经济增长做出了积极贡献。

除波兰之外，由于受信贷繁荣泡沫破裂和西欧国家需求减少的影响，其他 4 个加入欧盟的发展中经济体 2009 年产出显著收缩。以拉脱维亚和立陶宛为例，其经济在危机的急性发作阶段之前承受着巨大压力，这种情况因国际风险规避程度的提高（及在累积的严重失衡情况下对其货币对欧元汇率稳定性的担忧）而恶化。

拉脱维亚和立陶宛对全球经济危机所产生的影响感受最深，预计两国 2009 年的 GDP 降幅远高于 10%。四国都存在着巨大的经常项目赤字——占 GDP 的 11% 以上——进入经济危机。虽然国内需求崩溃可以改善其净外汇资产的地位，但大量外债依然存在，进一步破坏了商业和投资环境。

2009 年，预计独联体国家中乌克兰 15% 的 GDP 收缩最为突出，这在全球范围内也算是首屈一指。2008 年金属价格暴跌对经济直接造成重创，因为乌克兰非贵金属出口占其出口货物的 40%。此外，2010 年 1 月总统选举之前的政治纷争，致使政府在执行国际货币基金组织 2008 年 11 月 16 日组建的 110 亿美元备用基金制定的整套政策措施（如提高生活用天然气价格）方面出现滞后。因此，尽管政府已经在履行其对该基金所作承诺方面取得一定进展，但近期 37 亿美元贷款的发放看起来也要推迟到选举之后。这一不确定因素和政治持续不稳定因素动摇了人们的信心，推动了格里夫纳货币贬值，加剧了其不稳定性，格里夫纳对美元在 2009 年贬值了 50%。

与独联体的其他国家相比，中亚 5 国的经济增长一直较为强劲[7]。但是，这一整体状况掩盖了本地区各国之间的巨大差异。土库曼斯坦和乌兹别克斯坦在独联体国家中属开放程度最低的国家，又属于天然气出口国，只受到了全球危机的轻微影响。另外，这些经济体得益于财政刺激措施的实施，估计将成为欧洲和中亚地区 2009 年 GDP 增长最为强劲的国家，分别为 8% 和 5.5%。塔吉克斯坦和吉尔吉斯斯坦农业丰收，农业产量增加，因而保持了经济增长。相反，在石油价格崩溃对财政造成的负面影响下，哈萨克斯坦的 GDP 预计将会萎缩。

在独联体的 3 个高加索地区国家中[8]，全球危机对亚美尼亚的影响尤为突出，对格鲁吉亚的影响相对较小，另外，格鲁吉亚经济还受到与俄罗斯冲突的负面影响。尽管其他多数中亚和高加索地区国家，经济状况较为疲软，特别是由于俄罗斯贸易需求锐减、油价和商品价格走低以及投资和汇款流入大幅减少的影响，但这些因素被俄罗斯持续的经济援助部分抵消了。

总体而言，与未出现危机的可能情形相比，2009 年欧洲和中亚地区的贫困或弱势人口预计共增加约 1000 万人（基于每天 5 美元的贫困线）。经济活动收缩导致 10 国的失业率中值上升了 2.5%（与 2008 年 8 月相比）。预计在一段时间内失业率将会居高不下，这将削减家庭开支，并导致高贫困率。部分受移民抵达国（特别是欧盟和俄罗斯）的高失业率影响，2009 年劳工汇款额预计下降 15%，给贫困家庭带来了额外的压力。汇款额下降所产生的宏观经济影响在塔吉克斯坦、摩尔多瓦、阿尔巴尼亚和亚美尼亚等国家是最大的，汇款额在这些国家从占 GDP 的 9%（亚美尼亚）到占 GDP 的 50%（塔吉克斯坦）之多。在塔吉克斯坦，汇款额减少约 30%，可能导致另外 5% 的人口陷入贫困[9]。

中期展望

预计本地区的经济复苏进程缓慢，同时伴随着贫困率的增加。预计 GDP 将会在 2010 年和 2011 年分别小幅增长 2.7% 和

3.6%。鉴于2003—2007年本地区平均增长率为7%、其他发展中国家预期在2010年和2011年分别增长5.6%和6.1%，都与本地区的增长轨迹形成鲜明对比。欧洲和亚洲部分地区的需求呈现复苏，商品价格稳定或略有上涨，应能支持本地区出口的好转，但由于欧洲发达国家复苏乏力，因此整体出口将呈现缓慢增长。同样，与贸易活动紧密关联的外国直接投资和信贷流入与危机前的水平相比将明显降低。

鉴于本地区的私营部门过度借贷、银行业部门薄弱以及家庭负债，国内需求的复苏预计将会乏力。税率提高、公共开支削减、失业率攀升以及工资降低，这些都将会抑制私人消费。预期私人消费在2010年和2011年分别增长2.2%和3.3%，仅为2006—2007年8.4%增长幅度的一半。由于政府贷款的增加，导致了产能过剩，并对投资产生了“挤出效应”，预计2010年和2011年投资增长均为4.1%，远低于危机前两位数字的增长纪录。

由于国内需求日渐疲软、金融状况相对趋紧，预计本地区经常项目余额在预测期内保持接近于零的水平。然而，在整个地区各国却又差别迥异（见表A4）。例如，由于较高的石油价格和产量的增加，碳氢化合物出口经济体（俄罗斯、阿塞拜疆、哈萨克斯坦、土库曼斯坦和乌兹别克斯坦）有望出现盈余或赤字减小。如果国内需求复苏更快而导致的进口量超过出口，在波兰、罗马尼亚、乌克兰、土耳其和摩尔多瓦，这种改善预计将会被经常项目赤字的扩张而抵消。对于拥有重要汽车产业的欧洲发展中国家，销售将会随着欧洲高收入国家开展回购旧车项目而难有起色。

大多数国家几乎没有进一步增加财政赤字的空间。事实上，政府支出因有计划的结构性财政整顿而有望节制。与支持更强劲收入的预期稳固增长相结合，财政整顿预计可以把地区财政赤字从2009年占GDP的6.2%分别逐步减少到2010年的4.5%和2011年的3.4%。然而，在以巨大负产出缺口和低增长为特征的大环境下，特别是随着税收逐步增加的情况下，调整表现在起步阶段可能不佳，还将因源于中期人口老龄化的广泛社会援助及养老金制度所产生的额外压力而变得恶化。

预计货币政策在本地区大多数经济体及大部分预测期内会保持宽松。鉴于产能高度过剩、国内需求疲软以及经济相对开放，通货膨胀压力应持续走弱。在面临不断调整需求以减少内外失衡的国家中，货币政策有望保持相对从紧以利于遏阻经济活动。在国际货币基金组织项目支持的国家，货币政策将由现行备用安排所定义的框架来指导。对于那些转而采用欧元或者其货币与欧元挂钩的经济体（波黑、保加利亚、拉脱维亚和立陶宛），其货币政策将会受欧洲中央银行政策立场的影响，预计欧洲中央银行的政策立场在预测期内应该是支持经济增长的，但如需求条件许可，则可以逐步撤销刺激措施（包括利率下调政策逆转）。由于2008年下半年油价下跌带来的下降压力终止，近期商品价格开始整体上涨，预计2010年本地区平均通货膨胀率将温和上扬。2009年3月以来货币强劲升值（特别是俄罗斯卢布和土耳其里拉），应该可以部分抵消这些压力，这有利于降低进口成本。然而，核心通货膨胀将持续受通货紧缩趋势的影

表 A4　欧洲和中亚地区国别预测

（年度变动百分比，除非另外说明）

	1995—2005 年[a]	2006 年	2007 年	2008 年	2009 年[c]	2010 年[d]	2011 年[d]
阿尔巴尼亚							
按市场价格计算的 GDP（2005 年美元）[b]	5.4	5.0	6.0	6.5	2.2	3.0	4.5
经常项目余额/GDP（%）	-5.5	-5.9	-8.6	-13.4	-12.8	-7.6	-6.7
亚美尼亚							
按市场价格计算的 GDP（2005 年美元）[b]	8.6	13.2	13.8	6.8	-13.0	1.5	3.5
经常项目余额/GDP（%）	-11.7	-1.8	-2.6	-4.9	-2.8	-0.6	3.7
阿塞拜疆							
按市场价格计算的 GDP（2005 年美元）[b]	10.2	34.5	25.0	10.8	3.1	5.2	8.5
经常项目余额/GDP（%）	-16.6	17.7	28.5	37.6	19.5	27.2	26.2
白俄罗斯							
按市场价格计算的 GDP（2005 年美元）[b]	6.9	10.0	8.6	10.0	-1.0	2.0	4.0
经常项目余额/GDP（%）	-3.2	-4.0	-6.8	-8.4	-9.2	-6.3	-5.1
保加利亚							
按市场价格计算的 GDP（2005 年美元）[b]	2.2	6.7	6.2	6.0	-6.5	-2.0	3.6
经常项目余额/GDP（%）	-3.6	-18.4	-25.2	-25.4	-9.8	-5.2	-4.9
格鲁吉亚							
按市场价格计算的 GDP（2005 年美元）[b]	6.6	9.4	12.3	2.2	-4.0	2.0	3.5
经常项目余额/GDP（%）	-10.0	-16.2	-16.9	-22.8	-18.2	-15.8	-16.7
哈萨克斯坦							
按市场价格计算的 GDP（2005 年美元）[b]	6.4	10.7	8.2	3.0	-1.9	1.8	3.5
经常项目余额/GDP（%）	-2.3	-2.5	-7.0	9.5	-1.3	2.2	1.4
吉尔吉斯斯坦							
按市场价格计算的 GDP（2005 年美元）[b]	4.7	3.1	8.5	7.6	0.6	2.4	2.8
经常项目余额/GDP（%）	-10.2	-10.6	0.6	4.6	5.2	2.4	4.9
拉脱维亚							
按市场价格计算的 GDP（2005 年美元）[b]	6.9	12.2	10.3	-4.6	-17.5	-3.9	2.4
经常项目余额/GDP（%）	-7.5	-22.7	-21.5	-11.3	5.3	6.0	7.0
立陶宛							
按市场价格计算的 GDP（2005 年美元）[b]	6.0	7.8	8.9	3.0	-17.5	-3.5	2.2
经常项目余额/GDP（%）	-7.9	-10.7	-14.6	-16.1	0.5	0.3	-0.5
马其顿							
按市场价格计算的 GDP（2005 年美元）[b]	2.2	4.0	5.9	5.0	-1.3	1.9	3.8
经常项目余额/GDP（%）	-5.9	-0.5	-4.4	-12.5	-9.4	-8.3	-7.3
摩尔多瓦							
按市场价格计算的 GDP（2005 年美元）[b]	2.3	4.8	3.0	7.2	-9.0	1.4	2.8
经常项目余额/GDP（%）	-7.9	-11.3	-16.5	-17.4	-9.0	-10.2	-11.1
波兰							
按市场价格计算的 GDP（2005 年美元）[b]	4.3	6.2	6.7	4.9	1.6	2.2	3.4
经常项目余额/GDP（%）	-3.3	-2.7	-4.7	-5.5	-0.9	-2.6	-2.5
罗马尼亚							
按市场价格计算的 GDP（2005 年美元）[b]	2.2	7.9	6.2	7.1	-7.8	0.5	4.2
经常项目余额/GDP（%）	-5.8	-10.4	-13.5	-12.4	-4.2	-4.9	-5.5
俄罗斯联邦							
按市场价格计算的 GDP（2005 年美元）[b]	3.9	7.7	8.1	5.6	-8.7	3.2	3.0
经常项目余额/GDP（%）	7.6	9.6	5.9	6.2	3.1	2.5	1.7
塔吉克斯坦							
按市场价格计算的 GDP（2005 年美元）[b]	4.6	7.0	7.8	7.9	2.0	5.0	5.0
经常项目余额/GDP（%）	-4.5	-2.8	-8.6	-7.9	-10.9	-11.1	-10.2
土耳其							
按市场价格计算的 GDP（2005 年美元）[b]	4.3	6.9	4.7	0.9	-5.8	3.3	4.2
经常项目余额/GDP（%）	-1.5	-6.0	-6.1	-5.8	-1.9	-2.5	-2.8
乌克兰							
按市场价格计算的 GDP（2005 年美元）[b]	2.7	7.3	7.9	2.1	-15.0	2.2	3.0
经常项目余额/GDP（%）	2.7	-1.5	-3.7	-7.2	-0.6	0.1	-2.1
乌兹别克斯坦							
按市场价格计算的 GDP（2005 年美元）[b]	4.6	7.3	9.5	9.0	5.5	6.5	6.5
经常项目余额/GDP（%）	3.3	14.4	19.5	26.3	16.9	20.4	19.2

资料来源：世界银行。

注：世界银行根据新信息和（全球）形势变化频繁地修订其预测。因此，此处显示的预测可能会与其他世界银行文件中的预测有所区别，即便在特定时间对各国前景的基本估计没有太大的不同。

由于数据限制，没有对波斯尼亚和黑塞哥维那、塔吉克斯坦、土库曼斯坦、塞尔维亚和黑山进行预测。

a. 期间增长率为综合平均数，增长贡献、比率和 GDP 平减指数均为平均数。

b. GDP 以 2005 年美元不变价格衡量。

c. 估计值。

d. 预测值。

响，整体通货膨胀预计将在 2011 年得到缓解。

风险

尽管对本地区进行预测的基准较低，但是仍然存在经济下滑的风险，原因在于本地区存在融资约束、支持性财政政策范围有限、银行业过于脆弱而且这种脆弱性还在恶化以及缺乏经济多样性。如果国内经济复苏非常缓慢，而且由于持续高利率抑制了投资增长和经济复苏，那么潜在产出就可能降低并导致结构性失业率的上升。经济衰退的延续时间将更长，严重程度也将超过预期，这将会对银行系统造成更大的压力，汇率制度灵活性较低的国家在货币方面受到的压力也将增大。在未来数月内，外资银行的合并资产负债表可能会显示出流入本地区子公司资金的进一步削减。国内不良贷款的增加以及不良贷款的准备金提取不充足将限制资金的可供性，在最坏的情形下或者还可能导致银行系统冻结（见图 A11），上述情形将对本地区经济发展会带来重大风险。情势已经相当严峻，但如果全球二次衰退同时爆发，特别是如果本地区的主要出口市场（如德国）受到严重影响，那么情势还将进一步恶化。

本地区一个持续时间较长的相关性风险来自于家庭及公司的高额外汇负债。匈牙利、哈萨克斯坦、拉脱维亚、立陶宛、罗马尼亚和乌克兰的公司与家庭借贷者的总贷款中，外汇贷款敞口超过了 50%。尤其对家庭而言，外汇负债过多将造成极大风险，因为家庭不能像公司那样进行保值操作以规避外汇波动[10]。通过汇率制度灵活性较低的国家的结算数字可以看出，这种汇率制度正在受到冲击，这将转而限制本地区中央银行实施较宽松货币政策的能力。

图 A11　欧洲和中亚地区大部分发展中国家的不良贷款上升

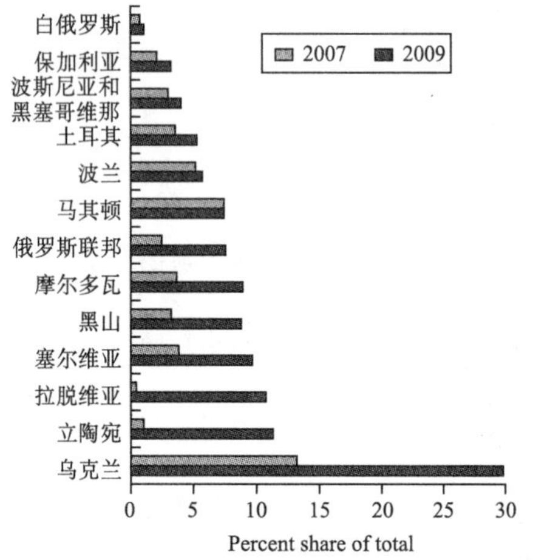

资料来源：IMF，《全球金融稳定报告》，2009 年 10 月；世界银行。

注：按 2009 年排列，所有报告国家的中值 2007 年为 2.7%，2009 年为 4.4%。

再次推动因全球危机而停滞的改革计划将有助于实现高于预期的经济增长[11]。本地区政府有必要进行机构性改革，完善监管框架制度，减少文牍主义，收紧法律标准且进一步采纳国际性合同与产权标准，打击腐败以提高竞争性和效率，以及其他改革性措施。鉴于目前社会保障的资金负担过重，若不改革退休金制度，将会长期威胁到经济增长。成功实施这些改革措施可以降低预防性储蓄，并对私人消费与经济增长产生积极的附带作用。本地区私人消费增长确实成为可能的上行风险，并被纳入了全球“较活跃的私人部门”的蓝图之中（见本书第 1 章）。

最后，鉴于危机造成的混乱程度，黑

市交易预计将会增多，这将为政策决策者带来挑战，并有损财政的进一步巩固。独联体国家的经济活动以矿产出口为主导，缺乏多样性，这是一个结构性的通病，并且依然是一个重点问题。

拉丁美洲和加勒比地区

近期发展

由于危机开始前已然具备良好的宏观经济基本面，因此与历次外部冲击相比，拉丁美洲和加勒比地区更能经受全球金融危机的冲击。尽管如此，危机爆发后，本地区的经济活动还是锐减了。GDP在2008年取得3.9%的增长之后，预计在2009年下降2.6%（见表A5）。这一总体结论很大程度上掩盖了本地区各国在国内产出收缩的时间和幅度方面的高度不均。中美洲经济体（包括墨西哥）受到的影响最为严重，产出大幅收缩了6.4%，而加勒比地区的经济则停滞不前。

危机爆发之后，私人资本流入急剧放缓对本地区构成冲击，而不确定性增加和信贷紧缩导致私人消费和私人投资显著收缩。资本外流导致本地区的货币大幅贬值，股市下跌及借贷成本大幅提高。尽管如此，本地区还是设法避免了陷入国际收支或金融危机。

表A5　拉丁美洲和加勒比地区预测概要

（年度变动百分比，除非另外说明）

	1995—2005年[a]	2006年	2007年	2008年	2009年[e]	2010年[f]	2011年[f]
按市场价格计算的GDP（2005年美元）[b]	2.9	5.4	5.5	3.9	-2.6	3.1	3.6
人均GDP（美元不变价格）	1.4	4.0	4.1	2.6	-3.8	1.8	2.3
按购买力平价计算的GDP[c]	2.9	5.5	5.7	4.2	-2.3	3.0	3.5
私人消费	3.4	6.1	3.5	4.2	-1.9	3.2	3.4
政府消费	2.2	2.8	2.9	4.1	2.9	2.8	2.6
固定投资	3.3	13.4	20.7	11.7	-13.6	6.1	5.8
出口，GNFS[d]	6.0	6.7	4.9	1.6	-11.2	7.8	5.0
进口，GNFS[d]	6.2	14.0	11.9	9.2	-15.8	10.3	5.6
净出口，对增长的贡献	0.2	-1.5	-1.7	-2.0	1.6	-0.7	-0.3
经常项目余额/GDP（%）	-1.6	1.4	0.4	-0.6	-0.9	-1.0	-1.0
GDP平减指数（本币中值）	7.1	7.2	5.4	8.4	7.2	3.0	4.0
财政收支/GDP（%）	-3.5	-1.1	-1.1	-0.9	-3.3	-2.8	-2.5
备忘项目：GDP							
拉丁美洲（不包括阿根廷）	3.0	5.2	5.2	3.7	-2.6	3.2	3.7
中美洲	3.6	5.0	3.7	1.7	-6.4	3.3	3.6
加勒比地区	4.2	9.0	6.1	3.6	-0.1	2.3	3.3
巴西	2.4	4.0	5.7	5.1	0.1	3.6	3.9
墨西哥	3.6	4.8	3.3	1.4	-7.1	3.5	3.6
阿根廷	2.3	8.5	8.7	6.8	-2.2	2.3	2.4

资料来源：世界银行。

a. 区间增长率是复合平均数；增长贡献、比率和GDP平减指数是平均值。

b. 以2005年不变美元衡量的GDP。

c. 以购买力平价汇率衡量的GDP。

d. 货物和非要素服务（GNFS）的进出口。

e. 估算值。

f. 预测值。

图 A12　拉丁美洲地区工业产值和贸易额上升势头增强

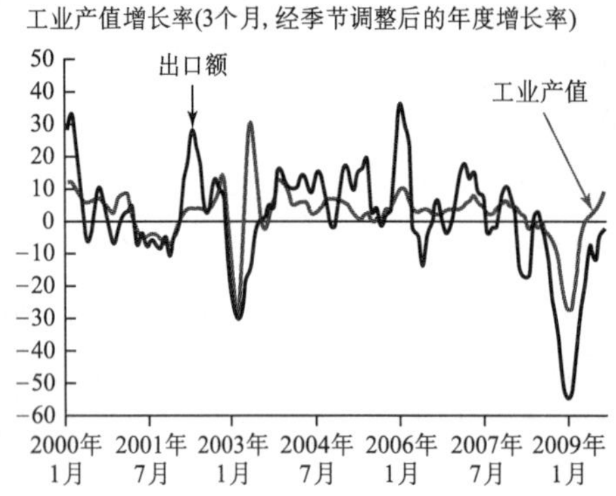

资料来源：世界银行。

在过去几年取得两位数的增长之后，私人消费减少了近 2%，而固定投资骤减了 13.6%。本地区还受到商品出口的外部需求崩溃、商品价格下跌、汇款流入减少以及旅游活动衰退的影响。国内需求下降转化为进口额达 15.8% 的急剧收缩。结果，尽管出口额减少了 11.2%，净贸易还是对经济增长贡献了 1.6%。反映到发展方面，就是工业活动迅速下降，在 2008 年四季度和 2009 年一季度经季节调整后的年率分别骤降了 20% 和 16%（见图 A12）。

严重依赖对美国贸易的国家受这场危机的冲击尤为严重。墨西哥经济遭受本地区最急速的收缩（7.1%），经济表现为该国 75 年来最差，这一方面是因为它在受危机影响最为严重的领域（建筑、汽车及电器）与美国联系紧密，另一方面是因为 2009 年第二季度甲型 H1N1 流感爆发对旅游业造成的冲击尤为严重，使得其 GDP 总体下滑 0.5%。此外，在全球危机致使比索降至历史新低之后，墨西哥企业 2008 年 12 月遭受了外国衍生产品的损失。2009 年上半年出口下滑致使产出下降了 7 个百分点，而进口暴跌反而拉动了近 9 个百分点的增长。由于经济放缓对劳动力市场造成了严重影响，估计 2009 年私人消费收缩了 6.9%，截止 9 月底的正式失业率几近翻番，达到 6.1%，本年度前 9 个月的汇款额也减少了 13.4%。

在阿根廷，受全球经济衰退以及与政策相关的不确定因素的影响，其投资和贸易蒙受了损失。2009 年上半年进口和财政收入下滑，表明了国内需求和产出相对低迷，严重的干旱使得经济更是雪上加霜。

在委内瑞拉，由于外部需求崩溃、私人消费减弱和投资支出降低，估计 GDP 下降了 2.4%。国内需求疲软，制造业和零售业销售骤减，使得 2009 年第三季度产出下降了 4.5%。石油部门逐步占据了经济主导地位。供应瓶颈、严峻的商业环境和私人投资者信心的丧失，正削弱着新的投资，也损害着极为需要的经济多样化。

在智利，私人投资支出的收紧和股票的暴跌（接近 GDP 的 1%），导致 2009 年第二季度的产出比上年同期下降了 4.7%。国内需求明显疲软导致了进口的急剧收缩，并超过了出口的下跌幅度。

秘鲁的经济增长，从 2008 年上半年两位数的增速放缓到 2009 年上半年的停滞不前，其投资支出巨幅收缩致使国内需求萎缩了 5.4%。而国内需求的萎缩又加剧了进口的下滑，外部需求的疲软也造成出口下降了 6.3%。

中美洲和加勒比地区国家受美国及欧盟主要经济伙伴——特别是西班牙经济衰退的影响，在贸易、旅游、外国直接投资和汇款方面出现了萎缩。2009年加勒比地区经济缩减了0.1%，与2008年的3.6%相比有所下降。其子区域中牙买加GDP下降幅度最大，主要在于对美国经济严重依赖（2009年上半年的汇款下降了17%）和矿业生产骤减。在多米尼加，经济表现急剧恶化，产出继2008年5%的增长之后下降了0.1%，反映了影响汇款、外国直接投资和旅游业的美国经济状况。石油价格的下跌改善了贸易条件，但是对经济表现产生了积极影响。加勒比经济在一定程度上受益于墨西哥甲型H1N1流感疫情的爆发，旅游者将度假胜地从墨西哥转至加勒比岛屿，显示了在危机早期阶段旅游业和离岸金融服务业一定的适应能力。

除墨西哥外的中美洲经济体，在2009年经济缩减了1.0%。因受全球经济危机的影响，其出口产品的外部需求遭受冲击，汇款和旅游收入也有所下降。2009年前9个月，哥斯达黎加因美国游客减少了10.3%，其经济受到牵连，但服务业的持续投资，使内勤服务恢复活力。由于各国竞相争取本已减少的游客，致使入境游客人数下降，并促使包价旅游价格大跌。又由于高收入国家劳动力市场的颓势，汇款进一步受到冲击。与一年前相比，2009年上半年危地马拉和萨尔瓦多收到的汇款分别下降了9.5%和10.3%。2009年第一季度，哥斯达黎加的外国直接投资流入下降了19%（与前一年同期相比），多米尼加的外国直接投资流入骤降了41%。

为应对危机，本地区许多政府积极实施了拉动内需的反周期宏观经济政策，在2009年，政府支出成为唯一增长的需求构成。实施财政政策的力度取决于每个国家现有的财政空间以及涉及金融市场的程度。可以讲，本地区在财政账户和外部账户方面都做了积极应对危机的准备。在墨西哥，下降的石油收入制约了反周期政策的成效。在智利，财政刺激已有力地遏制了产出收缩，政府还通过埃斯塔开发银行对中小企业提供了信贷支持。秘鲁财政刺激的实施在一定程度上受到阻碍，即便政府采购规则已经变得更加宽松，但是预算和拨款分配的规则在一定程度上阻碍了政府支出的增加。此外，政府通过秘鲁国家银行为中小企业提供信贷支持，以帮助缓解信用紧缩的影响。

为了在外部需求崩溃之际寻求扩大内需，全球经济一体化程度更高的国家竞相降低利率，并允许实际汇率贬值（见图A13和图A14）。在银根放松周期，哥伦比亚中央银行累计削减利率达6.5个百分点。智利自2009年初以来削减利率达7.75个百分点，秘鲁也采取了宽松的货币政策。巴西将SELIC（基准年利率）[12]削减了前所未有的500个基点，降至8.75%。

与其他地区一样，本地区很多经济体的迹象表明，经济衰退于2009年下半年触底反弹，外部需求比最初预期的反弹更快、更强（见图A15）。

在巴西，扩张性货币政策和反周期财政政策促使国内需求快速回升。逐步推动经济在2009年第二季度走出低谷，巴西的经济也受益于库存周期的转变。与汽车工业的刺激相结合，奠定了工业生产迅速恢复的基础，第二季度年率提高了17.6%，第三季度年率提高了20.5%。不过，由于基数效应以及中国重建接近尾声所带来的外部需求的小幅回暖，产出估

图 A13　拉丁美洲各国中央银行大幅度放松货币政策

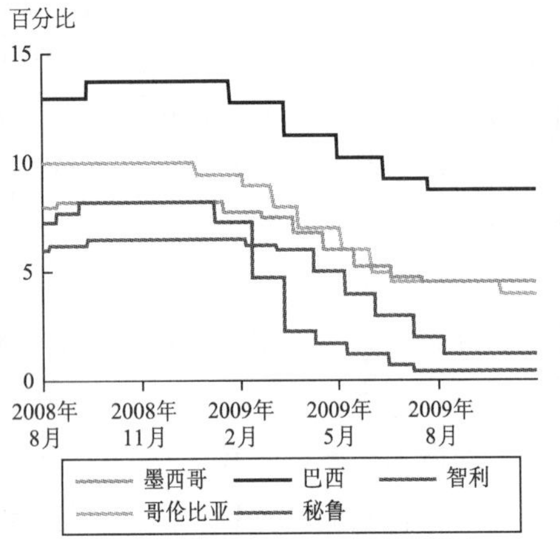

资料来源：各国中央银行，Datastream 数据库，Thomson 金融数据库。

图 A15　季度 GDP 解读指出拉丁美洲产出趋稳

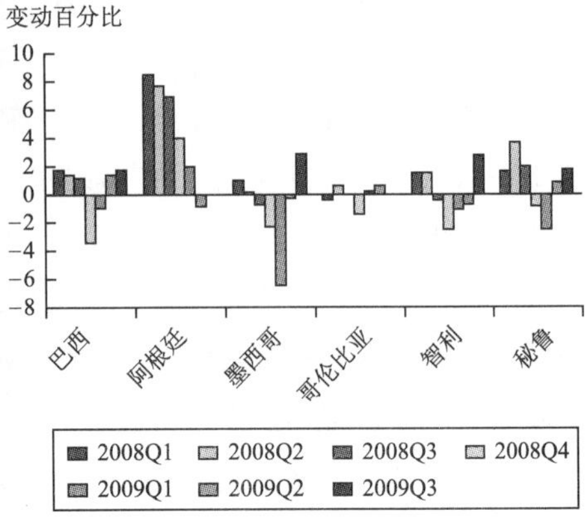

资料来源：Haver Analytics。

注：数据为经季节调整后的环比季度变动率（除墨西哥外，该国的数据为经季节调整后的年度变动率）。

图 A14　一体化程度高的经济体出现实际有效汇率贬值

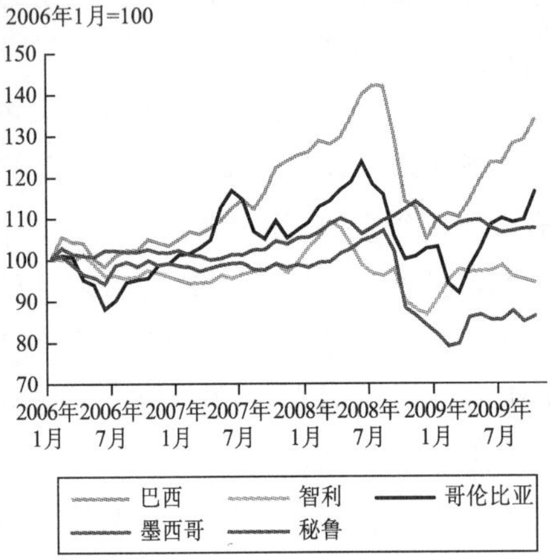

资料来源：JP 摩根。

计在 2009 年保持相对平稳，这意味着，这是自 20 世纪 90 年代初以来最差的经济表现。

在墨西哥，制造业和服务业的产出跌幅较小，支持了第二季度和第三季度经济的收缩放缓。在阿根廷，由于商品价格坚挺，特别是来自其主要贸易伙伴巴西的出口需求增加，改善的外部环境引发了温和回升，导致外部账户余额的改善。在智利，意义重大的财政政策和货币政策的刺激，促成了第三季度与同期相比产出收缩年率仅为 1.7%，产出收缩放缓，使本年度前三个季度的 GDP 下降达到 2.7%。在哥伦比亚，改善的外部环境和积极的银根放松的滞后效应，扶植经济在 2009 年初得以复苏。尽管私人消费和投资仍然低迷，受公共投资支出强劲增长的带动，2009 年前两个季度的产出增长。在秘鲁，预计重大的库存不足的重建项目，将在 2009 年下半年为经济增长做出贡献。乌拉圭的经济受建筑业和交通运输业增长的支持，2009 年第二季度比前一个季度上升了 0.5%，反映了几项特大项目的影响，这几项特大项目抵消了其他方面，尤其在能源、农业和制造业方面产出的下降。

在更融入全球金融体系的国家中，企

业利差和主权利差已恢复到危机前的水平，显示出投资者信心的恢复，同时国际债券市场准入也有所改善。但是，对于本地区低利率国家依然被投资者认为是有风险的，这反映出利差驻留在危机前的水平之上。

该地区的资本流入总体上已经逆转，特别是危机后迅速恢复的经济体，比如巴西的资本流入总量从2009年第二季度的157亿美元攀升至第四季度的574亿美元。债券发行量增长了5倍左右，接近300亿美元，股本流入增加两倍多，达到148亿美元。与此相比，银行信贷仍然相对令人失望，总额达132亿美元，与2008年第二季度相比下降了33%（见图A16）。

图 A16　资本流动回归拉丁美洲

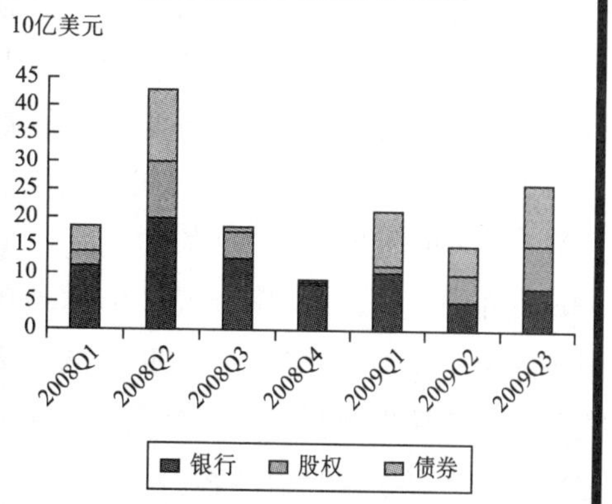

资料来源：Haver Analytics；世界银行。

中期展望

财政刺激方案、宽松货币政策的滞后影响、库存周期变动、贸易条件改善、消费者和商业信心增强、高收入国家需求增加以及外部融资条件的放宽，都有望支持本地区在未来几个季度的增长。预计2010年本地区的GDP，将在2009年估计的缩减2.6%之后加速到增长3.1%，但增长不会达到繁荣年度的增长率，部分原因是投资增长较弱。复苏情况在很大程度上取决于美国和本地区的其他主要经济体。预计接下来两个季度的增长将保持强劲，但2010年下半年将会减弱，因为刺激方案的影响及枯竭库存的重建不再支持经济增长。由于与高收入国家的密切联系，双谷衰退或更强劲的增长都有可能。

受全球经济衰退影响最大的国家，通过贸易和金融与全球一体的经济体有望从全球经济复苏中获得最大收益。预期本地区的出口将由于主要贸易伙伴的复苏而强劲反弹，2010年有望增长7.8%。较高的商品价格也将有利于本地区的商品出口商，减轻外部收支和某些情况下财政收支的压力。高收入国家增长势头减弱或双谷衰退（见第1章），可能导致出口增长在2010年下半年放缓，并延续到2011年。

本地区的私人消费预计将强劲反弹，2010年将上升3.2%，这部分是因为低基数效应（估计2009年收缩2%），还因为本地区及移民目的国劳动力市场的改善。由于投资信心恢复及融资限制的取消（见第1章关于更加活跃的私营部门反应），固定投资恢复明显，这将支持国内需求增长。与危机时期相比，限制更少的融资条件、投资者信心的恢复及滞后投资的重新启动，预计将推动2010年固定投资增长近6%。但是，投资增长仍低于繁荣年度两位数的增速，同时产能过剩犹在。大量产出缺口、疲软的国际融资状况和薄弱的公共部门投资都将伤及发展前景。一些国家货币政策大幅放宽的滞后影响、财政刺激措施的加强以及库存积累的一次性收益，都将推动2010年的经济增长。其他国家，例如智利，2010年将进行财政整顿，这将削弱政府开支对经济增长的贡献。

尽管墨西哥旅游业的复苏可能会削弱加勒比一些国家旅游业的复苏——其2009年的游客数量低于预期，但本地区很多国家的旅游业有望在2009年旅游人数急剧下降后出现复苏，因为它们设法通过提供打折套票来吸引游客。

虽然美国房地产业触底反弹，对于从建筑业收到汇款的国家是一个好征兆，但受美国和其他高收入国家劳动力市场颓势的影响，预计2010—2011年期间的汇款只缓慢回升。汇款微弱复苏将限制加勒比地区和中美洲许多国家在私人消费方面的复苏程度。

墨西哥在美国需求崩溃后进入深度经济衰退，美国市场复苏将帮其走出低谷。预计2010年墨西哥经济将增长3.5%，2011年将小幅增长到3.6%（见表A6）。由于政府实施了财政整顿措施来弥补石油生产下降所带来的石油收入减少，所以政府支出预计不会增加。由于国外需求和国内需求增强，预计2010年出口和进口都将强劲反弹，但由于更强的国内需求造成的进口增速快于出口增速，净贸易将损害增长。在2009年甲型H1N1流感负面影响所造成的低迷表现之后，预计服务业将强劲反弹。然而，人们对财政账户长期可持续性的担忧，给墨西哥的增长前景蒙上了阴影。2009—2010年期间的财政累计缺口估计达到GDP的6.6%，接近因低油价和低产量而造成的损失的一半。预期财政改革应该会减少政府的随意支出，但这可能会对短期增长产生负面影响。

巴西的国内需求应该能够受益于强有力的财政和货币刺激方案，并且来自中国的强势外部需求将推动出口增加。总之，2010年是经济恢复期，预计增长将加速，达到3.6%。私人消费和投资的复苏以及外部的强劲需求将推动经济的快速增长。

因为出口导向型产业创造的就业机会增加，将加强私人消费的温和复苏，外部需求恢复将有助于2010年阿根廷经济复苏走强。农业部门的预期复苏将促进经济活动增加，较少的限制性外部融资条件也将促进经济活动更加活跃。但是，经济复苏依然脆弱，由于政策的不确定性，投资仍然是经济增长的阻力。此外，总统选举前实施的不可持续的财政刺激措施在2010年下半年可能会取消，从而削弱了一个经济增长引擎。

委内瑞拉由于私人消费、投资和出口继续萎缩，预计将阻碍本地区的经济复苏趋势，2010年很可能成为其第二个经济萎缩年。缺乏力度的宏观经济政策和高通货膨胀（尽管经济收缩）造成的宏观经济不平衡将破坏投资。另外，增加发行国债和实行价格与外汇管理控制为政府支出提供了资金，但政府支出的强劲增长损害着经济的增长。货币管理不善和部分源自政府决定从阿根廷而不是哥伦比亚进口造成的进口成本增加，可能继续助长通货膨胀压力。并且，不充分的投资将加剧国内短缺，从而施加了价格进一步上涨的压力。

诸如智利等小型开放经济体可能会从全球经济的复苏中获得最大收益，因为其商业周期与全球经济高度关联。智利的复苏也将受国内因素支持，积极的、较早的反周期政策拉动了内需。改善的贸易

表 A6　拉丁美洲和加勒比地区国别预测

（年度变动百分比，除非另外说明）

	1995—2005 年[a]	2006 年	2007 年	2008 年	2009 年[c]	2010 年[d]	2011 年[d]
阿根廷							
按市场价格计算的 GDP（2005 年美元）[b]	2.3	8.5	8.7	6.8	-2.2	2.3	2.4
经常项目余额/GDP（%）	-0.2	3.6	2.8	2.2	2.3	2.2	2.2
伯利兹							
按市场价格计算的 GDP（2005 年美元）[b]	5.6	4.7	1.2	3.8	-0.1	1.7	2.3
经常项目余额/GDP（%）	-12.1	-2.1	-4.0	-10.8	-7.7	-7.7	-7.6
玻利维亚							
按市场价格计算的 GDP（2005 年美元）[b]	3.8	4.6	4.6	6.1	2.6	3.2	3.8
经常项目余额/GDP（%）	-3.0	11.5	12.5	12.0	2.6	1.8	2.9
巴西							
按市场价格计算的 GDP（2005 年美元）[b]	2.4	4.0	5.7	5.1	0.1	3.6	3.9
经常项目余额/GDP（%）	-2.0	1.3	0.1	-1.7	-1.1	-1.6	-1.8
智利							
按市场价格计算的 GDP（2005 年美元）[b]	4.2	4.6	4.7	3.2	-1.8	4.7	4.5
经常项目余额/GDP（%）	-1.5	4.9	4.4	-2.0	1.5	1.1	1.4
哥伦比亚							
按市场价格计算的 GDP（2005 年美元）[b]	2.4	6.9	7.5	2.5	-0.1	2.6	3.9
经常项目余额/GDP（%）	-2.2	-1.8	-2.9	-2.7	-2.9	-2.6	-2.3
哥斯达黎加							
按市场价格计算的 GDP（2005 年美元）[b]	4.5	8.8	7.8	2.6	-1.8	2.1	2.9
经常项目余额/GDP（%）	-4.0	-4.5	-6.3	-9.2	-4.2	-5.1	-6.3
多米尼克							
按市场价格计算的 GDP（2005 年美元）[b]	1.4	3.2	0.9	3.1	-1.7	1.4	3.0
经常项目余额/GDP（%）	-19.8	-17.3	-28.5	-36.5	-24.2	-24.1	-23.8
多米尼加							
按市场价格计算的 GDP（2005 年美元）[b]	5.2	10.7	8.5	5.0	-0.1	2.4	2.6
经常项目余额/GDP（%）	-0.8	-3.6	-5.1	-10.1	-6.8	-7.2	-6.7
厄瓜多尔							
按市场价格计算的 GDP（2005 年美元）[b]	3.2	3.9	2.5	6.5	-2.2	1.7	3.0
经常项目余额/GDP（%）	-1.4	3.9	3.6	2.2	-3.0	-3.3	-3.4
萨尔瓦多							
按市场价格计算的 GDP（2005 年美元）[b]	2.7	4.2	4.7	2.5	-2.1	0.8	2.3
经常项目余额/GDP（%）	-2.5	-3.6	-5.4	-7.2	-2.6	-3.5	-4.7
危地马拉							
按市场价格计算的 GDP（2005 年美元）[b]	3.5	5.4	6.3	3.8	-0.4	1.6	3.0
经常项目余额/GDP（%）	-4.9	-5.2	-5.4	-4.8	-2.8	-4.1	-4.4
圭亚那							
按市场价格计算的 GDP（2005 年美元）[b]	1.7	-2.4	5.4	3.2	1.1	2.5	3.0
经常项目余额/GDP（%）	-9.4	-19.8	-17.8	-20.2	-12.6	-18.1	-18.2

表 A6（续）

	1995—2005年[a]	2006年	2007年	2008年	2009年[c]	2010年[d]	2011年[d]
海地							
按市场价格计算的 GDP（2005年美元）[b]	0.9	2.3	3.2	1.4	-0.3	1.9	2.1
经常项目余额/GDP（%）	-4.0	-9.0	-5.7	-8.2	-7.9	-9.1	-10.6
洪都拉斯							
按市场价格计算的 GDP（2005年美元）[b]	3.8	6.3	6.3	4.0	-2.5	1.8	2.8
经常项目余额/GDP（%）	-6.7	-4.7	-9.8	-14.3	-8.7	-10.9	-9.3
牙买加							
按市场价格计算的 GDP（2005年美元）[b]	0.8	2.7	1.5	-1.0	-3.7	0.3	2.2
经常项目余额/GDP（%）	-5.5	-9.9	-15.3	-19.8	-14.3	-12.6	-9.9
墨西哥							
按市场价格计算的 GDP（2005年美元）[b]	3.6	4.8	3.3	1.4	-7.1	3.5	3.6
经常项目余额/GDP（%）	-1.9	-0.5	-0.8	-1.5	-1.4	-1.7	-1.9
尼加拉瓜							
按市场价格计算的 GDP（2005年美元）[b]	4.1	3.7	3.2	3.2	-2.5	1.7	1.7
经常项目余额/GDP（%）	-20.2	-13.4	-17.6	-23.8	-15.2	-19.8	-21.7
巴拿马							
按市场价格计算的 GDP（2005年美元）[b]	4.5	8.5	11.5	9.2	1.2	2.7	3.8
经常项目余额/GDP（%）	-5.3	-3.1	-7.3	-12.3	-7.4	-10.1	-10.0
巴拉圭							
按市场价格计算的 GDP（2005年美元）[b]	1.2	4.3	6.8	5.8	-3.8	2.6	3.7
经常项目余额/GDP（%）	-1.5	1.4	0.8	-2.1	-0.3	-1.5	-1.9
秘鲁							
按市场价格计算的 GDP（2005年美元）[b]	3.3	7.7	9.0	9.8	1.2	3.9	5.2
经常项目余额/GDP（%）	-3.3	3.0	1.6	-3.4	-2.4	-2.5	-2.3
圣卢西亚							
按市场价格计算的 GDP（2005年美元）[b]	2.9	2.2	1.7	0.7	-1.4	1.5	2.7
经常项目余额/GDP（%）	-13.8	-33.1	-32.6	-33.6	-26.5	-27.9	-29.0
圣文森特和格林纳丁斯							
按市场价格计算的 GDP（2005年美元）[b]	4.2	10.8	6.7	2.3	-1.0	1.2	1.8
经常项目余额/GDP（%）	-18.3	-24.1	-26.3	-27.8	-20.1	-21.4	-21.8
乌拉圭							
按市场价格计算的 GDP（2005年美元）[b]	1.5	4.6	7.6	8.9	1.3	3.2	3.4
经常项目余额/GDP（%）	-0.9	-2.0	-0.9	-3.8	-1.4	-2.4	-2.5
委内瑞拉							
按市场价格计算的 GDP（2005年美元）[b]	1.6	10.3	8.4	4.8	-2.4	-0.2	1.4
经常项目余额/GDP（%）	7.5	14.3	8.7	12.4	2.2	3.5	2.5

资料来源：世界银行。

注：世界银行根据新信息和（全球）形势变化频繁地修订其预测。因此，此处显示的预测可能会与世界银行其他文件中的预测有所区别，即便在特定时间对各国前景的基本估计没有太大的不同。

由于数据限制，没有对巴巴多斯、古巴、格林纳达和苏里南进行预测。

a. 期间增长率为综合平均数，增长贡献、比率和 GDP 平减指数均为平均数。

b. GDP 以2000年美元不变价格衡量。

c. 估计值。

d. 预测值。

条件以及提升的消费者及商业信心也将支持经济复苏，使经济增长接近极限。

秘鲁的经济复苏将受益于强劲的商品出口，特别是源自亚洲的需求。此外，2010年1月与中国签订的自由贸易协定的实施，将进一步扩大出口，尤其是鱼粉和矿产品方面的出口。因为政府致力于通过公共建设和社会项目上的新投资来拉动经济增长，并在2011年4月总统和国会选举之前将优先考虑，2010年的政府消费和投资将始终坚挺。

与美国和其他主要经济伙伴的发展情况一致，中美洲的经济增长在2010年有望反弹。对于本地区高度依赖来自美国和欧洲劳工汇款的国家（萨尔瓦多、危地马拉、洪都拉斯和尼加拉瓜），其复苏之路预计将会更加缓慢，因为预计高收入国家失业的改善将会给汇款带来压力，从而推迟这些国家私人消费的复苏。与此类似，由于游客来源国的经济复苏缓慢，预计本地区旅游业（对加勒比地区尤为重要）的恢复也将缓慢。作为2003—2008年期间主要增长源的外国直接投资无力恢复到危机前水平，产能过剩犹在。中美洲大多数国家的经济复苏依然乏力。在牙买加，矾土和铝土矿的低产量和低出口价格将限制经济复苏。这些地区的增长还继续受到犯罪、腐败、薄弱的民主制度以及竞争力缺乏的拖累。

风险

在国内需求迅速稳固的国家，延迟撤回刺激政策代表了经济增长和通货膨胀风险的上行。在此情况下，产出缺口闭合可能较预期要快，而导致通货膨胀的环境。尤其像巴西国内需求反弹强劲，且已颁布的宽松货币政策和反周期财政政策的影响尚未消退，因此，巴西的风险已经上移。倘若世界经济（尤其是像中国这样的资源密集型经济体）出现比预期更为强劲反弹时，商品价格将导致另一上行风险。

最近股市高涨，资本流入普遍增强，其部分原因在于存在较大利差，给一些国家的实际有效汇率增加了压力。过去的4个月中，与当年上半年的360亿美元相比，资本大量流入本地区，达到640亿美元（其中300亿美元来自10月份），已经促使巴西政府对外国证券投资流入征收2%的金融交易税。然而，这项措施对防止资本流入和实际货币升值一直收效甚微。如果这种流动持续存在，可能会导致出现新一轮的资产价格泡沫。此外，在外部需求复苏仍然脆弱时，一些经济体将会因为实际货币升值而失去外部竞争力。

中东和北非

近期发展

全球金融危机对中东和北非地区发展中经济体的影响，因石油出口国和进口国的不同而迥异[13]。最初，本地区股市的跌幅远远超过新兴市场的平均跌幅（见图A17）。自从阿联酋迪拜世界债务问题逐步显现，以及对更广泛地区增长前景的担忧，使得这些市场的复苏一直不明朗。

应当承认，在金融危机最初阶段，对中东和北非地区的影响是利害相当的。2007—2008年“食品—燃料”危机，对于本地区最大的石油净出口国和食品净进

图 A17　中东地区股市急速下跌，海湾合作委员会国家经济复苏乏力

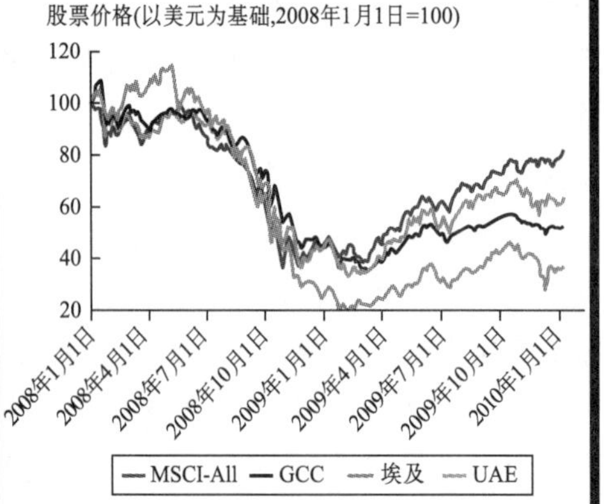

资料来源：摩根斯丹利通过 Thomson/Datastream 获得。
注：MSCI－All 为所有新兴市场国家；GCC 为海湾合作委员会国家；UAE 为阿拉伯联合酋长国。

口国来说是一大挑战。虽然，石油出口国受到的不利影响较少，但食品进口费用大幅度上扬。受打击最严重的是食品和燃料大宗进口国马格里布、约旦和黎巴嫩以及食品高度依赖进口的埃及。政策环境不得不快速从减轻商品高价的影响转向支持银行系统，以及利用财政刺激措施促进内需。

2009 年全年，由于石油价格上扬和粮食价格下挫，对发展中石油出口国（阿尔及利亚、伊朗、叙利亚和也门）和海湾合作委员会（GCC）成员国的净贸易价格变动是有利的。但是，高石油价格是以产出大幅降低为代价来维系的。由于这一年石油产量下降，GCC 主要石油出口国遭受损失，致使 GDP 略微下降，这一损失部分被财政刺激计划和更看涨的非石油部门所弥补。相比较而言，发展中石油出口国经济体的石油部门收入明显下降，但刺激措施和较强的非石油发展帮助保持了整体的正增长。对多样化程度更高的经济体（埃及、约旦、黎巴嫩、摩洛哥和突尼斯）而言，外部需求急剧下降（特别是来自占主导地位的欧元区）对商品出口产生了负面影响，旅游人数下滑，劳工汇款额降低，特别是来自 GCC 经济体外国直接投资流入的缩减，使情况进一步恶化。起初，与外国直接投资下降和 GCC 成员国石油收入萎缩及东道国市场疲软相关，阿联酋过去在房地产和旅游业过度投资，导致迪拜部分主权外债的持续性出现问题，这进一步给外国直接投资蒙上了阴影。

在此背景下，估计本地区发展中国家 2009 年的 GDP 增长已经从 2008 年的 4.3% 降至 2.9%。发展中石油出口国 GDP 的增长几乎从 2008 年的 2.9% 减半至 1.6%。石油进口国（多样化经济体）的 GDP 在该年度下降了近 2 个百分点，从 2008 年 6.6% 的强劲增长（受埃及超过 7% 增长的推动）降至 2009 年的 4.7%。本报告所涵盖的高收入 GCC 经济体，由于石油产量的锐减和受收入抑制的产出大幅下滑（见表 A7），预计 2009 年 GDP 在上一年 4.6% 强势增长之后下降了 0.6%。

地区石油出口国的发展情况：全球经济危机结束了 2008 年中期的石油大繁荣，该时期的石油价格达到每桶 150 多美元的峰值（见图 A18），在石油输出国组织（OPEC）减产的支持下，石油价格居于每桶 65 美元到 80 美元之间。作为这一努力的一部分，地区石油出口国产量相应缩减了近 10%（本地区的高收入生产国为 11%，发展中出口国为 7.3%）。价格大幅降低加之产量的减少，使所有出口国的石油和天然气收入从 2008 年的 7550 亿美元减少到 2009 年的 4850 亿美元，下降幅

表 A7　中东和北非地区预测概要

（年度变动百分比，除非另外说明）

	1995—2005 年[a]	2006 年	2007 年	2008 年	2009 年[g]	2010 年[h]	2011 年[h]
按市场价格计算的 GDP（2005 年美元）[b]	4.4	5.2	5.9	4.3	2.9	3.7	4.4
人均 GDP（美元不变价格）	2.7	3.5	4.1	2.6	1.2	2.0	2.8
按购买力平价计算的 GDP[c]	4.5	5.4	6.2	4.3	2.7	3.6	4.4
私人消费	4.2	4.8	6.3	1.2	4.6	4.5	5.1
政府消费	3.3	5.7	2.2	11.3	10.6	7.5	6.4
固定投资	6.5	5.9	18.7	19.4	8.0	4.0	4.6
出口，GNFS[d]	4.9	5.9	6.5	0.2	-8.8	2.3	5.2
进口，GNFS[d]	5.7	7.0	12.4	9.0	1.1	5.2	6.7
净出口，对增长的贡献	-0.2	-0.1	-1.6	-3.0	-3.5	-1.1	-0.8
经常项目余额/GDP（%）	2.9	11.6	10.1	10.5	-0.1	1.5	1.0
GDP 平减指数（本币中值）	5.2	8.3	6.1	16.0	6.7	6.2	3.9
财政收支/GDP（%）	-2.2	-0.9	0.4	1.9	-6.1	-4.1	-3.7
备忘项目：GDP							
中东和北非地理区域[e]	4.0	4.6	4.9	4.4	1.4	3.5	4.3
部分海湾合作委员会国家[f]	3.6	3.8	3.6	4.6	-0.6	3.2	4.1
埃及	4.4	6.8	7.1	7.2	4.7	5.2	6.0
伊朗	4.8	5.9	7.8	2.5	1.0	2.2	3.2
阿尔及利亚	4.0	2.0	3.0	3.0	2.1	3.9	4.0

资料来源：世界银行。

a. 区间增长率是复合平均数；增长贡献、比率和 GDP 平减指数是平均值。
b. 以 2005 年不变美元衡量的 GDP。
c. 以购买力平价汇率衡量的 GDP。
d. 货物和非要素服务（GNFS）的进出口。
e. 地理区域包括高收入国家：巴林、科威特、阿曼和沙特阿拉伯。
f. 部分海湾合作委员会国家：巴林、科威特、阿曼和沙特阿拉伯。
g. 估算值。
h. 预测值。

图 A18　2004—2009 年的油价

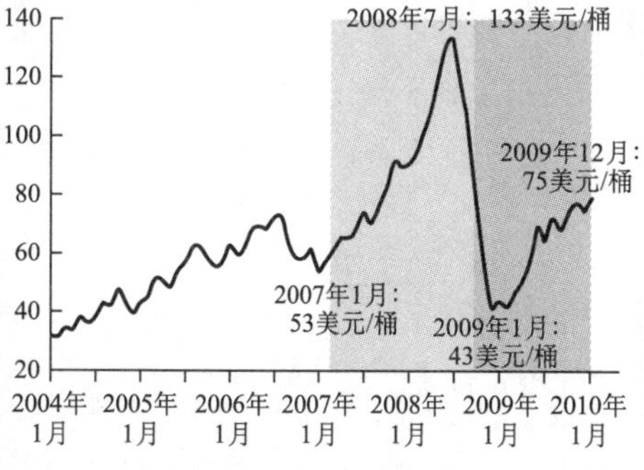

资料来源：国际能源署和世界银行研究局预测部商品研究组。

图 A19　油价的下跌和产量的下降使中东地区 2009 年的石油收入急剧减少

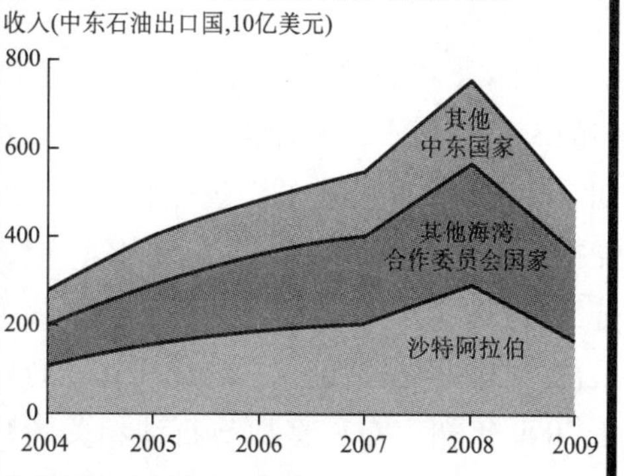

资料来源：世界银行和国际能源署。

度相当于该组石油出口国 GDP 的 30%（见图 A19）。对发展中出口国而言，收入下降幅度稍小，但也是极为可观的，为 GDP 的 12.5%。2008—2009 年期间，整

图 A20　石油收入的减少削减了 2009 年的经常账户顺差

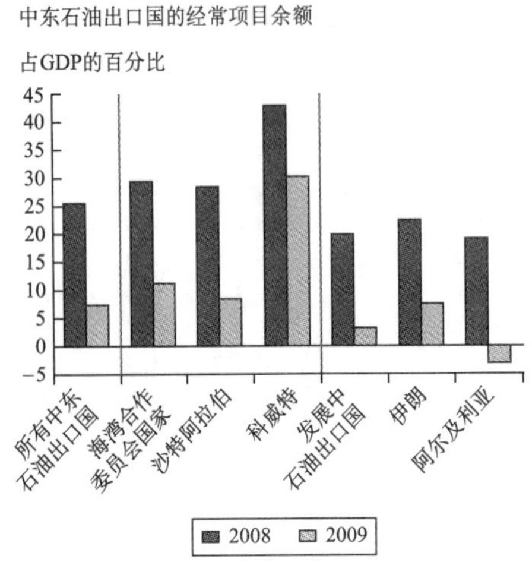

资料来源：世界银行数据及其估计。

个地区的经常项目余额急剧下降，所有石油出口国从 25% 下降到 7.3%，发展中石油出口国从 19.7% 下降到 3.3%（图 A20）。随着公共支出的快速增长，发展中出口国的财政赤字 2009 年期间急剧上升，阿尔及利亚占 GDP 的 11%（尽管有约 1500 亿美元资金的有效保障），叙利亚占 5.5%，伊朗占 3.8%，也门占 2%。

阿尔及利亚的 GDP 增长率，从 2008 年的 3% 减缓到 2009 年的 2.1%。在与长期基础建设项目相关的建筑业和服务业的支持下，非石油活动增长了 5.7%，但部分又被石油部门下滑的 2% 所抵消。该项目部分作为刺激措施仍在继续实施，政府于 2009 年初宣布，将从与石油相关的财政盈余中拨出 600 亿美元用于该投资计划。另外，虽然缺失伊朗 2009 年部分国家的账户数据，但预计其经济增长率已从 2008 年的 2.5% 减缓到 2009 年的 1%，因为其原油产量下降了 7.3%，石油和天然气出口收入骤减了 40%。这给通常支持国内需求的预算收入带来了巨大压力。通货膨胀率继续维持在近 20%，经常项目余额从 2008 年占 GDP 的 22% 下降到 2009 年的 7%。

多样化经济体：中东和北非地区多样化经济体的商品出口有 70% 以上的目标市场是在欧元区。而且，欧元区也是大量来自马格里布和马什雷克海外工人的东道国，是发展中地区重要的汇款来源和游客来源。由于欧元区主要经济体的投资和贸易骤降，中东和北非地区多样化经济体的 GDP 在 2008 年下降到 0.5% 的增长，预计 2009 年缩减了 3.9%，这是第二次世界大战以来最严重的衰退。

欧洲衰退对本地区出口的影响是巨大的，埃及商品出口增长从 2008 年的 33% 下降到 2009 年 7 月的 –15%（与上年同期数字相比）。类似的出口下降模式还出现在约旦、摩洛哥和突尼斯（见图 A21）。伴随着进口仅仅小幅下跌（由刺

图 A21　随着欧洲需求的下降，中东地区的出口急剧下滑

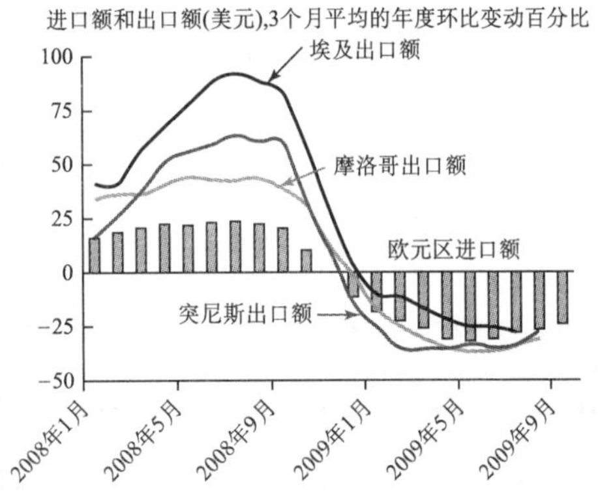

资料来源：Haver Analytics；世界银行。

激措施支持），中东和北非地区多样化经济体的经常项目状况从 2007 年赤字占 GDP 的 2.1% 恶化到 2009 年赤字占 GDP 的 5.2%。2009 年赤字的范围是从埃及和突尼斯占 GDP 的 2.5%，到摩洛哥占 GDP 的 5.8% 和约旦占 GDP 的 7.0%。

2009 年欧洲和 GCC 经济体经济活动放缓和劳工状况日益恶化，导致流入发展中地区的劳工汇款在本年度下降了 6.3%，与此形成鲜明对比的是 2007 年 23% 和 2008 年 11.3% 的强劲攀升（见图 A22）。在较大的接受国中，埃及受到的负面影响最大，劳工汇款下降了 9%，摩洛哥收到的汇款下降了 8%。约旦、黎巴嫩和突尼斯下降的幅度较小，为 1%—3%。

旅游收入是主要外汇来源之一（相当于本地区多样化经济体 GDP 的 14%）。随着欧洲失业率的不断上升、工资增长乏力、家庭努力修复受 2008 年金融市场萎缩严重破坏的资产负债表，预计自 2006 年以来旅游收入达到 20% 左右的强劲增长之后，在 2009 年将下降 5%（见图 A23）。突尼斯以 4% 的增长遏制了下降的趋势。但是，其他国家的下降幅度在摩洛哥的 8% 和埃及的 3% 之间。

图 A22　2009 年劳工汇款略有下降，降幅为 6.3%

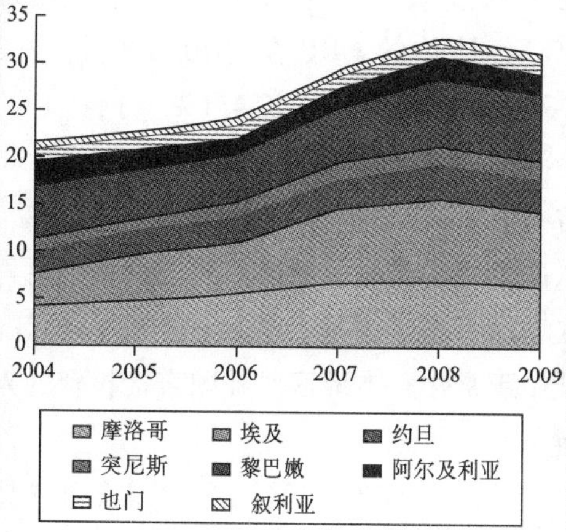

资料来源：世界银行、IMF 及相关国家机构。

图 A23　旅游收入从 2008 年破纪录的水平下滑，但可能会温和复苏

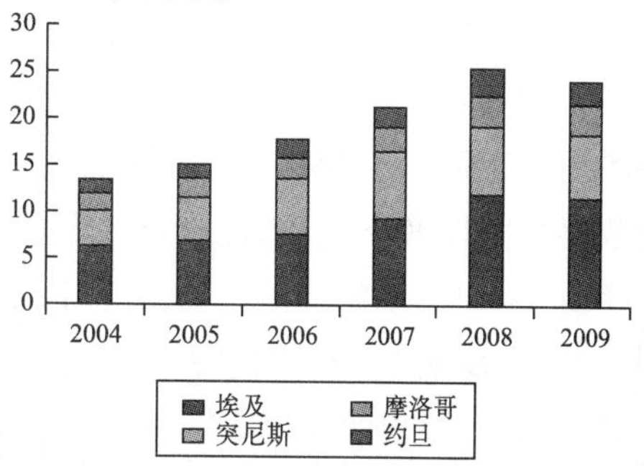

资料来源：世界银行、IMF 和国际旅游组织。

流入多样化经济体的外国直接投资（越来越多地从 GCC 经济体寻求），从上一财年占 GDP 的 8.1% 下降到 2009 财年的 4.3%。2009 年摩洛哥和突尼斯登记的流入下降了 35%，2009 年第一季度约旦的外国直接投资下降了 80%。这些下降反映了迪拜世界延期还债后融资条件明显恶化，包括 GCC 经济体相应缩减了目前投资项目并暂停了早期计划的外国投资努力。

除了外国直接投资的压力，迪拜金融危机可能给马什里克国家（约旦、黎巴嫩和叙利亚）带来不利影响，这些国家与 GCC 有着十分密切的联系。GCC 内较低的投资预示着来自这些国家的工人的就业机会更少、汇款降低和国内市场消费萎缩。

埃及的增长从过去 3 年的 7% 放缓到 2009 财政年度的 4.7%。商品和服务出口下降了 25%，外部需求萎缩驱动了增长放缓；与外部市场联系紧密的经济部门出现负增长，例如苏伊士运河（下降了 7.2%，与之相比，2008 财政年度增长了 18%）和宾馆、饭店及与旅游相关的其他活动（下降了 1.3%，与之相比，2008 财政年度增长 30%）。固定投资下降（与一年前 14.8% 的增长相比下降了 10%）引起失业率从 2008 年的 8.4% 上升到 9.4%。对此政府采取了积极应对措施，实施了以 150 亿埃及镑的额外开支为形式、以财政、货币和直接扶助为特征的危机刺激计划，包括更高的补贴和社会福利。在货币方面，埃及中央银行在 2009 年 2—9 月间 6 次降低政策利率，隔夜存款利率和贷款政策利率分别降低了 325 个基点和 275 个基点。

图 A24　石油价格和出口的恢复构成了中东和北非地区经济复苏的关键

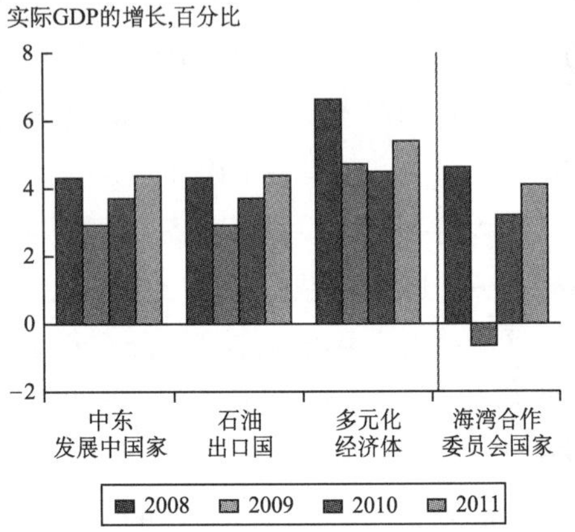

资料来源：世界银行。

中期展望

2009 年出现不正常情况之后，中东和北非地区发展中经济体和高收入经济体的前景在 2011 年都将有所改观。预计当年经济增长加快至 4.4%，与 1995—2005 年间的平均增幅相同。虽然国内需求是可持续的力量源泉，但地区经济复苏还是以全球石油需求的复兴、油价的坚挺和主要出口市场的反弹为前提。尽管财政刺激措施在逐步撤出，但预计消费和资本支出的适度提升会支撑经济增长的复苏（见上文表 A7）。但是，本地区的概况掩盖了各国表现和增长驱动力的多样性。

预计石油价格在预测期内基本上稳定在每桶 75 美元左右。强有力的全球活动应允许原油和天然气产量恢复到正增长，这意味着收益适度增加。结果，预计发展中石油出口国的经常项目状况到 2011 年将稳定在接近 GDP 的 5%。发展中石油出口国的 GDP 增长在 2010 年和 2011 年应分别达到 3.1% 和 3.7%（见图 A24）。到 2011 年，经济增长将在伊朗的 3.2% 和叙利亚的 5.5% 之间变化，以上所述的经济增长都是以非石油部门的发展和碳氢化合物产能的投资为基础的（见表 A8）。

由于石油生产稳固和平均油价上涨有助于恢复收入，尽管增幅较小，预计 GCC 经济体的 GDP 在 2010 年仍将增长 3.2%，在 2011 年增长 4.1%。预计 GCC 经济体的经常项目余额状况将从 2009 年占 GDP 的 11% 反弹到 2011 年的 14.5%，从而提供了支持国内增长的方式，同时再次增加了国际储备。由于金融和经济状况开始正常化，本地区对外国直接投资的兴趣可能会重燃。

欧洲和 GCC 国家经济复苏将会支持多样化经济体的振兴，这意味着出口恢复增长、汇款及各种服务收入回升、商业预

表 A8　中东和北非地区国别预测

（年度变动百分比，除非另外说明）

	1995—2005 年[a]	2006 年	2007 年	2008 年	2009 年[c]	2010 年[d]	2011 年[d]
阿尔及利亚							
按市场价格计算的 GDP（2005 年美元）[b]	4.0	2.0	3.0	3.0	2.1	3.9	4.0
经常项目余额/GDP（%）	8.2	25.0	22.4	20.8	-3.4	2.7	5.6
埃及							
按市场价格计算的 GDP（2005 年美元）[b]	4.4	6.8	7.1	7.2	4.7	5.2	6.0
经常项目余额/GDP（%）	0.4	2.4	0.3	-0.9	-3.2	-3.5	-3.2
伊朗							
按市场价格计算的 GDP（2005 年美元）[b]	4.8	5.9	7.8	2.5	1.0	2.2	3.2
经常项目余额/GDP（%）	7.3	9.2	12.0	22.2	7.5	3.6	3.2
约旦							
按市场价格计算的 GDP（2005 年美元）[b]	4.7	8.0	8.9	7.9	3.2	3.9	4.5
经常项目余额/GDP（%）	0.0	-10.8	-16.7	-11.4	-10.1	-9.7	-9.2
黎巴嫩							
按市场价格计算的 GDP（2005 年美元）[b]	3.2	0.6	7.5	8.5	7.0	7.0	7.0
经常项目余额/GDP（%）	-20.0	-11.3	-11.1	-20.5	-14.5	-15.2	-14.2
摩洛哥							
按市场价格计算的 GDP（2005 年美元）[b]	4.4	7.8	2.7	5.6	5.0	3.0	4.4
经常项目余额/GDP（%）	0.7	2.0	-0.3	-5.4	-5.9	-5.7	-5.2
叙利亚							
按市场价格计算的 GDP（2005 年美元）[b]	3.2	5.1	4.2	5.2	3.0	4.0	5.5
经常项目余额/GDP（%）	2.9	-2.8	-3.3	-4.0	-3.2	-4.3	-4.0
突尼斯							
按市场价格计算的 GDP（2005 年美元）[b]	5.0	5.7	6.3	4.5	3.3	3.8	5.0
经常项目余额/GDP（%）	-3.0	-2.0	-2.6	-4.2	-3.5	-2.6	-2.0
也门							
按市场价格计算的 GDP（2005 年美元）[b]	4.9	3.2	3.3	3.6	4.2	7.3	4.5
经常项目余额/GDP（%）	3.1	1.1	-7.0	-5.6	-5.2	-2.3	-2.5

资料来源：世界银行。

注：世界银行根据新信息和（全球）形势变化频繁地修订其预测。因此，此处显示的预测可能会与其他世行文件中的预测有所区别，即便在特定时间对各国前景的基本估计没有太大的不同。

由于数据限制，没有对吉布提、伊拉克、利比亚、西岸和加沙地带进行预测。

a. 期间增长率为综合平均数，增长贡献、比率和 GDP 平减指数均为平均数。

b. GDP 以 2005 年美元不变价格衡量。

c. 估计值。

d. 预测值。

期改善并引起资金支出反弹。由于外部贡献减弱，在财政和货币刺激措施的帮助下，约旦、摩洛哥和突尼斯的 GDP 可能在国内需求驱动下而出现增长。预计摩洛哥农业正常化（紧随 2009 年干旱后的繁荣）将拉动多样化经济体在 2010 年的增长，预计 2010 年增幅将达到 4.5%，2011 年增至 5.4%。

风险

中东和北非地区 2010—2011 年普遍

乐观的前景依然存在着很大的下滑风险，这将给已经在努力解决当前危机的政策者带来新的挑战。一场更深入、更持久的全球经济衰退无法排除（第1章讨论过的“双谷衰退”）。在本地区政治紧张状况不断，从而抑制了原本有利于资本市场和私人投资深化的国际资本流动。此外，一旦经济状况开始回归“正常”，那些危机期间曾发起的改革努力所受关注和承诺可能会变得很少。

阿联酋迪拜政府控股的实体公司迪拜世界最近遭遇危机，请求债权人延期6个月支付所有债务。这一事例表明，本地区的金融机构并非完全不受全球金融危机的影响。鉴于过去几年非常高的投资水平及资产价格膨胀（特别是埃及和摩洛哥的物业价格上升特别快），可能还有尚未被意识到的大规模经济损失。虽然迪拜的系统危机可能会因为迪拜政府的多元控股以及来自阿布扎比酋长国的紧急援助（通过双边和联邦当局提供）而避免，但对持有迪拜世界债务的当地银行和地区银行的资产负债表可能存在有不利影响。在该地区需要公司综合治理和债务重组改革，迪拜面临的金融问题连同以前沙特两家大型私营公司违约将继续引起关注。

南亚

近期发展

全球爆发金融危机致使南亚实际GDP增长进一步明显减速，从2007年的8.7%下降至2009年的6.0%，原因主要是投资增长明显减缓，而私人消费的降低也发挥了一定作用。出口随同外需大幅缩水，而进口缩水更为严重，事实上，净贸易支持了地区经济增长。随着危机的深化，南亚大多数国家的股市和汇率大跌。国内和国际投资商寻求地区外安全资产，主权债券差价随着资本流的收缩不断增大。

尽管全球金融危机对南亚产生了严重的消极影响，但在所有发展中地区中，南亚GDP增长放缓最不明显。这在一定程度上反映出本地区经济体相对封闭。私有资本流入是危机传播的重要渠道。而与其他大多数地区相比，外国私有资本，尤其是外国直接投资在南亚GDP中所占的比重并不大。南亚经济活动也不像其他地区那样集中于深受危机影响的制造业和自然资源领域。南亚更加依赖服务贸易。2008年，发展中国家服务贸易占本国GDP的平均比重为7.7%，而南亚大约为该比重的两倍。这也就为南亚提供了一个危机缓冲带，因为在经济衰退期服务业似乎更有弹性（尽管马尔代夫等严重依赖旅游业的小国受危机影响十分严重）。由于制定了反周期宏观经济政策，本地区的内需也相对更有弹性。大多数经济体迅速调低了利率。尽管大多数经济体财政空间有限，但印度、孟加拉国和斯里兰卡都实施了大规模财政刺激措施。印度的措施包括选举前开支。孟加拉国和斯里兰卡则制定了鼓励性措施并拨款支持社会保障网建设。流向本地区的海外汇款尽管有所减少，但仍相对较多，从而支持了本地的经济发展，尤其是孟加拉国、尼泊尔和斯里兰卡的海外汇款仍占本国GDP的5%以上。食品和燃料等全球商品价格暴跌提高了实际收入。食品和燃料在本地区家庭支出中占有很大比重。

各经济体衰退情况复杂，体现了自身

最初状况。危机发生之时内部和外部不平衡十分严重的国家以及那些被迫严格控制内需的国家经济增长最慢。孟加拉国、不丹和印度等危机发生之时基本面较好的国家度过危机更为顺利。阿富汗、巴基斯坦、斯里兰卡甚至包括尼泊尔等经济体还面临内部冲突，冲突持续发展，破坏经济活动。2009 年中期，斯里兰卡结束了长达几十年的内战。2006 年后期，尼泊尔交战各派达成和平协议，但现今仍在相互争夺政治控制权。

图 A25　流入南亚的总资本出现复苏，但是依然低于危机前的水平

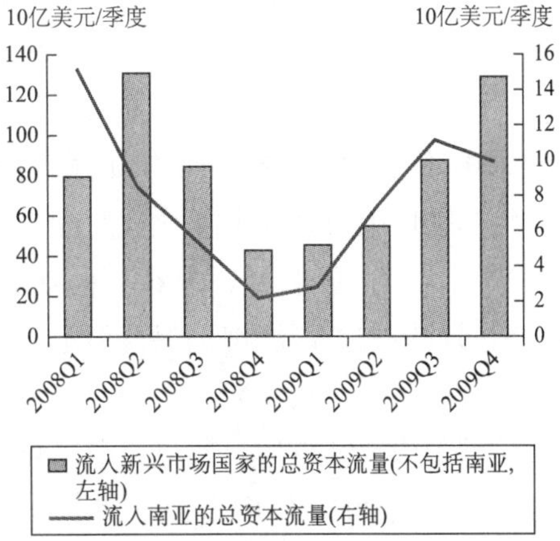

资料来源：Dealogic 和世界银行。

2009 年前期，全球金融市场逐渐解冻，趋于稳定。下半年，世界贸易和产出增长反弹。因此，南亚形势得到改善。从 2009 年第二季度开始，本地区股市和流入资本开始恢复，并且同发展中国家恢复趋势大体一致（见图 A25 和图 A26）。投资商对印度和孟加拉国较为强劲的增长态势更为看好。国际货币基金组织在巴基斯坦、斯里兰卡以及最近在马尔代夫建立或新增了经济稳定项目。本地区利率大幅降低，政治稳定性增强。因此，经济恢复得到巩固。尽管 2009 年上半年该地区资本流入总量大幅下滑，但证券资本流入量在第三季度大幅上升，债券发行和辛迪加银行贷款在第四季度也大幅上升，因此估计 2009 年全年的资本流入总量会稳定在 310 亿美元。由于其他地区的资本流入量下降（尤其是欧洲和中亚地区），南亚地

图 A26　本地股市普遍恢复了危机前的水平

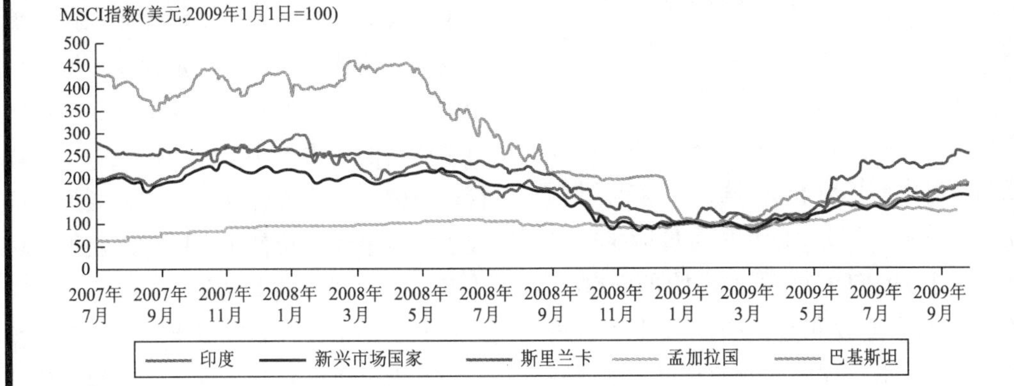

资料来源：Bloomberg 和世界银行。

注：MSCI = 摩根士丹利资本国际。

区发展中国家资本流入总量占世界的比重在 2009 年增至 8.9%，而 2008 年为 6.7%。尽管本地区大多数证券交易所都恢复到了危机前的水平，但无论用本币还是用美元计算，大多数证券交易所仍然远低于 2007 年后期和 2008 年前期的最高水平。孟加拉国上市公司资本化程度相对于 GDP 来说比邻国更低，外国参与也有限。危机期间，孟加拉国股市仍保持稳定，最近几个月还强劲增长。斯里兰卡股市也是一个例外。内战结束后，斯里兰卡民众情绪好转，同时 2009 年中期，斯里兰卡与国际货币基金组织签署了一项正式贷款协议。因此，斯里兰卡股市已恢复到危机前 2007 年的最好水平。

图 A27　南亚工业生产复苏已站稳脚跟，先于其他大多数地区

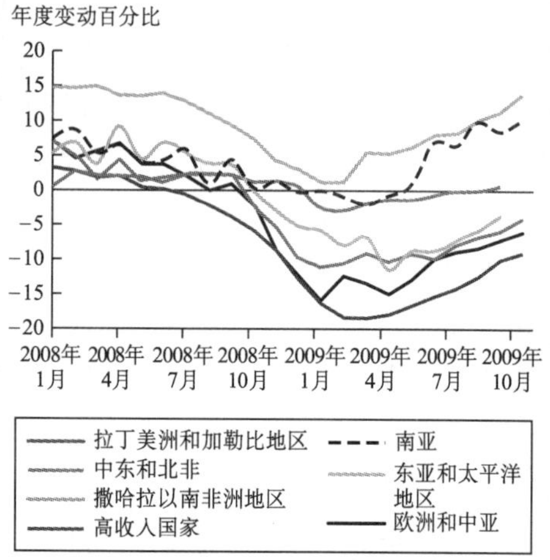

资料来源：Thomson Datastream、IMF 和世界银行。

南亚工业活动收缩不像其他大多数发展中地区那么严重。印度、孟加拉国以及近期巴基斯坦都已开始恢复增长。财政刺激措施扩大了消费需求，从而促进工业生产反弹。另外，孟加拉国和尼泊尔等国家海外汇款持续强劲，促进了国内工程建设。南亚工业生产迅速恢复，恢复速度快于除东亚和太平洋地区外的其他大多数发展中地区以及高收入国家（见图 A27）。2008 年南亚雨量充沛，因此除阿富汗外的很多地方在 2009 年迎来了农业大丰收，产出增加。而阿富汗农业产出在 2008 财政年度和 2009 财政年度骤减 16.5%。停战和恢复生产耕地也使斯里兰卡农业部门获益。然而，2009 年印度雨量减少，这就意味着从 2009 年后期开始的 2009—2010 年的农业收获年，印度农业产量增长有限。随着全球旅游业的衰退，南亚服务业活动发展减速。严重依赖旅游业的马尔代夫、尼泊尔和斯里兰卡所受影响尤为严重。相比之下，印度服务业活动则由于弹性外包而受影响较小。

南亚商品贸易增长仍低于 2008 年水平，进口比出口下跌幅度更大。马尔代夫、巴基斯坦和斯里兰卡需求降低尤为严重。2009 年 7 月，南亚进口额比 2008 年下降了 32%，在发展中地区中仅低于 39% 的欧洲和中亚地区。相反，南亚商品出口额与其他大多数发展中地区相比降幅更小，仅大于东亚及太平洋地区和拉丁美洲及加勒比地区。这在一定程度上说明深受经济衰退打击的制造业和商品在南亚出口中所占的比重较小。经济危机中，一些行业也体现了明显弹性。例如，孟加拉国成衣的竞争性定价使生产商得以获得市场份额，如“沃尔玛效应”；斯里兰卡与维多利亚的秘密，迪赛和耐克等美国及欧盟的中高端零售商之间建立了长期战略伙伴关系，为危机提供缓冲带；印度的信息技术软件经验证也相对更具有弹性。

图 A28　2009 年南亚大部分国家经常账户收支有所改善

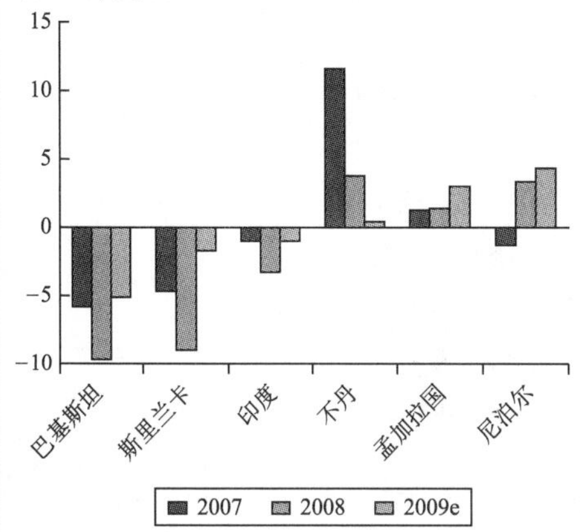

资料来源：世界银行。

总的来说，进口价值剧减，出口减幅相对较小，进出口商品比价向更为有利的方向发展，海外汇款流入具有弹性。因此，2009 年经常项目收支大体有所改善（见图 A28）。2008 年中期之前，食品和燃料价格常年居高不下，南亚外部地位日益紧张。2009 年，马尔代夫、巴基斯坦和斯里兰卡的经常项目赤字出现最大幅度调整，内需大幅度减少。危机前，巨额财政赤字曾促使这三个经济体外部严重失衡。马尔代夫情况比较严重，政府支出大规模上涨，旅游相关建设材料进口量增加，导致经常项目收支严重恶化。

2009 年，印度进口比出口减少得更为迅速，因此经常项目赤字尽管调整幅度较小，但也有所减少。孟加拉国和尼泊尔出口增幅下降不如进口下降明显，海外汇款流入保持稳定，因此经常项目余额增多。相比之下，不丹经常项目赤字估计已从占 2008 年 GDP 的 10% 上涨到 2009 年的 12.3%，部分原因是塔拉水电项目开始付息（见图 A28）。阿富汗经常项目赤字，包括相当于约占官方 GDP 50% 的官方转移，估计已从 2008 年占 GDP 的 0.9% 的盈余转变为 2009 年占 GDP 的 1.6% 的赤字。

海外汇款是南亚外汇的重要来源。2009 年，由于经济活动减少以及目的地国失业率上升，流入南亚的海外汇款也随之减少。然而，与其他外汇来源相比，汇款流入仍然较为强劲，超过 2007 年的水平（见图 A29）。根据世界银行 2009 年的报告，当年流入南亚的海外汇款稍稍降低了 1.8%，而其他发展中国家则减少了 7.5%。波斯湾和东亚经济体是南亚外出打工人员的主要目的地。这些经济体增长所受的影响比美国、欧盟和俄罗斯等其他主要目的地更小。印度是世界美元汇款最大的接收国。2009 年在南亚经济体中，印度海外汇款流入减少，而孟加拉国、尼泊尔、巴基斯坦和斯里兰卡的汇款流入增幅减小。

随着需求减少和能源价格大跌，危机爆发后，尤其是 2009 年前半年，南亚通货膨胀压力减小，通货膨胀趋势得到逆转。2007 年和 2008 年，尽管政府部门试

图 A29　流向南亚的国际资本

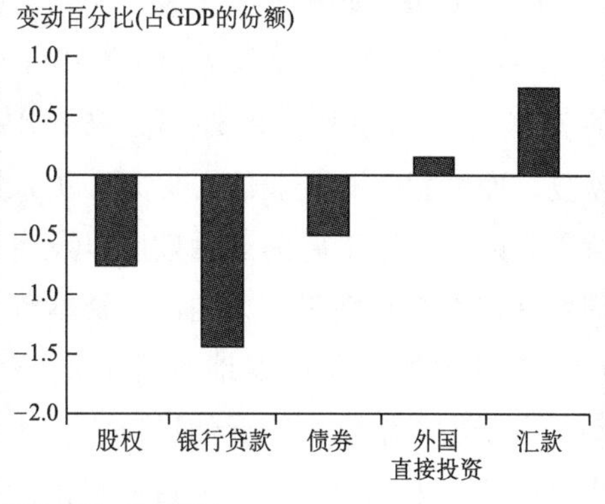

资料来源：世界银行。

图遏制价格上涨，但燃料和食品价格仍然高涨，通货膨胀压力越来越明显。油价下跌缓解了燃料价格补助带来的财政赤字压力。通货膨胀压力缓解和国际商品价格下跌也为南亚各国中央银行实施扩张性措施提供了空间，以扩大内需应对危机。孟加拉国、印度、巴基斯坦和斯里兰卡降低政策利率。不丹和尼泊尔的货币与印度卢比绑定在一起，印度扩张性货币政策促进了不丹和尼泊尔开展经济活动。

经济活动的减少导致南亚税收收入减少，而支出却在增加，因此2009年南亚财政状况恶化。除了实施更加宽松的货币政策，孟加拉国、印度和斯里兰卡还实施了扩张性财政政策，制定了各种财政支出和刺激计划以扩大内需。巴基斯坦也试图通过增加公共部门发展计划来刺激经济发展。这些刺激措施有助于抵消全球危机所带来的负面影响，但也导致了南亚几乎所有经济体财政赤字增加。危机爆发之前，南亚众多经济体就已经面临着财政赤字过大的问题，税收管理和税收结构不完善导致国内资源调动不力（见图A30）。

图A30　大多数南亚国家的预算赤字都超过了发展中国家的平均水平

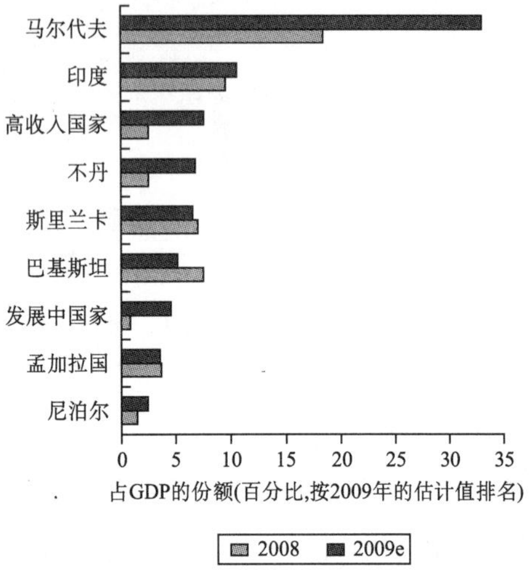

资料来源：世界银行。

中期展望

南亚GDP增长预计将从2009年的6%左右上升至2010年的7.0%和2011年的7.4%。商品和服务的外部需求将开始恢复，而消费者和企业信心提升，扩张性货币和财政政策措施的滞后效应以及库存周期好转都将有助于扩大内需。资本流入预计也将增加，促进本地区开展经济活动。由于内需增强可能促使进口增长快于出口增长，因此南亚经常项目赤字预计将有所增加，从2009年的1.2%上升至2010年的2.2%和2011年的2.4%。

尽管南亚GDP有望加速增长，但预测期内要恢复到经济繁荣期的增长率仍然不太可能，因为紧随危机而来的供给瓶颈和资本成本上涨问题将抑制投资增长（见表A9）。尽管外需可能扩大，但扩大速度也会慢于经济繁荣期。由于计划结构财政稳固和周期性因素以及危机期间为扩大需求而实施的刺激措施反向逆转，南亚财政赤字可能减少。然而，财政赤字总量预计仍将超过危机前2007年5.7%的赤字水平。

预测期内货币状况可能逐渐缩紧，有利于缓解南亚2011年通货膨胀压力。另外，南亚货币主管部门对食品价格通胀极为反感，因此对通货膨胀迹象格外敏感。

经济体恢复之路各不相同（见表A10）。危机之后，印度、孟加拉国和不丹经济增长更为强劲，经济政策大体行之

表 A9　南亚地区预测概要

（年度变动百分比，除非另外说明）

	1995—2005 年[a]	2006 年	2007 年	2008 年	2009 年[g]	2010 年[h]	2011 年[h]
按市场价格计算的 GDP（2005 年美元）[b,f]	6.0	9.0	8.5	5.7	5.7	6.9	7.4
GDP[c]（日历年度数据）	6.1	9.3	8.7	6.9	6.0	7.0	7.4
人均 GDP（美元不变价格）	4.1	7.3	6.8	4.2	4.3	5.5	6.1
按购买力平价计算的 GDP[d]	6.0	9.0	8.5	5.7	5.7	6.9	7.4
私人消费	4.7	6.0	7.0	2.7	4.2	6.0	6.7
政府消费	5.0	9.9	5.6	21.1	7.1	7.3	7.2
固定投资	8.0	14.6	13.6	7.6	4.1	9.7	10.2
出口，GNFS[e]	11.3	17.7	3.5	10.5	-4.6	10.3	12.1
进口，GNFS[e]	10.6	22.7	6.8	14.9	-6.9	10.6	12.3
净出口，对增长的贡献	-0.2	-1.7	-1.0	-1.7	0.9	-0.6	-0.7
经常项目余额/GDP（%）	-0.6	-1.5	-1.3	-3.3	-2.3	-3.2	-3.4
GDP 平减指数（本币中值）	5.9	5.2	7.4	7.2	13.8	6.9	6.5
财政收支/GDP（%）	-8.1	-5.1	-5.7	-8.9	-9.5	-8.6	-7.8
	4.5	6.4	6.0	3.9	4.4	4.1	4.8
备忘项目：GDP[f]	6.4	9.7	9.1	6.1	6.0	7.5	8.0
南亚（不包括印度）	4.1	6.2	5.7	2.0	3.7	3.0	4.0
印度	5.3	6.6	6.4	6.2	5.9	5.5	5.8
巴基斯坦							
孟加拉国							

资料来源：世界银行。

a. 区间增长率是复合平均数；增长贡献、比率和 GDP 平减指数是平均值。

b. 以 2005 年不变美元衡量的 GDP。

c. GDP 数据是日历年度（基于印度的季度史）的数据。对于孟加拉国、尼泊尔和巴基斯坦的日历年度数据，通过取两个财政年度期间的平均增长率来计算，以提供日历年度活动的近似值。

d. 以购买力平价汇率衡量的 GDP。

e. 货物和非要素服务（GNFS）的进出口。

f. 对于南亚国家（除斯里兰卡之外，该国提供日历年度数据）来讲，国民收入和生产账户的数据为财政年度数据，一个财政年度在孟加拉国和巴基斯坦为 7 月 1 日到第二年的 6 月 30 日，在尼泊尔为 7 月 16 日到第二年的 7 月 15 日，在印度为 4 月 1 日到第二年的 3 月 31 日。由于数据提供的惯例，孟加拉国、尼泊尔和巴基斯坦在 2008 财政年度提供的是 2007/2008 日历年度的数据，而印度在 2007 财政年度提供的是 2007/2008 日历年度的数据。

g. 估算值。

h. 预测值。

有效，贸易、投资和汇款弹性增强。斯里兰卡恢复进程也相对较快，近 30 年的内战结束之后，近期资本流入猛增，投资信心加强。阿富汗、巴基斯坦甚至包括尼泊尔等南亚其他受冲突影响的国家增长相对缓慢，因为政治不确定性和冲突仍将破坏经济活动。

预测期内，本地区经济体将从海外汇款流入增多中获益。汇款将促进孟加拉国、尼泊尔、巴基斯坦和斯里兰卡等国家的私有消费和经济增长。然而，汇款可能不会立即恢复增长，因为通常高收入市场

表 A10　南亚地区国别预测

（年度变动百分比，除非另外说明）

	1995—2005 年[a]	2006 年	2007 年	2008 年	2009 年[c]	2010 年[d]	2011 年[d]
日历年度							
孟加拉国							
按市场价格计算的 GDP（2005 年美元）[b]	5.0	6.3	6.5	6.3	6.1	5.7	5.7
经常项目余额/GDP（%）	-0.6	2.0	1.3	1.4	3.1	1.8	1.5
印度							
按市场价格计算的 GDP（2005 年美元）[b]	6.7	9.9	9.3	7.3	6.4	7.6	8.0
经常项目余额/GDP（%）	-0.4	-1.1	-0.7	-2.6	-2.43.5	-3.6	
尼泊尔							
按市场价格计算的 GDP（2005 年美元）[b]	3.9	3.4	3.5	4.3	5.0	4.3	4.3
经常项目余额/GDP（%）	-3.1	-0.1	-1.5	3.7	4.4	1.0	1.4
巴基斯坦							
按市场价格计算的 GDP（2005 年美元）[b]	3.7	6.9	5.9	3.8	2.9	3.3	3.5
经常项目余额/GDP（%）	-1.0	-5.7	-6.3	-10.2	-5.2	-4.1	-4.6
斯里兰卡							
按市场价格计算的 GDP（2005 年美元）[b]	4.5	7.7	6.8	6.0	3.6	5.0	6.0
经常项目余额/GDP（%）	-3.2	-5.8	-4.7	-9.1	-1.7	-2.7	-2.9
财政年度							
孟加拉国	5.3	6.6	6.4	6.2	5.9	5.5	5.8
按市场价格计算的实际 GDP	-0.8	1.3	1.4	0.9	2.8	2.2	1.5
经常项目余额/GDP（%）							
印度	6.4	9.7	9.1	6.1	6.0	7.5	8.0
按市场价格计算的实际 GDP	-0.2	-1.2	-1.0	-1.4	-2.6	-3.1	-3.3
经常项目余额/GDP（%）							
尼泊尔	4.1	3.7	3.3	5.3	4.7	4.0	4.5
按市场价格计算的实际 GDP	0.2	2.3	-0.1	3.2	4.6	2.4	1.1
经常项目余额/GDP（%）							
巴基斯坦	4.1	6.2	5.7	2.0	3.7	3.0	4.0
按市场价格计算的实际 GDP	-0.8	-4.0	-4.9	-8.6	-5.9	-4.5	-4.1
经常项目余额/GDP（%）							

资料来源：世界银行。

注：世界银行根据新信息和（全球）形势变化频繁地修订其预测。因此，此处显示的预测可能会与其他世行文件中的预测有所区别，即便在特定时间对各国前景的基本估计没有太大的不同。

由于数据限制，没有对阿富汗、不丹、马尔代夫进行预测。对于南亚国家（除斯里兰卡之外，该国提供日历年度数据）来讲，国民收入和生产账户的数据为财政年度数据，一个财政年度在孟加拉国和巴基斯坦为 7 月 1 日到第二年的 6 月 30 日，在尼泊尔为 7 月 16 日到第二年的 7 月 15 日，在印度为 4 月 1 日到第二年的 3 月 31 日。由于数据提供的惯例，孟加拉国、尼泊尔和巴基斯坦在 2008 财政年度提供的是 2007/2008 日历年度的数据，而印度在 2007 财政年度提供的是 2007/2008 日历年度的数据。GDP 数据是日历年度（基于印度的季度史）的数据。对于孟加拉国、尼泊尔和巴基斯坦的日历年度数据，通过取两个财政年度期间的平均增长率来计算，以提供日历年度活动的近似值。

a. 期间增长率为综合平均数，增长贡献、比率和 GDP 平减指数均为平均数。

b. GDP 以 2000 年美元不变价格衡量。

c. 估计值。

d. 预测值。

的就业增长都滞后于产出增长，而全球经济衰退还可能使滞后期延长。但南亚主要外出人员目的地，即波斯湾和东亚的增长放缓程度基本不如其他劳动力输入国那么严重，因此流入南亚的海外汇款恢复得相对较快。

风险

2009年下半年，全球经济开始恢复，南亚GDP增长预计风险降低。然而，风险仍然存在，而且集中于全球经济恢复的程度和持续时间。

预测风险主要在于南亚财政赤字过大并且过度依赖贸易税。外需不足持续时间延长，可能影响贸易税收，加大政府资金压力。南亚的巨额财政赤字也可能影响长期经济增长，因为公共部门的大量融资需求和利率上升会对私人投资产生不利影响。2007年，利息支出占南亚中央政府支出的21.7%，比其他发展中地区多一倍以上（见图A31）。通过减少巨额财政赤字和支出，各国政府就可以将资源用于支持经济发展。南亚税收比其他发展中地区低得多，因此改善征税制度有助于缓解财政压力。同样，改革税收结构，包括部分国家开征增值税，也可以促进增收。

海外汇款缓解了经济危机对南亚的影响。但如果全球衰退时间延长，或者经济恢复的同时失业率居高不下，甚至移民控制随之加强，那么海外汇款可能难以恢复。2009年11月下旬，阿联酋迪拜世界爆发债务危机，表明波斯湾经济体的经济活动可能恶化，在波斯湾地区工作的南亚移民面临风险，汇入母国的收入可能减少。相应地，如果由于波斯湾经济衰退，

图A31 利息支付给南亚经济体带来了沉重负担

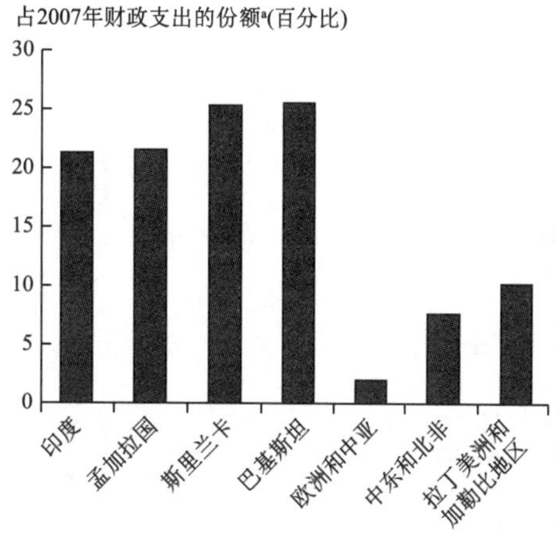

资料来源：世界银行。
注：巴基斯坦为2008年的数据。

大量南亚工人带积蓄回国，那么短期汇款流入则可能会增加。

经济过热也是一大风险。如果近期流入发展中国家的资本持续激增（见第1章），则可能造成资产市场扩大，货币升值，进而影响出口前景，给货币主管部门带来挑战。如果不解决银行系统流动性过剩问题或减少巨额财政赤字，那么通货膨胀压力可能加大。另外，全球稻米市场似乎供给充足，稻米、玉米和小麦的库存使用比例恢复到更为正常的水平。但是气象灾害或政策措施也可能导致价格大涨，因为全球生产的稻米中仅有7%用于交易。

撒哈拉以南非洲地区

近期发展

全球金融危机对撒哈拉以南非洲地区的经济产生了极为消极的影响，波及到贸易、外国直接投资、旅游、汇款和

表 A11　撒哈拉以南非洲地区预测概要

（年度变动百分比，除非另外说明）

	1995—2005 年[a]	2006 年	2007 年	2008 年	2009 年[e]	2010 年[f]	2011 年[f]
按市场价格计算的 GDP（2005 年美元）[b]	4.0	6.4	6.5	5.1	1.1	3.8	4.6
人均 GDP（美元不变价格）	1.4	3.9	4.0	3.1	-0.8	1.9	2.7
按购买力平价计算的 GDP[c]	4.0	6.4	6.5	5.2	1.6	4.1	4.9
私人消费	2.0	7.0	8.1	3.5	0.4	3.2	4.5
政府消费	5.2	5.8	5.8	5.6	5.6	5.2	5.2
固定投资	6.5	16.9	19.5	12.2	0.3	6.3	5.7
出口，GNFS[d]	4.9	4.8	3.8	4.6	-5.2	6.6	5.9
进口，GNFS[d]	6.1	13.2	11.8	6.7	-5.2	7.5	6.6
净出口，对增长的贡献	-0.1	-2.7	-2.9	-0.9	0.2	-0.6	-0.5
经常项目余额/GDP（%）	-1.7	0.7	-0.1	0.1	-3.4	-2.5	-2.4
GDP 平减指数（本币中值）	7.3	7.3	7.6	9.7	6.2	6.1	4.1
财政收支/GDP（%）	-2.3	4.3	0.4	0.9	-4.2	-2.1	-1.7
备忘项目：GDP							
撒哈拉以南非洲（不包括南非）	4.5	6.9	7.1	5.9	2.8	4.8	5.6
石油出口国	4.6	7.5	7.9	6.3	2.8	4.9	5.3
非洲金融共同体国家	4.4	2.7	4.5	4.0	1.6	3.4	3.8
南非	3.3	5.6	5.5	3.7	-1.8	2.0	2.7
尼日利亚	4.6	6.2	6.3	5.3	4.3	4.8	5.1
肯尼亚	2.9	6.4	7.1	1.7	2.8	3.7	4.8

资料来源：世界银行。

a. 区间增长率是复合平均数；增长贡献、比率和 GDP 平减指数是平均值。

b. 以 2005 年不变美元衡量的 GDP。

c. 以购买力平价汇率衡量的 GDP。

d. 货物和非要素服务（GNFS）的进出口。

e. 估算值。

f. 预测值。

官方援助方面。预计 2009 年整个地区 GDP 仅增长了 1.1%（见表 A11）。尽管冲击十分严重，但许多国家进入危机时已然具备良好的宏观经济基本面，因此所受到的影响明显小于其他地区，也明显弱于历次外部冲击。撒哈拉以南非洲地区国家经济增长放缓程度也各不相同，石油出口国和中等收入国家受到的影响要大于脆弱、低收入和全球一体化程度较低的国家，至少在最初阶段是如此（见图 A32）。预计 2009 年人均 GDP 下降了 1%，是十年来的首次下降。这可能会对撒哈拉以南非洲地区国家产生长期影响。

图 A32　撒哈拉以南非洲地区的中等收入国家和石油出口国受全球危机影响最为严重

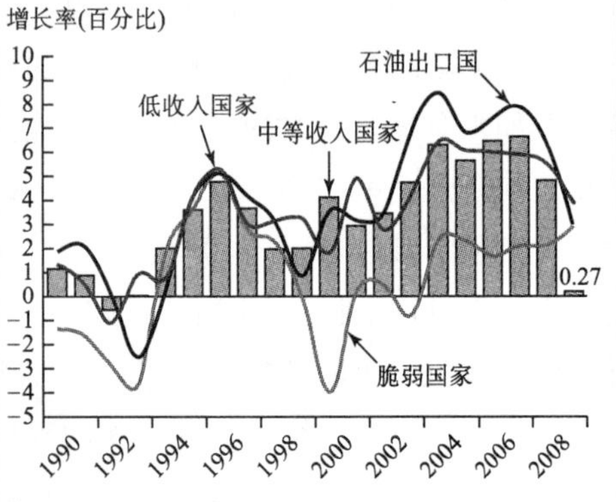

资料来源：世界银行。

据 Chen 和 Ravallion（2009）的研究，本地区有 700 多万人陷入贫困；有 3 万—5 万以上的婴儿因营养不良而不幸夭折，其中对女婴造成的影响更大（Friedman 和 Schady，2009）。

由于撒哈拉以南非洲地区是主要商品出口区，商品价格下跌、出口量萎缩以及旅游收入下降和汇款减少，均削弱了收益和私人消费，其增长率从上一年的 3.5%减缓至 2009 年的 0.4%。商品的外部需求减弱、产能过剩、信贷不足和流动资金紧张，都导致投资支出推迟和收缩。2009 年，虽然外国直接投资下滑了 19%，但这种下滑较其他地区温和了许多，这主要得益于对采掘业的持续投资。疲软的私人消费和投资导致进口减少，部分抵消了源于出口量急剧下降的负增长影响（见图 A33）。

正如预期所示，与全球经济融合程度更高的中等收入国家的出口量和进口量萎缩更为严重。由于石油价格大幅下挫，石油出口国的经常项目余额下降尤为突出，从占 GDP 的 9.7% 降至 1.4%（见图 A34）。同时，旅游收入、汇款和私人经常转移净额的减少，使得中等收入国家的经常项目余额由 2008 年占 GDP 3.3% 的盈余降至占 GDP 1.2% 的赤字。低收入国家仍然依靠外国援助为其占 GDP 近 10% 的财政赤字提供资金。对这些国家中的大多数国家而言，由于油价下挫而改善的贸易条件又被低廉的出口价格或较低的出口量（主要是金属和矿产品及农产品）所抵消。事实上，石油进口大幅下降只抵消了经常项目流入的减少，新增经常项目余额还不到 GDP 的 1%。

图 A33　南非私人消费和贸易显著萎缩

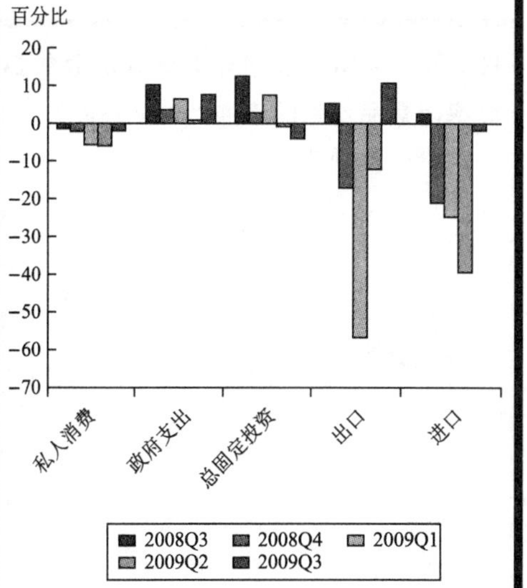

资料来源：南非储备银行。

图 A34　中等收入国家和石油出口国的经常账户收支恶化最为严重，与此同时低收入国家继续依赖外援

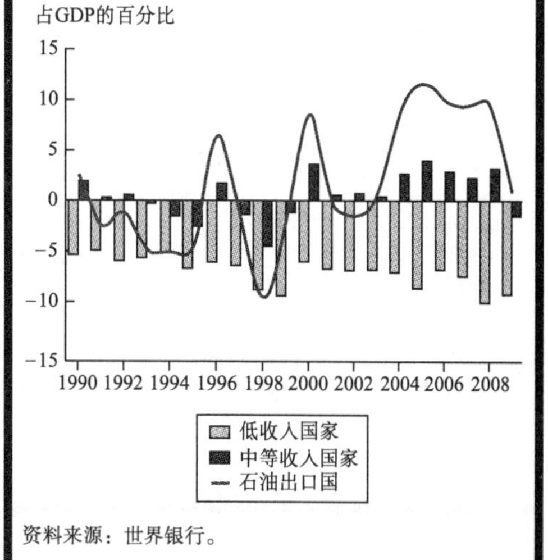

资料来源：世界银行。

主权债券利差紧随金融危机而巨幅飙升，但自 2009 年第一季度已大幅收窄。尽管如此，这些利差在很多情况下仍然处于危机前的水平（见图 A35）。本地区大

图 A35 随着投资者信心的回归，EMBI 剥离利差回落

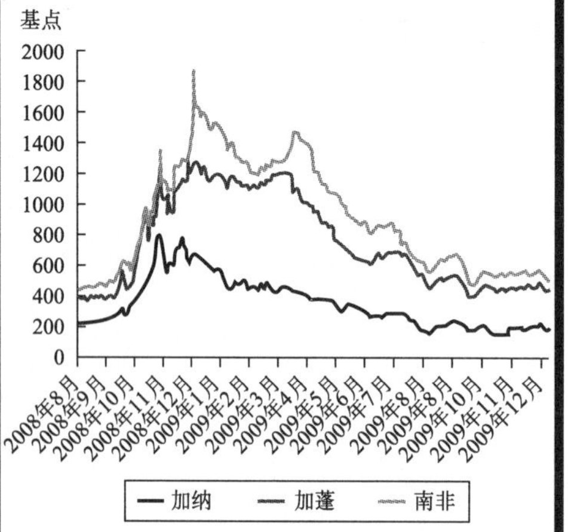

资料来源：JP 摩根。

多数国家幸免于其他地区所经历的突如其来的金融动荡，但在繁荣时期受益于信贷快速扩张的国家（如佛得角、刚果（金）、埃塞俄比亚、尼日利亚、卢旺达、坦桑尼亚、乌干达和赞比亚），在未来几个季度中不良贷款将会上升，从而给薄弱的金融体系带来压力。

对全球经济即将复苏的预期，触发了世界各地投资者回归股市，抬升了股价。自 2009 年 1 月以来，按美元计价的南非股票价格飙升了 56%。资本流入也支持了兰特。2009 年前 11 个月，兰特对美元升值了近 32%。此外，第二季度投资者以更积极的心态应对新兴经济体的风险，促进了直接投资和证券投资的流入。

在政策方面，尽管繁荣时期的财政措施较为审慎，但本地区很多国家采取反周期措施的空间有限。自动稳定器在南非和塞舌尔发挥了作用，只有少数几个这样的国家能够实施重大的反周期财政政策。商品出口国财政收支恶化在很大程度上与商品数量减少和出口价格降低有关。本地区整体的财政收支从 2008 年占 GDP 0.9% 的盈余恶化为 2009 年占 GDP 4.2% 的赤字。由于金融体系深度不足和传导机制薄弱，许多国家的货币政策依然对支持内需无效。

2008 年中期以来，较低的食品和石油价格促使通货膨胀水平急剧下降，许多国家的通货膨胀已经缓解到一位数的低水平（见图 A36）。到 2009 年 9 月，本地区一些国家公布其价格下降。然而，与东非经常发生干旱相关的严重食品价格通货膨胀致使通货膨胀水平居高不下。本地区许多国家的温和通货膨胀为低利率创造了空间。此外，虽然贸易量及出口和进口价格的急剧下降，大幅削减了与贸易相关的政府收入——南部非洲关税联盟国家尤为严重，食品和能源的低价格反而减轻了财政收支的压力。

南非的产出从 2008 年第四季度开始连续 3 个季度收缩，之后在 2009 年第三季度公布了 0.9% 的增长（经季节调整后

图 A36 撒哈拉以南非洲地区的通货膨胀率随食品价格的下降而降至一位数

资料来源：世界银行。

图 A37　季度 GDP 解读指出撒哈拉以南非洲地区的产出趋稳

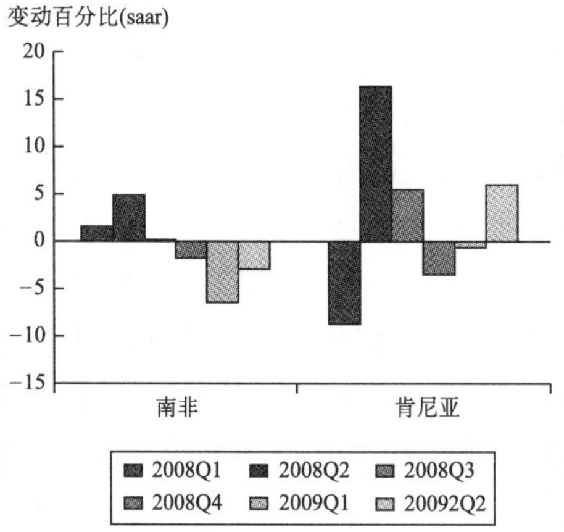

资料来源：Haver Analytics。

的年率)，从而结束了经济衰退（见图 A37）。由于受可支配收入下降、失业增加和债务水平提高的影响，国内需求依然疲弱。政府消费和固定投资的增长均在第二季度放缓——后者可部分归因于更为保守的贷款措施。日渐疲软的国内需求特别是私营部门资本支出的推迟导致了 2009 年上半年进口的急剧下降。这与下降速度相对较为缓慢的出口一起，使第二季度的贸易收支产生盈余，帮助将经常项目赤字从第一季度占 GDP 的 7% 降至第三季度占 GDP 的 3.2%。

本地区第二大经济体尼日利亚似乎已经平稳度过了危机。尽管油价下跌和石油生产中断，GDP 在 2009 年前两个季度还是分别增长了 4.5% 和 7.2%，第三季度的增长仍保持强劲，这主要归功于非石油部门。农业、批发和零售贸易做出了积极贡献，预示着国内需求持续旺盛。但是，制造业、矿业和发电部门的表现欠佳导致工业生产下降。尼日利亚中央银行近期对五大商业银行的救助凸显了尼日利亚金融体系的薄弱。这些银行共占贷款总额的 40%，占存款的 30% 和总资产的 31.5%。由于公司监管制度薄弱、信贷管理宽松以及不遵守银行信贷风险管理惯例，这些银行对资本市场及天然气和石油部门有较大敞口，还有大规模不良贷款。自全球经济危机爆发以来，股市受到沉重打击。2009 年前 9 个月，股票价格暴跌了 57.6%，市场资本总额骤减了 50.7%。

由于经常性干旱和继而发生的电力短缺，加之全球经济危机的影响，肯尼亚经济增长受到制约。与上一年相比，增速从第一季度的 4.3% 下降到第二季度的 2.1% 和第三季度的负 0.1%，但在选举造成紧张局势之前的 2007 年，增速在 6% 以上。干旱造成的一般作物欠收影响了粮食安全，导致基本食品进口增加。主要出口作物减产，2009 年前 8 个月，茶叶产量下降了 11.6%，园艺产量下降了 7.4%。电力短缺、电力成本高以及全球需求疲软造成第二季度采矿和采石业、制造业、建筑业以及批发和零售贸易下滑。从好的方面来看，随着 2008 年初选举后暴力事件影响的消退，交通、通讯以及酒店和餐饮业出现反弹。2009 年前 8 个月接待游客量上涨了 42%。

在埃塞俄比亚，道路扩建和市场准入放宽便于自给农户进入商业部门，农业部门因此而实现增长，进而支撑了经济活动。然而，经济面临着重大的外部冲击。与一年前相比，全球经济衰退造成 2009 年上半年的汇款下降了 6%，商品出口下降了 11%。在制造业，产能利用受需求疲软、水电短缺、原材料与其他投入不足及资金短缺的影响。外国直接投资也受到影响，使之更加难以为巨大的经常项目赤字提供资金。由于汇款、投资和出口增长减弱，预计2009年的经济增长将放缓到7.2%。两座新水电站，一个在2009年11月开始运行，另一个在未来几个月投入使用，将有助于缓解电力短缺并消除对经济增长的部分制约。

预计矿产品需求降低将削弱南部非洲的经济表现，本地区还受到南非衰退的不利影响，因为本地区与南非有着密切的贸易、投资和金融联系。安哥拉的经济表现也欠佳：石油产量减少到低于每天180万桶，而石油收入下降迫使政府削减投资支出，私人消费开支缩减。矿业和碳氢化合物产品需求的下降使得刚果（金）在2008年最后一个季度也被卷入经济衰退。这种衰退持续到2009年上半年，产出累计下降了5.8%。尽管服务部门增长放缓，但莫桑比克农业部门的强劲增长，使其2009年第一季度的经济增长仍保持在5.9%。并且，第二季度和第三季度的增速都超过了6%。

西部和东部非洲的增长表现更为强劲：本地区的主要经济体已经复苏，诸如布基纳法索、马里、塞内加尔和坦桑尼亚以改革为导向的经济体表现相对强劲。科特迪瓦在紧张的政治局势缓和后实现和平，由于农业、采矿业和碳氢化合物的产出增加，其经济增长在2009年加速，超过了3%。在中部非洲，由于喀麦隆和加蓬的石油部门表现疲软，经济增长仍然不见起色。

中期展望

撒哈拉以南非洲地区，预计增长恢复将是缓慢和脆弱的，2010年其产出预计将加速到低于常规增长率的3.8%，2011年预计为4.6%。由于实际商品价格偏低和全球经济增长放缓，增长速度将远低于经济繁荣时期6%的增长率。由于全球经济增长复苏，预计除南非以外本地区国家经济增长将适度加速，将从2009年的2.8%分别增长至2010年的4.8%和2011年的5.6%，但仍然低于繁荣时期6.6%的平均增速。2010年，预计南非经济将缓慢复苏，增长2%，2011年加快增长至2.7%。撒哈拉以南非洲地区的人均GDP预计在2010年和2011年将分别增长1.9%和2.7%。

经济活动反弹将主要受私人需求、出口和投资复苏等因素的驱动，预计出口对反弹的贡献最大。然而，整体复苏强度将依赖于主要出口市场和投资伙伴特别是美国、欧盟和中国的经济增长表现。受库存周期和有力的反周期性政策的推动以及对这些经济体经济增长的反弹预期，估计将导致撒哈拉以南非洲地区出口的外部需求更加强劲，相应引发投资流入缓慢复苏。尽管如此，由于库存积压周期和财政刺激措施对增长的影响逐渐减弱，预计2010年下半年外部需求增长将放缓。国内需求增强将会引起进口增长加速，净出口对整体增长的贡献为负数（-0.6%）。此外，如果全球劳动力市场复苏滞后，预计2010年旅游收入和汇款将缓慢恢复。撒哈拉以南非洲地区许多国家的社会保障网非常有限，这意味着私人消费的复苏会弱于其他地区。实际上，受益于强劲的外部需求，出口导向型部门收入增加，预计这将推动私人需求增长3.2%。

诸如博茨瓦纳、塞舌尔和南非等中等

收入国家和安哥拉等石油出口国，2010年的经济表现可望从2009年疲弱表现的低点出现最为明显的反弹（见表A12和图A38）。受外强劲部需求以及旅游业和汇款缓慢复苏的拉动，中等收入国家的增长率预计将从2009年的0.3%迅速上升至2010年的3.5%，并在2011年进一步提升至4%。同时，由于对能源的强劲需求，石油出口国的增长率几近翻番，2010年达到4.9%，2011年达到边际增长率5.3%。由于汇款、旅游和私人资本流动恢复较为缓慢，预测低收入国家的增长将更为缓慢，增幅略低于1%。实际上，由于目的地国家的劳动力市场疲软减少了移民收入，预计对撒哈拉以南非洲地区的汇款在2009年下降了2.9%之后，2010年将缓慢增加1.8%。相比之下，2006—2008年期间汇款增长了40%（世界银行集团，2009）。脆弱国家的发展明显经受住了全球危机的冲击，其增长将加快，增幅略高于1%，达到4.2%，这在一定程度上得益于和平局面。

表A12　撒哈拉以南非洲地区国别预测

（年度变动百分比，除非另外说明）

	1995—2005年[a]	2006年	2007年	2008年	2009年[c]	2010年[d]	2011年[d]
安哥拉							
按市场价格计算的GDP（2005年美元）[b]	8.3	18.6	20.3	13.2	-0.9	6.5	8.0
经常项目余额/GDP（%）	-2.2	25.1	15.6	8.5	-4.2	5.9	6.2
贝宁							
按市场价格计算的GDP（2005年美元）[b]	4.6	3.8	4.6	5.0	3.1	3.3	4.8
经常项目余额/GDP（%）	-7.2	-7.1	-12.1	-8.7	-8.5	-7.4	-7.3
博茨瓦纳							
按市场价格计算的GDP（2005年美元）[b]	6.8	3.0	4.4	2.9	-8.3	4.8	5.6
经常项目余额/GDP（%）	8.1	17.6	15.6	7.8	-7.3	-7.2	-7.7
布基纳法索							
按市场价格计算的GDP（2005年美元）[b]	6.4	5.5	3.6	4.9	3.6	4.6	5.2
经常项目余额/GDP（%）	-10.1	-11.5	-8.7	-10.4	-9.8	-9.5	-10.2
布隆迪							
按市场价格计算的GDP（2005年美元）[b]	0.4	5.1	3.6	4.4	2.6	3.7	5.1
经常项目余额/GDP（%）	-13.7	-35.3	-26.7	-28.4	-23.2	-21.8	-21.8
佛得角							
按市场价格计算的GDP（2005年美元）[b]	4.2	3.2	3.3	3.1	1.4	2.6	3.2
经常项目余额/GDP（%）	-3.5	-0.8	-2.7	-1.0	-6.0	-5.0	-5.5
喀麦隆							
按市场价格计算的GDP（2005年美元）[b]	5.2	10.8	7.8	5.9	3.3	4.4	5.4
经常项目余额/GDP（%）	-10.1	-6.9	-13.5	-18.3	-23.1	-22.3	-19.9
中非							
按市场价格计算的GDP（2005年美元）[b]	0.7	4.0	3.7	2.2	2.4	2.8	2.7
经常项目余额/GDP（%）	-4.4	-7.6	-5.9	-8.5	-7.2	-7.3	-7.6
乍得							
按市场价格计算的GDP（2005年美元）[b]	8.6	0.2	0.2	0.2	0.8	2.7	3.0
经常项目余额/GDP（%）	-24.2	-7.5	-10.7	-12.2	-20.7	-14.8	-14.3
科摩罗							
按市场价格计算的GDP（2005年美元）[b]	2.1	1.2	-1.0	0.6	0.5	1.7	2.3
经常项目余额/GDP（%）	-6.3	-5.5	-6.8	-11.8	-8.2	-8.2	-8.5

表 A12（续）

	1995—2005 年[a]	2006 年	2007 年	2008 年	2009 年[c]	2010 年[d]	2011 年[d]
刚果民主共和国							
按市场价格计算的 GDP（2005 年美元）[b]	0.1	5.6	6.3	7.1	3.0	5.2	6.9
经常项目余额/GDP（%）	-1.7	-4.0	-2.7	-14.5	-13.6	-12.8	-12.0
刚果共和国							
按市场价格计算的 GDP（2005 年美元）[b]	3.4	6.2	-1.6	5.8	6.8	11.0	2.9
经常项目余额/GDP（%）	-2.2	1.6	-9.3	-2.6	-9.3	3.2	0.9
科特迪瓦							
按市场价格计算的 GDP（2005 年美元）[b]	1.6	0.7	1.6	2.3	3.2	4.0	4.1
经常项目余额/GDP（%）	-0.2	2.8	-0.7	2.6	23.6	2.6	0.8
厄立特里亚							
按市场价格计算的 GDP（2005 年美元）[b]	1.7	-1.0	1.3	1.2	1.5	4.2	4.3
经常项目余额/GDP（%）	-15.3	-20.8	-15.7	-16.3	-8.7	-9.3	-10.1
埃塞俄比亚							
按市场价格计算的 GDP（2005 年美元）[b]	5.5	11.5	11.5	11.6	7.2	7.0	7.5
经常项目余额/GDP（%）	-3.3	-9.2	-4.5	-5.6	-5.8	-8.1	-6.5
加蓬							
按市场价格计算的 GDP（2005 年美元）[b]	1.0	1.2	5.6	2.3	-1.2	2.3	3.4
经常项目余额/GDP（%）	10.6	15.7	13.6	17.1	1.7	6.7	7.8
冈比亚							
按市场价格计算的 GDP（2005 年美元）[b]	4.4	6.6	6.3	6.1	4.6	5.0	5.1
经常项目余额/GDP（%）	-5.3	-13.9	-13.1	-15.6	-18.3	-16.8	-16.3
加纳							
按市场价格计算的 GDP（2005 年美元）[b]	4.7	6.4	5.7	7.3	4.1	4.6	17.5
经常项目余额/GDP（%）	-5.4	-8.2	-12.9	-18.2	-12.6	-15.5	-12.7
几内亚							
按市场价格计算的 GDP（2005 年美元）[b]	3.7	2.2	1.8	3.0	2.0	2.6	4.1
经常项目余额/GDP（%）	-5.2	-11.4	-10.5	-15.6	-11.5	-11.1	-11.6
几内亚比绍							
按市场价格计算的 GDP（2005 年美元）[b]	-1.4	3.5	2.7	2.9	2.1	3.4	3.4
经常项目余额/GDP（%）	-13.5	-18.5	-9.7	-12.5	-16.4	-15.4	-15.3
肯尼亚							
按市场价格计算的 GDP（2005 年美元）[b]	2.9	6.4	7.1	1.7	2.8	3.7	4.8
经常项目余额/GDP（%）	-7.5	-2.3	-3.5	-6.9	-8.3	-7.6	-6.9
莱索托							
按市场价格计算的 GDP（2005 年美元）[b]	2.8	6.5	2.4	4.5	0.6	2.3	2.8
经常项目余额/GDP（%）	-22.0	4.4	13.7	9.8	-3.1	-18.5	-19.6
马达加斯加							
按市场价格计算的 GDP（2005 年美元）[b]	3.1	5.0	6.2	6.9	0.9	3.1	3.6
经常项目余额/GDP（%）	-8.6	-9.5	-14.7	-21.6	-17.1	-15.8	-15.2
马拉维							
按市场价格计算的 GDP（2005 年美元）[b]	2.4	8.2	8.6	9.7	6.5	5.4	4.6
经常项目余额/GDP（%）	-5.7	-4.2	-1.6	-6.3	-3.4	-4.8	-4.6
马里							
按市场价格计算的 GDP（2005 年美元）[b]	5.8	5.3	4.3	5.1	3.9	4.7	4.8
经常项目余额/GDP（%）	-8.7	-3.9	-7.4	-8.5	-6.8	-7.9	-8.5
毛里塔尼亚							
按市场价格计算的 GDP（2005 年美元）[b]	3.3	11.7	1.9	2.2	2.5	4.1	5.0
经常项目余额/GDP（%）	-3.2	-3.4	-10.9	-16.4	-15.0	-16.3	-17.6
毛里求斯							
按市场价格计算的 GDP（2005 年美元）[b]	4.8	3.6	5.5	4.5	1.9	3.5	4.4
经常项目余额/GDP（%）	0.1	-9.4	-6.4	-9.0	-8.2	-8.1	-8.8
莫桑比克							
按市场价格计算的 GDP（2005 年美元）[b]	8.0	8.7	7.0	6.8	5.0	5.5	5.7
经常项目余额/GDP（%）	-15.1	-10.9	-12.9	-11.5	-10.6	-10.1	-9.1

表 A12（续）

	1995—2005 年[a]	2006 年	2007 年	2008 年	2009 年[c]	2010 年[d]	2011 年[d]
纳米比亚							
按市场价格计算的 GDP（2005 年美元）[b]	4.2	7.1	5.5	2.9	-1.9	3.0	3.3
经常项目余额/GDP（%）	3.0	12.7	9.1	1.9	-1.3	-2.0	-1.2
尼日尔							
按市场价格计算的 GDP（2005 年美元）[b]	3.5	5.8	3.3	9.4	1.6	4.9	5.3
经常项目余额/GDP（%）	-7.1	-8.6	-7.8	-12.8	-17.9	-16.3	-17.7
尼日利亚							
按市场价格计算的 GDP（2005 年美元）[b]	4.6	6.2	6.3	5.3	4.3	4.8	5.1
经常项目余额/GDP（%）	5.4	15.7	17.7	19.1	8.0	10.6	10.3
卢旺达							
按市场价格计算的 GDP（2005 年美元）[b]	8.3	7.3	7.9	11.2	5.1	5.5	5.8
经常项目余额/GDP（%）	-4.6	-6.4	-3.8	-7.0	-6.9	-7.0	-7.1
塞内加尔							
按市场价格计算的 GDP（2005 年美元）[b]	4.4	2.4	4.7	2.5	2.1	3.4	4.2
经常项目余额/GDP（%）	-5.7	-9.2	-11.2	-12.4	-11.4	-10.5	-10.6
塞舌尔							
按市场价格计算的 GDP（2005 年美元）[b]	2.8	8.3	7.3	0.1	-10.1	2.7	3.7
经常项目余额/GDP（%）	-13.4	-15.0	-29.9	-47.5	-8.8	-16.0	-17.5
塞拉利昂							
按市场价格计算的 GDP（2005 年美元）[b]	4.6	7.3	6.4	5.3	4.0	4.7	6.5
经常项目余额/GDP（%）	-12.4	-9.5	-14.3	-16.1	-17.0	-16.6	-16.6
南非							
按市场价格计算的 GDP（2005 年美元）[b]	3.3	5.6	5.5	3.7	-1.8	2.0	2.7
经常项目余额/GDP（%）	-1.3	-6.2	-7.3	-7.4	-5.0	-5.7	-6.0
苏丹							
按市场价格计算的 GDP（2005 年美元）[b]	6.2	11.3	10.2	6.8	3.8	4.9	5.1
经常项目余额/GDP（%）	-6.3	-15.2	-12.5	-9.1	-11.5	-9.6	-8.8
斯威士兰							
按市场价格计算的 GDP（2005 年美元）[b]	3.5	2.9	3.5	2.4	0.2	1.1	2.4
经常项目余额/GDP（%）	-0.8	-7.3	0.8	-4.3	-8.6	-10.5	-11.5
坦桑尼亚							
按市场价格计算的 GDP（2005 年美元）[b]	5.4	6.7	7.1	7.5	4.6	5.5	6.2
经常项目余额/GDP（%）	-6.3	-8.0	-9.4	-9.9	-7.9	-8.5	-8.4
多哥							
按市场价格计算的 GDP（2005 年美元）[b]	3.2	3.9	1.9	1.0	1.7	2.0	3.2
经常项目余额/GDP（%）	-9.6	-7.8	-7.7	-11.2	-7.0	-7.6	-7.6
乌干达							
按市场价格计算的 GDP（2005 年美元）[b]	6.4	10.8	8.4	9.0	5.1	5.6	5.9
经常项目余额/GDP（%）	-7.1	-4.4	-3.7	-3.5	-4.8	-6.0	-6.4
赞比亚							
按市场价格计算的 GDP（2005 年美元）[b]	3.8	6.2	6.2	5.7	5.2	5.4	5.9
经常项目余额/GDP（%）	-11.8	1.2	-6.1	-7.6	-4.2	-4.3	-4.4
津巴布韦							
按市场价格计算的 GDP（2005 年美元）[b]	-2.4	-6.3	-6.9	-14.1	4.7	7.1	6.3
经常项目余额/GDP（%）	-11.5	-16.6	-10.3	-26.6	-20.8	-23.6	-21.3

资料来源：世界银行。

注：世界银行根据新信息和（全球）形势变化频繁地修订其预测。因此，此处显示的预测可能会与其他世行文件中的预测有所区别，即便在特定时间对各国前景的基本估计没有太大的不同。

由于数据限制，没有对利比里亚、索马里、圣多美和普林西比进行预测。

a. 期间增长率为综合平均数，增长贡献、比率和 GDP 平减指数均为平均数。

b. GDP 以 2000 年美元不变价格衡量。

c. 估计值。

d. 预测值。

图 A38　撒哈拉以南非洲地区中等收入国家和石油出口国的经济增长加速

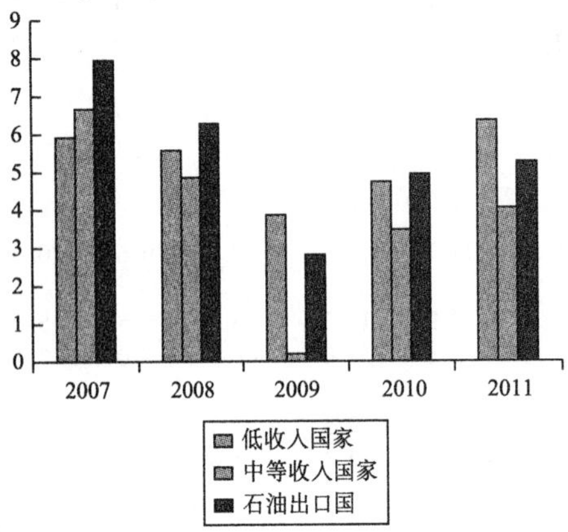

资料来源：世界银行。

由于国内需求特别是投资（进口所占比重较高）的复苏将增加对进口的需求，致使进口增加得比出口快，中等收入国家在未来几年经常项目余额将会小幅增加。此外，在预测期内，由于高收入劳动力市场复苏较弱（甚至失业），旅游收入和汇款的恢复也将相对缓慢。2009—2011 年间，预计这些中等收入国家经常项目余额增幅将小于 GDP 的 1.5%。由于新增石油收入将被强劲的进口需求及高额利润回报部分抵消，石油出口国经常项目余额已经增加了 GDP 的 2.7%。

商品价格上涨、贸易量增加和国内经济活动程度更加稳健，应该可以减少本地区的财政赤字。在 2009 年财政收支恶化到占 GDP 的 -4.2%之后，由于产出增长加速提高了税收，预计 2010 年财政收支状况将会有所改善，缩小到占 GDP 的 -2.1%，进而改善到 2011 年占 GDP 的 -1.7%，然而，大多数低收入国家的财政缺口仍将超过 GDP 的 3%。在预测期内，石油出口国的财政收支状况预计将由占 GDP 5.2%的赤字改善至略有盈余。

风险

撒哈拉以南非洲地区经济体，面临的主要风险是世界经济可能出现双谷衰退或经济停滞。这将破坏撒哈拉以南非洲地区经济体外部需求的复苏，给商品价格带来压力，减少政府收入，并可能致使债务达到不堪重负的水平。这可能反过来迫使各国政府实行顺周期政策，以削减财政支出或增加税收，这对于贫穷、健康、教育和长期增长前景都有不利影响。旅游、汇款和私人资本流动也可能会进一步下降，从而对增长和收入产生负面效应，并最终导致更多的人陷入贫困。此外，本地区许多国家的保障网非常有限，意味着对贫困人群起不到缓冲作用。高收入国家的失业型复苏，对撒哈拉以南非洲地区国家的旅游和汇款有着类似的消极影响，因为其中一些国家对上述收入的依赖程度极高。

撒哈拉以南非洲地区有外部融资需求的国家 2010 年面临的外部融资负担将会达到 GDP 的近 12%，如果融资需求未得到满足而导致投资和增长预期降低，增长就有可能落到基线预测之下。这些国家 2010 年到期的外债将接近 GDP 的 6.5%，同时包括赠款在内的经常账户赤字预计为 GDP 的 5.2%。因此，在很多撒哈拉以南非洲经济体，特别在低收入国家，存在优惠贷款不能满足迅速恢复增长所需资金的风险。在某些情况下，由于机构能力的局限性将会影响成效，并进一步使这一缺口恶化。鉴于外国投资流入在本地区发挥的作用，这些流动的逆转不仅直接影响外部融资的需求，还会对投资和增长造成严重影响。鉴于全球经济增长的不确定性增加，向本地区的投资流动可能受到不利影响。

南部非洲关税联盟中的一些小成员国（特别是莱索托和斯威士兰）的财政状况在未来两到三年可能会承受巨大压力，因为南部非洲关税同盟收入摊配的主要收入来源之一与南非进口税有关，这一税收在全球金融危机后已经迅速下降。

在繁荣时期经历信贷快速增长的国家，存在不良贷款在经济衰退期间急剧上升的巨大风险，这一风险影响了金融部门，金融部门又反过来将会对实体部门产生不利影响。像佛得角、刚果（金）、埃塞俄比亚、尼日利亚、卢旺达、坦桑尼亚、乌干达和赞比亚这些国家已登记的非金融私营部门的索赔（占广义资金的比重）迅速增加，因此风险在加大。对于资本充足率低的国家，资产负债表恶化对经济表现的影响将更加严峻。

注　　释

1. 2008 年第四季度至 2009 年第二季度，东亚地区大多数发展中国家和高收入国家吸引固定投资额大幅减少。例如，2009 年一季度，泰国吸引投资暴跌 42%（经季节调整后的年率）；2008 年四季度和 2009 年一季度，马来西亚吸引投资连续下跌 35% 和 14%；一些新兴工业化经济体所受影响更为严重，中国台湾吸引投资额四个季度连续下跌，其中两个季度下跌幅度超过 40%。

2. 本报告提及的东亚地区发展中国家包括中国、印度尼西亚、马来西亚、菲律宾、泰国以及较小的斐济、柬埔寨、老挝、巴布亚新几内亚、瓦努阿图和越南。太平洋小岛国的经济和金融数据由于不足，未纳入数据库和经济预测。在目前经济危机和经济恢复的背景下，本报告提及的高收入东亚国家以及澳大利亚的重要性应该得到重视，因为东亚国家之间紧密的贸易关系可能会加大经济衰退程度，但同样也应支持未来经济的反弹和恢复。

3. 中国以美元计算的出口额 2009 年 3 月下降 54%，9 月则增长 22.4%（经季节调整后的年率）；至 2009 年 8 月，其他发展中经济体增长 38%，新兴工业化经济体增长 23%。同时，大多数经济体工业生产迅速反弹，例如，马来西亚工业生产增长 18%，泰国工业生产一度下降 30%—50%，8 月开始触底反弹。

4. 本附录中欧洲和中亚地区国家指的是那些属于世界银行定义的中低收入类（2008 年人均国民总收入等于或低于 3855 美元）国家。这 24 个国家包括：阿尔巴尼亚、波黑、保加利亚、科索沃、拉脱维亚、立陶宛、马其顿、黑山、波兰、罗马尼亚和塞尔维亚（以上属于中欧子区域）；亚美尼亚、阿塞拜疆、白俄罗斯、格鲁吉亚、哈萨克斯坦、吉尔吉斯斯坦、摩尔多瓦、俄罗斯、塔吉克斯坦、土库曼斯坦、乌克兰、乌兹别克斯坦（以上属于独联体子区域）和土耳其。转型国家包括所有 24 个国家中除土耳其之外的国家。在这些发展中国家之中，保加利亚、拉脱维亚、立陶宛、波兰和罗马尼亚是欧盟新成员国。由于数据所限，暂不包括关于波黑、科索沃、黑山、塞尔维亚、塔吉克斯坦和土库曼斯坦的预测。

5. 参见世界银行（2009b）。

6. 保加利亚、拉脱维亚、立陶宛、波兰和罗马尼亚。参见世界银行（2009a）。

7. 哈萨克斯坦、吉尔吉斯斯坦、塔吉克斯坦、土库曼斯坦和乌兹别克斯坦。

8. 亚美尼亚、阿塞拜疆和格鲁吉亚。

9. 参见世界银行集团（2009）。

10. 参见世界银行（2001a）。

11. 参见世界银行（2001b）。

12. 结算及托管特别系统（SELIC）指巴西中央银行隔夜贷款利率。

13. 本报告提及的中东和北非（MENA）地区的中低收入国家包括：阿尔及利亚、阿拉伯埃及共和国、伊朗伊斯兰共和国、约旦、黎巴嫩、摩洛哥、阿拉伯叙利亚共和国、突尼斯和也门共和国。由于数据不足而未列入在内的发展中经济体包括：吉布提、伊拉克、利比亚、约旦河西岸和加沙地带。更广阔地理区域的高收入经济体包括海湾合作委员会（海合会）成员国巴林、科威特、阿曼和沙特阿拉伯，将涵盖在本报告的"其他高收入国家"目录下。但是，由于该组经济体与中东和北非发展中经济体的一体化程度日益加深，探讨该组经济体的经济和金融发展是本附录的一个重要内容。在海湾合作委员会成员国中，卡塔尔和阿拉伯联合酋长国因数据不足而未被纳入。

参考文献

Chen and Ravallion. 2009.

Friedman, J., and N. Schady. 2009. "How Many More Infants Are Likely to Die in Africa as a Result of the Global Financial Crisis?" Research Paper 60 (August). World Bank, Washington, DC.

World Bank. 2009a. "EU10 Regular Economic Report: From Stabilization to Recovery." Washington, DC (October). http://go.worldbank.org/UNCGIKEPH0.

______. 2009b. "Russian Economic Report #20: From Rebound to Recovery?" Washington, DC (November10). http://go.worldbank.org/FKGLSQ4NF0.

______. 2010a. "The Crisis Hits Home: Stress-Testing Households in Europe and Central Asia." Prepared by Erwin R. Tiongson, Naotaka Sugawara, Victor Sulla, Ashley Taylor, Anna I. Gueorguieva, Victoria Levin, and Kalanidhi Subbarao. http://go.worldbank.org/H92ZH3CK20.

______. 2010b. "Turmoil at Twenty." Washington, DC. http://go.worldbank.org/ZQTRLRED70.

World Bank Group. 2009. "Migration and Remittance Trends 2009." *Migration and Development Brief 11*. Washington, DC (November 3). http://siteresources.worldbank.org/INTPROSPECTS/Resources/334934-1110315015165/MigrationAndDevelopmentBrief11.pdf.